教育部产学合作协同育人项目：
美国反倾销反补贴法教学创新研究与实践阶段
北方工业大学留学生经费资助出版

美国反倾销
反补贴法规

孙强　李昌奎　梁英君　译

知识产权出版社

全国百佳图书出版单位

图书在版编目（CIP）数据

美国反倾销反补贴法规 / 孙强，李昌奎，梁英君译 . —北京：
知识产权出版社，2019.7
ISBN 978-7-5130-6331-9

Ⅰ.①美… Ⅱ.①孙… ②李… ③梁… Ⅲ.①反倾销
法—美国 Ⅳ.① D971.222.9

中国版本图书馆 CIP 数据核字（2019）第 118348 号

责任编辑：宋　云　褚宏霞　　　　　责任校对：谷　洋
封面设计：北京麦莫瑞文化传播有限公司　责任印制：刘译文

美国反倾销反补贴法规

孙　强　李昌奎　梁英君　译

出版发行：知识产权出版社 有限责任公司	网　　址：http：//www.ipph.cn
社　　址：北京市海淀区气象路 50 号院	邮　　编：100081
责编电话：010-82000860 转 8388	责编邮箱：songyun@cnipr.com
发行电话：010-82000860 转 8101/8102	发行传真：010-82000893/82005070/82000270
印　　刷：北京建宏印刷有限公司	经　　销：各大网上书店、新华书店及相关专业书店
开　　本：720mm×1000mm　1/16	印　　张：19.75
版　　次：2019 年 7 月第 1 版	印　　次：2019 年 7 月第 1 次印刷
字　　数：345 千字	定　　价：68.00 元
ISBN 978-7-5130-6331-9	

前　言

美国是世界上反倾销法律体系最为完备和成熟的国家。美国国会通过的第一部反倾销法是《1916年反倾销法》。该法规定，如果进口商在美国市场上以比外国市场相同产品低得多的价格销售外国产品，可对这些进口商提起民事和刑事诉讼。《1916年反倾销法》规定了三倍损失赔偿、罚金和监禁等处罚。然而，在实践中，很难满足《1916年反倾销法》的某些要求（特别是该法规定的倾销意图），操作性不强。美国国会开始考虑制定新的反倾销法，于是，有了《1921年反倾销法》。

《1921年反倾销法》是此后美国财政部发起反倾销调查和实施反倾销税的法律依据。但《1916年反倾销法》并没有被废除，这引起了欧洲共同体和日本的反对，被诉诸世界贸易组织争端解决机制。世界贸易组织专家小组和上诉机构都裁定美国《1916年反倾销法》与《反倾销协定》不符，要求美国使其《1916年反倾销法》符合美国根据《反倾销协定》承担的义务。

美国国会通过的《1979年贸易协定法》保留《1921年反倾销法》历次修订内容，吸收《反倾销协定》有关内容，并在《1930年关税法》增加第七编，以实施关税与贸易总协定《反倾销守则》。该法对反倾销相关程序做了修改，并将反倾销法的执行职责从财政部移交给美国商务部。此后，美国反倾销法经过了多次修改。

《1984年贸易与关税法》第六编和《1988年综合贸易与竞争法》第一编第三分编第二部分对反倾销法进行了修改。《1984年贸易与关税法》对反倾销法中的累积和实质损害威胁问题进行了修改。《1988年综合贸易与竞争法》在反倾销法中增加了规避与反规避的规定，修改了关于紧急情况、实质损害和实质损害威胁的规定。

1995年1月1日生效的《乌拉圭回合协定法》对反倾销法进行了修改。《乌拉圭回合协定法》修改了反倾销法中关于损害威胁、实质损害威胁、紧急情况、区域产业、相关当事人和累积的规定。《乌拉圭回合协定法》还增加了受控生产条款和忽略不计的进口条款，并规定了定期废止复审以确定是否应在 5 年后废除反倾销税。

除了《1930 年关税法》外，美国商务部和美国国际贸易委员会还各自制定了关于反倾销的条例。

修改后的《1930 年关税法》第七编 (在《美国法典》中的节次是 19 U.S.C. § 1673—1673h，§ 1675—1677n)；修改《1930 年关税法》的立法历史，包括《乌拉圭回合协定法》的《行政行为陈述》，它对《关税法》进行了修改，以符合世界贸易组织《反倾销协定》；美国商务部的条例 (19 CFR § 351) 和美国国际贸易委员会的条例 (19 CFR § 201 和 207) 以及大量判例，构成了美国现行的反倾销法律体系。

本书收录了修改后的《1930 年关税法》、美国商务部反倾销条例和美国国际贸易委员会反倾销条例。《1930 年关税法》采用了通俗名称，以与美国反倾销条例对应，并在每节后注明其在《美国法典》中的节次。

需要说明的是，在世界贸易组织反倾销争端中，除《1916 年反倾销法》被裁定不符合美国根据《反倾销协定》承担的义务外，著名的《2000 年持续倾销与补贴抵消法》，又称《伯德修正案》(《1930 年关税法》第 754 节，即《美国法典》第 19 编第 1675c 节)，已经被世界贸易组织裁定不符合美国根据《反倾销协定》承担的义务，世界贸易组织要求美国废除该法律。美国法律的其他条文，也有多处被裁定违反了美国的国际义务。关于这部分内容，可以参考机械工业出版社出版的《WTO〈反倾销协定〉释义》《世界贸易组织反倾销争端案例：美国卷》等。

在翻译《1930 年关税法》的过程中，译者参考了韩立余先生所译《美国关税法》的有关内容，在此深表谢意。另外，本书格式体例采用原文范式，以便读者对照阅读。

众所周知，翻译是一项很艰难的工作，译者水平有限，虽然竭尽所能，但谬误之处也恐怕在所难免，真诚欢迎读者批评指正。有关本书的任何评论，请发电子邮件至 Sunqiang206@126.com，wtobook@126.com。

孙强　李昌奎　梁英君

2018 年 11 月 20 日于北京

目　录

《1930年关税法》第七编

美国国际贸易委员会条例（《联邦条例汇编》第19编第207部分）

美国商务部条例（《联邦条例汇编》第19编第351和354部分）

《1930年关税法》第七编

第一分编　征收反补贴税

第701节　反补贴税的征收

（a）一般规定。如果

（1）行政机关确定，一国政府或一国领域内的任何公共实体直接或间接向进口到美国或为进口到美国而销售（或可能销售）的一种或一类产品的制造、生产或出口提供可抵消补贴，并且

（2）在商品进口来自补贴协定国的情况下，委员会确定由于该商品的进口或该商品为进口而销售（或可能销售）

（A）美国产业

（i）受到实质损害；或

（ii）受到实质损害威胁；或

（B）美国产业的建立受到实质阻碍，

则除对此类产品征收任何其他税外，应征收反补贴税，反补贴税额等于可抵消的净补贴额。就本小节和第 705（b）（1）节而言，商品销售包括关于该商品的等同于商品销售的租赁协议的达成。

（b）补贴协定国。就本编而言，术语"补贴协定国"指

（1）世界贸易组织成员国；

（2）总统确定对美国承担了实质上等同于根据补贴协定义务的国家；或

（3）总统确定的以下国家：

（A）在美国和该国之间存在协议，该协议

（i）从《乌拉圭回合协定法》实施之日起生效；并且

（ii）就进口到美国的产品要求无条件的最惠国待遇；并且

（B）第（A）款所述协定未明确允许

（i）《乌拉圭回合协定法》第 2（1）段定义的 1947 年关税与贸易总协定或 1994 年关税与贸易总协定要求或允许的措施，或国会要求的措

施，或者

（ii）旨在防止欺诈或不公平做法的对进口的非歧视性禁止或限制。

（c）不需要实质损害裁定的涉及进口的反补贴税调查。 如果任何产品或商品从非补贴协定国进口：

（1）不要求委员会据第 703（a）节、第 704 节或第 705（b）节的裁定；

（2）可不据第 704（c）节或第 704（1）节中止调查；

（3）不应据第 703（e）节或第 705（a）（2）节作出关于出现紧急情况的裁定；

（4）第 706（c）节不适用；

（5）不考虑第（1）或（3）款所述裁定，或据第 704（c）节或第 704（1）节的中止调查；并且

（6）第 751（c）节不适用。

（d）对国际联合企业的待遇。 就本分编而言，如果从事涉案产品生产的国际联合企业的成员（或其他参加实体）从其各自的母国接受可抵消补贴，以协助、允许或促使它们通过在其各自母国的生产或制造业务参加该联合企业，则在对此类商品确定反补贴税时，行政机关应累积所有此类可抵消补贴和直接提供给国际联合企业的可抵消补贴。

（e）上游补贴。 如果行政机关有合理的依据相信或怀疑第 771A（a）（1）节定义的上游补贴正在支付或授予，则行政机关应调查上游补贴事实上是否已经支付或授予，并且，如果已经支付或授予，应包括第 771A（a）（3）节规定的上游补贴的数量。

（f）涉及非市场经济国家的诉讼程序适用

（1）一般情况。——除第（2）段另有规定外，根据（a）小节征收反补贴税的商品囊括从非市场经济国家进口至美国的商品类别或种类，或者为进口而出售（或可能出售）至美国的商品类别或种类。

（2）例外。——如果管理当局不能辨识和衡量由某一非市场经济国家政府，或该国境内公共部门提供的补贴，那么根据（a）小节，则不需要对从该非市场经济国家进口至美国的商品类别或种类，或者为进口而出售（或可能出售）至美国的商品类别或种类征收反补贴税。

（19 U.S.C.1671）

第702节　发起反补贴税调查的程序

（a）**行政机关发起**。如果行政机关从它可获得的信息确定有理由正式调查第 701（a）节规定的实施反补贴税的必要因素是否存在时，应发起反补贴税调查。

（b）**申请发起**。

（1）申请要求。如第 771（9）（C）、（D）、（E）、（F）或（G）节所述利害关系方代表产业向行政机关提交申请，指控具备第 701（a）节规定的实施反补贴税的必要条件，并且，申请随附申请人可合理获得的支持这些指控的信息，则应发起反补贴税程序。请求可以在管理当局和委员会许可的时间和条件下予以修订。

（2）同时向委员会提交申请。申请人应在向行政机关提交申请的同日，向委员会提交申请副本。

（3）基于背离官方出口信贷国际义务的申请。如果据第（1）段提交的申请的唯一依据是背离关于官方出口信贷的国际义务，行政机关应立即通知财政部长，财政部长应与行政机关磋商后，在行政机关据第（c）小节发起调查后 5 日内，确定背离的存在和估算的价值（如存在），并应在《联邦纪事》公布该裁定。

（4）就申请采取的措施。

（A）通知有关政府。在收到据第（1）段提交的申请后，行政机关应：

（i）通过向在申请中指明的任何出口国政府的适当代表提交申请的公开版本，通知出口国政府；并且

（ii）向申请中指明的反补贴协定国的出口国政府提供就申请进行磋商的机会。

（B）传递信息的接受。在行政机关作出其是否发起调查的决定前，行政机关不应从第 771（9）（C）、（D）、（E）、（F）或（G）节规定的利害关系方以外的任何人接受任何未经要求的口头或书面的传递信息，第（A）（ii）小段和第（c）（4）（D）节规定的除外，并且行政机关对申请审议状况的咨询除外。

（C）不得披露某些信息。行政机关和委员会不应披露关于在据第（1）段提交申请前提交供审查和评议的关于任何申请草案的信息。

（c）**申请裁定**。

（1）一般规定。

（A）初步裁定的时间。除第（B）小段的规定外，在据第（b）小节提交申请后 20 天内，行政机关应

（i）以行政机关充分掌握的信息为依据，对申请提供证据的准确性和充分性进行审查后，裁定申请是否提出了据第 701（a）节规定的征收反倾销税的必要因素，并包含了申请人可合理获得的支持指控的信息，并且

（ii）裁定申请是否由或代表产业提出。

（B）时间的延长。在要求行政机关根据第（4）（D）段征求意见或通过其他方式确定对申请支持的案件中，行政机关可在例外的情况下适用第（A）小段规定，用"40 天最长时间"代替"20 天"。

（C）当申请涉及已撤销命令的同一商品时的时间限制。如果根据本节提交的申请涉及的涉案产品是

（i）在提交申请前 24 个月内，据 751（d）节已撤销的反倾销税令或决定的商品；或

（ii）在提交申请前 24 个月内，据 751（d）节已终止中止调查的商品，行政机关和委员会应在最大可行的限度内，加速根据本节发起的关于该申请的调查。

（2）肯定裁定。如果根据第（1）（A）段第（i）款和第（ii）款作出的裁定是肯定的，行政机关应发起调查以确定是否对该涉案产品提供可抵消补贴。

（3）否定裁定。如果根据第（1）（A）段第（i）款和第（ii）款作出的裁定是否定的，行政机关应驳回申请，终止诉讼，并书面通知申请人该裁定的理由。

（4）产业支持裁定。

（A）一般规定。就本小节而言，行政机关应确定申请由或代表产业提交，如果

（i）支持申请的国内生产商或工人其产量占国内同类产品总生产的至少 25%，并且

（ii）支持申请的国内生产商或工人其产量占表示支持或反对申请的产业部分生产的国内同类产品生产的 50% 以上。

（B）不予考虑的某些情况。

（i）与外国生产商有关系的生产商。在根据第（A）小段确定产业支持时，行政机关应忽略反对申请的国内生产商情况，如果该生产商与

第 771（4）（B）（ii）节定义的外国生产商有关联。除非这些国内生产商表明他们作为国内生产商的利益将受到实施反倾销税令的不利影响。

（ii）作为进口商的生产商。行政机关可以忽略国内同类产品的国内生产商是涉案产品进口商的情况。

（C）区域产业的特殊规则。如果申请指控产业是区域产业，行政机关应以该区域生产为依据，适用第（A）小段确定申请是否由或代表国内产业提交。

（D）征求产业意见。如果申请没有确定占国内同类产品总生产 50％以上的国内生产商或工人支持，行政机关应：

（i）征求产业的意见或依赖其他信息，以确定是否存在第（A）小段所要求的对申请的支持；或者

（ii）如果产业存在大量的生产商，行政机关可以使用统计上的任何有效抽样方法，征求产业意见，确定产业对申请的支持。

（E）利害关系方的评议。在行政机关作出是否发起调查裁定前，如果发起调查，据第 771（9）节享有利害关系方资格的任何人，可就产业支持问题提交评论或信息。在行政机关就发起调查作出裁定后，关于产业支持的裁定不应被重新考虑。

（5）国内生产商或工人的定义。就本小节而言，国内生产商或工人指有资格据第（b）（1）小节提交申请的利害关系方。

（d）通知委员会裁定。行政机关应

（1）立即通知委员会其根据第（a）或（c）小节作出的裁定；并且

（2）如果裁定是肯定的，根据行政机关和委员会可能建立的防止披露行政机关给予保密待遇的任何信息的程序，利害关系方同意提供或遵守保护令除外，向委员会提供可能与调查有关的信息。

（e）关于紧急情况的信息。如果在根据本分编发起调查后的任何时间，行政机关认为有合理的依据怀疑指控的可抵消补贴不符合补贴协定，行政机关可要求海关专员加速收集关于该涉案产品的入关信息。收到该要求后，海关专员应收集关于作为调查对象的涉案产品入关数量和价值的信息，并应在行政机关指定的时间内（至少每 30 天一次）将其交给行政机关，直到根据第 705（a）节作出最终裁定、调查终止或行政机关撤销该要求。

（19 U.S.C. 1671a）

第703节　初步裁定

（a）委员会的合理损害迹象裁定。

（1）一般规定。除非申请被行政机关根据第702（c）（3）节驳回，否则委员会应在第（2）段规定的时间内，以裁定时它可获得的信息为依据，裁定是否有合理的迹象表明：

（A）美国产业

（i）受到实质损害；或

（ii）受到实质损害威胁；或

（B）美国产业的建立受到实质阻碍，

原因是涉案产品的进口且该涉案产品的进口不是可以忽略的。如果委员会认定涉案产品的进口是可以忽略的，或者根据本段作出否定裁定，则调查应终止。

（2）委员会裁定的时间。委员会应作出第（1）段所述裁定：

（A）在根据第702（b）节提交申请的情况下，

（i）提交申请后45天内，或者

（ii）如果已据第702（c）（1）（B）节延长时间，在委员会收到行政机关已经根据该节发起调查通知后25天以内；并且

（B）在据第702（a）节发起调查的情况下，委员会收到行政机关已经据该节发起调查通知后45天以内。

（b）（1）行政机关的初步裁定。在行政机关据第702（c）节发起调查后65天内，或者据第702（a）节发起调查，但不是在委员会据本节第（a）小节作出肯定裁定前，行政机关应以在作出裁定时的可获得的信息为依据，作出是否有合理的依据相信或怀疑正在向该涉案产品提供的可抵消补贴。

（2）尽管有第（1）段的规定，如果申请受第702（b）（3）节限制，行政机关应考虑所涉可抵消补贴的性质，在行政机关据第702（c）节发起调查后65天内，在加速基础上作出第（1）段要求的裁定，除非本节第（c）小节适用。

（3）关于放弃核查的初步裁定。在发起调查55天内，行政机关应指派一名官员审查在调查的前50天内收到的与案件有关信息，并且，如果显示有足够的可获得的信息，可据以合理的作出初步裁定，则行政机关应向申请人、利害关系方和诉讼中请求披露的任何一方，披露所有非保密信息及据第

777 节披露的所有其他信息。在披露后的 3 天内（不包括星期六、星期日和法定公共假日），申请人和对其披露的据第 771（9）（C）、（D）、（E）、（F）或（G）节规定的利害关系方的任何一方，可向行政机关书面提交不可撤销的放弃声明，证实行政机关收到的信息，及愿意接受行政机关依据其掌握的记录作出裁定的协议。如果行政机关及时收到了申请人和对其披露的据第 771（9）（C）、（D）、（E）、（F）或（G）节规定的利害关系方的任何一方的放弃声明和协议，并且行政机关发现有足够的信息，据以合理的作出初步裁定，应在加速基础上，依据发起调查后前 50 天内确定的记录作出初步裁定。

（4）微不足道可抵消补贴。

（A）一般规定。在据本小节作出裁定时，行政机关应忽略任何微不足道的可抵消补贴。就前一句而言，如果行政机关确定净可抵消补贴的累积数量低于该产品从价税的 1% 或同等的从量税，则该可抵消补贴微不足道。

（B）发展中国家的例外。在涉案产品从贸易代表据第 771（36）节指定的反补贴协定国［非第（C）小段适用的国家］进口的情况下，如果行政机关确定可抵消补贴净额累积数量不超过从价税的 2% 或同等从量税时，则该可抵消补贴微不足道。

（C）某些其他发展中国家。如果涉案产品从补贴协定国进口，该补贴协定国是：

（i）贸易代表据第 771（36）节指定的最不发达国家；或者

（ii）贸易代表通知行政机关，该国是已在反补贴协定第 27.11 条意义上加速消除出口补贴的发展中国家，用 3% 代替 2% 适用第（B）小段。

（D）对第（C）小段适用的限制。

（i）一般规定。在第（C）（i）小段所述国家的情况下，在《建立世界贸易组织协定》生效 8 年后，第（C）小段不再适用。

（ii）对第（C）（ii）小段国家的特殊规则。在第（C）（ii）小段所述国家的情况下，在下述较早日期后，第（C）小段不再适用：

（I）《建立世界贸易组织协定》生效 8 年后；或者

（II）贸易代表通知行政机关该国提供出口补贴之日。

（5）违反第 8 条的通知。如果调查中的补贴是行政机关收到贸易代表通知的违反补贴协定第 8 条的补贴，用"60 天"代替"65 天"适用第（1）段。

（c）异常复杂案件的延期。

（1）一般规定。如果

（A）申请人及时提出了延长据第（b）小节作出裁定时间的要求；或者

（B）行政机关确定所涉各方合作，并确定

（i）该案特别复杂，因为

（I）所指控可抵消补贴做法的数量和复杂性；

（II）提出的问题的新奇性；

（III）需要确定单个制造商、生产商和出口商使用的可抵消补贴程度；或者

（IV）其活动要被调查的公司的数量；并且

（ii）需要额外时间作出初步裁定，

则行政机关可以延期据第（b）小节作出初步裁定，但不迟于行政机关据第 702（c）节发起调查或据第 702（a）节发起调查后 130 天。

（2）延期通知。如果行政机关有意据第（1）段延期作出初步裁定，它应在不迟于据第（b）小节作出初步裁定前 20 天通知调查各方。通知应包括对延期裁定理由的解释。应在《联邦纪事》公布延期通知。

（d）行政机关裁定的效力。如果行政机关据第（b）段的初步裁定是肯定的，则行政机关

（1）（A）应：

（i）为单独接受调查的每一个出口商和生产商确定各自的估算反补贴税率，并按照第 705（c）（5）节的规则，为没有单独接受调查的所有出口商和生产商，和第 751（a）（2）（B）节意义上的新出口商和生产商确定所有其他估算税率；或者

（ii）如果第 777A（e）（2）（B）节适用，确定适用于所有出口商和生产商的单一国家范围估算补贴率；并且

（B）对涉案产品的每一次入关，命令基于单独可抵消补贴估算率、所有其他估算率或国家范围估算率（以适用者为准），提交行政机关认为适当的押金、保函或其他担保；

（2）命令在下述较晚的日期，对为消费目的入关或从仓库提取的，受裁定管辖的涉案产品的所有报关中止清关：

（A）裁定在《联邦纪事》公布的日期；或者

（B）在《联邦纪事》公布发起调查裁定通知后 60 天；并且

（3）根据行政机关和委员会建立的除提供该信息的一方同意或根据行政

保护令外阻止披露被行政机关给予机密处理的任何信息的程序，向委员会提供该裁定依据的所有信息和委员会认为与其损害裁定有关的所有信息。

行政机关据第（1）和（2）段指示的有效期不得超过 4 个月。

（e）紧急情况裁定。

（1）一般规定。如果申请人在其原始申请中指控紧急情况，或在行政机关作出最终裁定前超过 20 天的任何时间作出修正，则行政机关应立即（在根据本分编发起调查后的任何时间），以其当时可获得的信息为依据，确定是否有合理的依据相信或怀疑：

（A）指控的可抵消补贴不符合补贴协定；并且

（B）是否在相对较短的时间内存在涉案产品进口的激增。

（2）中止清关。如果行政机关根据第（1）段作出的裁定是肯定的，则根据第（d）（2）小节命令的任何中止清关，适用于在下述较晚日期或之后为消费而入关或从仓库提取的商品的未清关的入关，如果此类中止清关公告已经公布，则修改适用：

（A）第一次命令中止清关前 90 天，或

（B）发起调查的裁定公告在《联邦纪事》公布之日。

（f）裁定的通知。 当委员会或行政机关根据本节作出裁定时，委员会或行政机关应视案情需要，将其裁定通知申请人和调查的其他各方、委员会或行政机关（视适当情况）。在其通知中，行政机关应通知其裁定依据的事实和结论。委员会应在不迟于第（a）（2）小节要求作出裁定后 5 天，向行政机关递交其裁定依据的事实和结论。

（g）涉及上游补贴时的期限。

（1）一般规定。在行政机关据第 703（b）节作出初步裁定前，确定有合理的依据相信或怀疑给予上游补贴，如果行政机关确定为就上游补贴作出要求的裁定需要额外的时间，则必须作出初步裁定的期限应延长到据第 702（b）节提交申请或据第 702（a）节发起调查后 250 天［在据第 703（c）节宣布的异常复杂案件的情况下，为 310 天］。

（2）例外。在据第 703（b）节作出初步裁定后，如果行政机关有合理的依据相信或怀疑正在给予上游补贴：

（A）在初步裁定为否定的案件中，必须作出最终裁定的期限应据第 705（a）（1）节延长到 165 天或 225 天（以适用者为准）；或者

（B）在初步裁定为肯定的情况下，关于上游补贴的裁定：

（ⅰ）可在据第 751 节对最终反补贴税令进行第一次年度复审时作出，或根据申请人的选择作出；或者

（ⅱ）在调查中作出，并且，必须作出最终裁定的期限据第 705（a）（1）节延长至 165 天或 225 天（以适用者为准），但在初步裁定中命令的中止清关，应从公布裁定之日起 120 天终止，并且，除非据第 706（a）节公布反补贴税令，不得恢复。

只有行政机关确定需要额外的时间作出关于上游补贴的裁定，才可延长作出据本小节最终裁定的期限。

（19 U.S.C. 1671b）

第704节　调查的终止或中止

（a）因撤销申请的终止调查。

（1）一般规定。

（A）申请的撤销。除第（2）和（3）段的规定外，如申请人撤销申请，或行政机关撤销据第 702（a）节发起的调查，在通知调查各方后，行政机关或委员会可以终止调查。

（B）再次申请。如果在根据第（A）小段撤销申请后 3 个月内，提交寻求对撤销申请的涉案产品和来自另一个国家的涉案产品征税的新申请，行政机关和委员会在根据新申请发起的调查中，可以使用在根据撤销的申请发起的调查中的记录。本小段仅适用于第 1 次撤销申请。

（2）数量限制协定的特殊规则。

（A）一般规定。在遵守第（B）和（C）小段的情况下，行政机关不可通过接受指控可抵消补贴做法发生的国家的谅解或其他关于限制进口到美国的涉案商品数量的协定，而据第（1）段终止调查，除非行政机关确信基于该协定的终止符合公共利益。

（B）公共利益因素。在据第（A）小段就公共利益作出决定时，行政机关应考虑：

（ⅰ）基于消费价格和商品供应的有效性的相对影响，与实施反补贴税相比，协定是否对美国消费者有更大的不利影响；

（ⅱ）对美国国际经济利益的相对影响；

（iii）对生产同类产品的国内产业竞争的相对影响，包括对该产业就业和投资的影响。

（C）预先磋商。在根据第（A）小段作出关于公共利益的决定前，行政机关应在可行的范围内与以下方面磋商：

（i）可能受影响的消费产业；和

（ii）可能受影响的生产同类产品的国内产业的生产商和工人，包括不是调查一方的生产商和工人。

（3）委员会终止的限制。在行政机关根据第 703（b）节作出初步裁定前，委员会不可以据第（1）段终止调查。

（b）完全消除或抵消可抵消补贴或停止出口涉案产品的协议。 在以下情况下，行政机关可中止调查，如果被指控发生可抵消补贴做法的国家同意，或占涉案产品几乎所有份额出口商同意：

（1）在中止调查后 6 个月内，就直接或间接出口到美国的商品，完全消除可抵消补贴或完全抵消净可抵消补贴的数量；或者

（2）在中止调查后 6 个月内，停止向美国出口商品。

（c）消除损害影响的协议。

（1）一般规定。如果行政机关确定案件中出现异常情况，它可接受第（b）小节所述政府的协议或第（b）小节所述出口商的协议而中止调查，如果该协议能完全消除涉案产品向美国出口的损害性影响。

（2）某些附加要求。除接受外国政府限制向美国出口涉案产品数量协议的情况，行政机关不可接受据本小节的协议，除非

（A）商品进口造成的对国内产品价格水平的抑制或削价得到阻止；并且

（B）至少 85% 的净可抵消补贴得到抵消。

（3）数量限制协议。管理当局可根据本小节规定，与外国政府达成协议，以限制涉案产品进口至美国的数量，但它不得接受出口商的此类协议。

（4）异常情况定义。

（A）异常情况。就本小节而言，术语"异常情况"指以下情况：

（i）中止调查比继续调查对国内产业更有利；并且

（ii）调查是复杂的。

（B）复杂。就本段而言，术语"复杂"指：

（i）指控的可抵消补贴做法的数量很多，并且做法复杂；

（ii）提出的问题新奇；或者

（iii）所涉出口商的数量巨大。

（d）额外规则和条件。

（1）公共利益；监督。行政机关不可以根据第（b）或（c）小节接受协定，除非：

（A）它确信中止调查符合公共利益；并且

（B）美国对该协议的有效监督是可行的。

可行时，行政机关应向受该协议约束的出口商提供不接受该协议的原因，并在可能的范围内，提供就此发表意见的机会。在就据第（c）小节的任何数量限制协议适用第（A）小段时，在与第（a）（2）（C）（i）和（ii）节所指的适当消费产业、生产商和工人磋商后，行政机关除考虑适当或必要的因素外，还应考虑第（a）（2）（B）（i）和（ii）节所述因素，如果它们适用于提议的中止和协议。

（2）在过渡期内不得增加到美国的出口量。行政机关不得接受据第（b）小节的任何协议，除非该协议提供了方法，保证在规定的完全消除或抵消可抵消补贴或停止出口的期限内向美国出口商品的数量，不超过行政机关确定的最近的代表期限内向美国出口商品的数量。

（3）管理入关或提取的规章。为执行据第（b）和（c）小节达成的协议，行政机关有权制订管理涉案产品为消费入关或从仓库提取的规章。

（e）中止调查的程序。 在据第（b）或（c）小节中止调查前，行政机关应：

（1）通知申请人其中止调查的意图，并就此与申请人磋商，并在其中止调查前最少30天通知调查的其他各方和委员会；

（2）在通知时，向申请人提供提议的协议副本，以及该协议如何执行并实施（包括要求外国政府的措施）和该协议如何满足了第（b）和（d）小节或第（c）和（d）小节的要求；和

（3）在据第（f）（1）（A）小节公布中止调查通知前，允许第771（9）节所述所有利害关系方提交意见和信息作为记录。

（f）中止调查的效力。

（1）一般规定。

如果行政机关确定接受第（b）或（c）小节所述协议而中止调查，则

（A）它应中止调查，公布中止调查的通知，并据第703（b）节就涉案产品签发初步肯定裁定，除非它在同一调查中已经签发了此类裁定；

（B）委员会应中止它就该商品正在进行的任何调查；并且

（C）中止调查应从该通知公布之日起生效。

（2）清关。

（A）停止出口；完全消除净可抵消补贴。如果行政机关接受的协议是第（b）小节所述协议，则

    （i）尽管有第（1）（A）段要求的肯定初步裁定，涉案产品的清关也不应据第 703（d）（2）节中止；

    （ii）如果根据在涉及该商品的同一案件中原先作出的肯定初步裁定而中止该商品的清关，则该中止清关应终止；并且

    （iii）行政机关应退回据第 703（d）（1）（B）节提交的任何押金、保函或其他担保。

（B）其他协议。如果行政机关接受的协议是第（c）小节所述协议，则应据第 703（d）（2）节中止涉案产品的清关，或者，如果在同一案件中根据早先的肯定初步裁定，中止该商品的清关，则在遵守第（h）（3）小节规定的情况下，该中止清关继续有效，但要调整第 703（d）（1）（B）节要求的保证，以反映该协议的效果。

（3）当继续进行调查时。如果据第（g）小节，行政机关和委员会继续进行已经据第（b）或（c）小节接受协议的调查，则

（A）如果行政机关或委员会据第 705 节的最终裁定是否定的，则该协议无效，并且调查应终止，或

（B）如果行政机关或委员会根据该节的最终裁定是肯定的，该协议应有效，但在该案中，行政机关不应签发反补贴税令，只要

    （i）该协议保持有效；

    （ii）该协议继续满足第（b）和（d）小节或第（c）和（d）小节的要求；并且

    （iii）协议各方根据该协议的条件，履行其根据协议承担的义务。

（g）应要求继续调查。如果在公布中止调查通知后 20 天内，行政机关收到了来自以下方面继续调查的要求：

（1）被指控存在可抵消补贴做法的国家政府；或者

（2）第 771（9）（C）、（D）、（E）、（F）或（G）节所述是调查一方的利害关系方，则行政机关和委员会应继续调查。

（h）对中止的审查。

（1）一般规定。在根据第（c）小节中止调查后 20 天内，调查的一方和

第 771（9）（C）、（D）、（E）、（F）或（G）节所述利害关系方，可以向委员会提交申请，并通知行政机关，要求对该中止进行审查。

（2）委员会调查。根据第（1）段收到审查申请后，委员会应在向其提交申请日后 75 天内，确定该协议是否完全消除了涉案产品进口的损害性效果。如果委员会根据本节作出的裁定是否定的，则调查应在该裁定通知公布日恢复，如同第 703（b）节的肯定初步裁定在该日作出一样。

（3）复审期间继续中止清关。在中止调查的通知在《联邦纪事》公布日后 20 天结束时，或在委员会据第（2）段作出肯定裁定的情况下，如果根据第（1）段就中止调查提交申请，在委员会的肯定裁定公布日，该涉案产品的中止清关应终止。如果委员会据第（2）段作出的裁定是肯定的，则行政机关应：

（A）终止据第 703（d）（2）节的中止清关，并且

（B）解除第 703（d）（1）（B）节要求的任何担保或其他保证，并退还该节要求的任何押金。

（i）违反协议。

（1）一般规定。如果行政机关确定据第（b）或（c）小节接受的协议正在被违反或已经违反了该小节和第（d）小节的要求［而不是第（c）（1）小节的消除损害要求］，则在其裁定公布日，它应：

（A）中止在下列较晚日期对未清关商品据 703（d）（2）节的清关：

（i）公布中止清关通知前 90 天，或

（ii）商品为消费第一次入关或从仓库提取日，该商品对美国的销售或出口违反了协议的要求，或根据协议它不再满足第（b）和（d）小节或第（c）和（d）小节的要求。

（B）如果调查没有完成，恢复调查，如同据本段在其裁定日据第 703（b）节作出肯定初步裁定，

（C）如果调查据第（g）小节完成，据第 706（a）节签发对中止清关商品有效的反补贴税令，

（D）如果它认为违反是故意的，通知海关专员，海关专员应据第（2）段采取适当措施，并且

（E）通知申请人、是或曾经是调查一方的利害关系方和委员会其根据本段采取的措施。

（2）对故意违反进行民事处罚。故意违反行政机关据第（b）或（c）小

节接受的协议的任何人，应受到民事处罚，按照与本法第 592（d）节对违反欺诈所实施的处罚相同的数量、方式和程序确定处罚。

（j）不考虑协议的裁定。 在行政机关已经据第（i）（1）小节终止中止的调查或根据第（g）小节继续进行调查的案件中，在据第 705 节作出最终裁定，或据第 751 节进行审查时，行政机关或委员会应考虑所有的涉案产品，而不考虑第（b）或（c）小节任何协议的效果。

（k）行政机关发起调查的终止。 在向调查各方发出终止通知后，行政机关可以终止其据第 702（a）节发起的任何调查。

（l）区域产业调查的特殊规则。

（1）中止协议。如果委员会据第 771（4）（C）节作出区域产业裁定，行政机关应向占在所涉区域内实质上所有出口份额的涉案产品的出口商提供达成第（b）或（c）小节所述协议的机会。

（2）对中止协议的要求。第（1）段所述任何协议，应满足本节对第（b）或（c）小节任何协议施加的要求，但是如果委员会在据第 705（b）节作出的最终肯定裁定而不是在据第 703（a）节作出的初步肯定裁定中作出第（1）段所述区域产业裁定，在据第 706 节公布反补贴税令后 60 天内，可以接受第（1）段所述任何协议。

（3）中止协议对反补贴税令的效果。如果在反补贴税令公布后接受第（1）段所述协议，行政机关应取消该命令，退还或解除据第 703（d）（1）（B）节提交的任何押金、任何保证或其他担保，并指示海关对在该命令有效期内入关的商品清关，而不考虑反补贴税。

（19 U.S.C. 1671c）

第705节　最终裁定

（a）行政机关的最终裁定。

（1）一般规定。在作出据第 703（b）节的初步裁定后 75 天内，行政机关应就是否向涉案产品提供可抵消补贴作出最终裁定；但是，如果据本分编的调查与据第二分编的调查同时发起，涉及从同一国或其他国进口同种或同类商品，如果申请人要求，行政机关应延长据本段作出最终裁定的日期，直至行政机关在据第二分编发起的调查中作出最终裁定的日期。

（2）紧急情况裁定。如果行政机关的最终裁定是肯定的，则在据第 703

（e）节指控存在紧急情况的任何调查中，该裁定也应包括关于以下方面的决定：

（A）可抵消补贴是否不符合补贴协定；并且

（B）是否在相对较短的时间内存在涉案产品进口的激增。

即使据第 703（e）(1) 节的初步裁定是否定的，该裁定也可以是肯定的。

（3）微不足道的可抵消补贴。在据本小节作出裁定时，行政机关不应考虑第 703（b）(4) 节定义的任何微不足道的可抵消补贴。

（b）委员会的最终裁定。

（1）一般规定。委员会应就是否因为行政机关据第（a）小节作出肯定裁定的商品的进口或供进口的销售（或可能销售）而对以下方面作出最终裁定，是否：

（A）美国产业

（i）受到实质损害；或

（ii）受到实质损害威胁；或

（B）美国产业的建立受到实质阻碍。

如果委员会确定涉案产品的进口是微不足道的，则调查应终止。

（2）行政机关肯定初步裁定后损害裁定的期限。如果行政机关据第 703（b）节作出的初步裁定是肯定的，则委员会应在下述较晚日期前，作出第（1）段要求的裁定：

（A）行政机关据第 703（b）节作出其肯定初步裁定后第 120 天；或者

（B）行政机关据（a）小节作出其肯定最终裁定后第 45 天。

（3）行政机关作出否定初步裁定后损害裁定的期限如果行政机关据第 703（b）节作出的初步裁定是否定的，并且其据第（a）小节的最终裁定是肯定的，则委员会应在肯定最终裁定后 75 天内据本节作出最终裁定。

（4）某些额外决定。

（A）委员会的追溯适用标准。

（i）一般规定。如果行政机关据第（a）(2) 小节的决定是肯定的，委员会的最终裁定应包含一个关于受第（a）(2) 小节肯定裁定约束的进口是否可能严重削弱据 706 节签发的反补贴税令的救济效果的决定。

（ii）考虑的因素。在据第（i）款作出评估时，除了其他相关因素以外，委员会应考虑：

（Ⅰ）进口的时间和数量；

（Ⅱ）进口库存的迅速增加；和

（Ⅲ）表明反补贴税令的救济效果将会受到严重破坏的任何其他情况。

（B）如果委员会的最终裁定是不存在实质损害但存在实质损害威胁，则其裁定应包含关于以下内容的裁定：如果没有产品的任何中止清关，行政机关已经据第（a）小节作出肯定裁定的产品的进口是否会造成实质损害。

（c）最终裁定的效果。

（1）行政机关肯定裁定的效力。如果行政机关据第（a）小节的裁定是肯定的，则

（A）行政机关应按照行政机关和委员会可能建立的、阻止经提供它的人同意或据保护令以外披露已经被行政机关给予保密处理的任何信息的程序，向委员会提供裁定依据的所有信息和委员会认为与其裁定有关的信息。

（B）（i）行政机关应：

（Ⅰ）为单独接受调查的每一个出口商和生产商确定各自的估算反补贴税率，并按照第（5）段的规则，为没有单独接受调查的所有出口商和生产商和第 751（a）（2）（B）节意义上的新出口商和生产商确定所有其他估算税率；或者

（Ⅱ）如果第 777A（e）（2）（B）节适用，确定适用于所有出口商和生产商的单一国家范围估算补贴率。

（ii）对涉案产品的每一次入关，命令基于单独可抵消补贴估算率、所有其他估算率或国家范围估算率（以适用者为准），提交行政机关认为适当的押金、保函或其他担保；并且

（C）在行政机关据第 703（b）节的初步裁定是否定的案件中，行政机关应据第 703（d）节第（2）段命令中止清关。

（2）签发命令；否定裁定的效果。如果行政机关和委员会据第（a）（1）小节和第（b）（1）小节的裁定是肯定的，则行政机关应据第 706（a）节签发反补贴税令。如果其中的一个裁定是否定的，调查应在该否定裁定通知公布日终止，并且行政机关应：

（A）据第 703（d）（2）节终止中止的清关；并且

（B）解除第 703（d）（1）（B）节要求的任何担保或其他保证，并退还该节要求的任何押金。

（3）据第（a）（2）小节和第（b）（4）（A）小节否定裁定的效果。如果行政机关或委员会分别据第（a）（2）小节或第（b）（4）（A）小节的裁定是否定的，则行政机关应：

（A）终止第（4）段或第703（e）（2）节要求的任何追溯中止清关；并且

（B）就据第703（e）（2）节追溯中止清关产品的进口，解除第703（d）（1）（B）节要求的任何担保或其他保证，并退还该节要求的任何押金。

（4）据第（a）（2）小节肯定裁定的效果。如果行政机关据第（a）（2）小节的裁定是肯定的，则行政机关应：

（A）如果行政机关据第703（b）节和第703（e）（1）节的初步裁定都是肯定的，继续追溯中止清关和此前据第703（e）（2）节命令的押金、担保或其他保证；

（B）如果行政机关据第703（b）节的初步裁定是肯定的，但据第703（e）（1）节的初步裁定是否定的，应修改以前据第703（d）节命令的中止清关和担保要求，适用于第一次命令中止清关前90天为消费而入关或从仓库提取的未清关产品；或者

（C）如果行政机关据第703（b）节的初步裁定是否定的，则据第705（c）（1）（B）小节命令的任何中止清关和担保要求，适用于第一次命令中止清关前90天为消费而入关或从仓库提取的未清关产品。

（5）确定所有其他税率和国家范围反补贴率的方法。

（A）所有其他税率。

（i）一般规定。就本小节和第703（d）节而言，所有其他税率应等于为单独接受调查的出口商和生产商确定估算的加权平均可抵消补贴率，不包括零和微不足道的可抵消补贴率和完全据第776节确定的比率。

（ii）例外。如果为单独接受调查的所有出口商和生产商确定的估算可抵消补贴是零或微不足道的，或完全据第776节确定，行政机关可以使用任何合理的方法，为没有单独接受调查的出口商和生产商确定所有其他税率，包括对为单独接受调查的出口商和生产商确定的估算加权平均可抵消补贴率进行平均。

（B）国家范围补贴率。行政机关可计算单一的国家范围补贴率，适用于所有出口商和生产商，如果行政机关根据第777A（e）（2）（B）节限制其审查。据第703（d）（1）（A）（ii）节或本小节第（1）（B）（i）（Ⅱ）段确定的国

家范围估算率，应依据与确定为可抵消补贴的使用有关的产业范围数据。

（d）**公布裁定通知。** 当行政机关或委员会据本节作出裁定时，它应将其裁定和据以作出裁定的事实和法律结论，通知申请人、调查的其他当事人和其他机构，并应在《联邦纪事》公布其裁定的通知。

（e）**行政差错的更正。** 行政机关应建立在据本节签发裁定后合理的时间内更正最终裁定中行政差错的程序。此类程序，应保证利害关系方就任何此类差错提交其意见的机会。本小节使用的"行政差错"，包括加、减或其他算术函数由于不正确的复制、复印或类似问题的誊抄工作中的差错，以及行政机关认为行政的任何其他非故意差错。

（19 U.S.C. 1671d）

第706节　关税的确定

（a）**公布反补贴税令。** 在委员会通知据第 705（b）节的肯定裁定后 7 天内，行政机关应公布反补贴税令：

（1）指示海关官员评估反补贴税，数量等于行政机关收到该评定所依据的满意信息后 6 个月内，但不迟于生产商或出口商的会计年度结束后 12 个月（在该期限内，产品为消费而入关或从仓库提取）确定的或估计存在的净可抵消补贴额；

（2）包括被行政机关视为必要的关于对涉案产品的详细说明；以及

（3）要求在对进口商品清关时在缴纳估算正常关税押金的同时，缴纳估算的反补贴税押金。

（b）**关税的征收。**

（1）一般规定。如果委员会在其据第 705（b）节的最终裁定中裁定实质损害，或据第 703（d）(2)节的中止清关，会导致实质损害威胁，其清关已据第 703（d）(2)节被中止的、受反补贴税令限制的涉案产品的入关，应据第 701（a）节实施反补贴税。

（2）特殊规定。如果委员会在其据第 705（b）节的最终裁定中裁定实质损害威胁，而不是第（1）段的实质损害威胁或对美国产业的建立产生实质阻碍，则在委员会据第 705（b）节公布肯定裁定通知日或之后为消费而入关或从仓库提取的涉案产品，应据第 701（a）节受反补贴税征收限制，并且，行政机关应退回或解除在该日前为消费入关或从仓库提取的商品为保证缴纳反补贴税而提供的任何押金、担保或其他保证。

（c）区域产业的特殊规则。

（1）一般规定。在委员会据第771（4）（C）节作出区域产业裁定的调查中，行政机关应在最大限度内，指示仅针对在调查期间所涉区域内出口涉案产品供销售的特定出口商或生产商的涉案产品征税。

（2）对新出口商和生产商的例外。公布反补贴税令后，如果行政机关发现新出口商或生产商正在所涉区域内出口涉案产品供销售，行政机关应指示对该新出口商或生产商的涉案产品的税进行评估以符合第751（a）（2）（B）节的规定。

（19 U.S.C. 1671e）

第707节　估算的反补贴税押金与据反补贴税令最终确定的关税差额的处理

（a）据第703（d）（1）（B）节估算的反补贴税押金。 如果为据第733（d）（1）（B）节估算反补贴税征收的作为保证的押金、任何担保或其他保证的数量，不同于据第706节签发的反补贴税令确定的反补贴税数量，则在委员会据第735（b）节公布肯定裁定通知前，为消费而入关或从仓库提取商品入关的差异应该：

（1）在征收的押金、担保或其他保证低于命令规定的税的范围内，应被忽略；或者

（2）在征收的押金、担保或其他保证高于命令规定的税的范围内，应退回或解除。

（b）据第706（a）（3）节估算的反补贴税押金。 如果据第706（a）（3）节缴纳的估算反补贴税的数量，不同于据第706节签发的反补贴税令确定的反补贴税数量，则在委员会据第705（b）节公布肯定裁定通知后，为消费而入关或从仓库提取商品入关的差异应该：

（1）在据第706（a）（3）节的押金低于据命令确定的税的范围内，应被征收；或者

（2）在据第706（a）（3）节的押金高于据命令确定的税的范围内，应连同第778节规定的利息一并退回。

（19 U.S.C. 1671f）

第708节　降低进出口银行融资的效果

本编的规定，不应被解释为取代《1978 年进出口银行法修正案》第 1912 节的规则，但在关税估算基于据第 706 节的降低或据第 703（d）（1）（B）节措施的情况下，财政部长不应授权该行据该法第 1912 节向竞争的美国销售商提供保证、保险和信贷。

（19 U.S.C. 1671g）

第709节　反补贴税的有条件支付

（a）**一般规定**。对于在反补贴税令公布日或之后受该命令约束的以消费为目的的所有入关或从仓库提取的商品，海关官员不得将该种或该类商品交付给进口该商品的人或其代理人，除非该人符合第（b）小节的要求，并向适当的海关官员提交了行政机关确定的估算反补贴税押金。

（b）**进口商要求**。为满足本小节的要求，进口商应：

（1）向适当的海关官员提交或安排提交行政机关视为据本分编确定反补贴税所必需的信息；

（2）保存并向海关官员提供有关行政机关通过规章要求的记录；和

（3）向海关官员支付或应要求同意支付据本分编对该产品征收的反补贴税的数额。

（19 U.S.C. 1671h）

第二分编　征收反倾销税

第731节　反倾销税的征收

如果

（1）行政机关裁定一类或一种外国商品正在或可能低于其公平价值在美国销售；并且

（2）委员会裁定，因为该商品的进口或该商品为进口而销售（或可能销售）：

（A）美国产业

（i）受到实质损害；或

（ii）受到实质损害威胁；或

（B）美国产业的建立受到实质阻碍，

则除对该商品实施其他税外，应对该商品征收数额等于正常价值超过出口价格（或推定出口价格）数额的反倾销税。就本小节和第735（b）（1）节而言，外国商品的销售，包括有关商品的相当于商品销售的租赁协议的订立。

（19 U.S.C. 1673）

第732节　发起反倾销税调查的程序

（a）行政机关发起。

（1）一般规定。当行政机关根据它获得的信息确定正式调查可保证第731节征收反倾销税的必要因素存在时，应发起反倾销税调查。

（2）涉及持续倾销的情况。

（A）监督。行政机关可就来自任何另外供应国的一类或一种商品的进口，制订一个期限不超过一年的监督计划，如果

（i）一个以上反倾销令对该类或该种商品有效；

（ⅱ）根据行政机关的判断，有理由相信或怀疑存在从另外一个或多个
供应国的持续损害性倾销的异常形式；并且

（ⅲ）根据行政机关的判断，该异常形式正在对国内产业造成严重的商
业问题。

（Ｂ）如果在上述（Ａ）小段所指的监督期间，行政机关确定有充足的信
息根据本小节就另外的供应国发起正式调查，则行政机关应立即发起该调查。

（Ｃ）定义。就本段而言，"另外的供应国"指，就第（Ａ）小段所涉及的
某类或某种商品的进口，当前没有对其未决的反倾销调查和当前没有被实施
反倾销税令的国家。

（Ｄ）加速措施。因为据第（Ｂ）小段发起正式调查的结果，行政机关和
委员会应在实际可行的范围内，加速根据本分编进行的诉讼。

（ｂ）申请发起。

（１）申请要求。当第 771（９）节第（Ｃ）、（Ｄ）、（Ｅ）、（Ｆ）或（Ｇ）小段
所述利害关系方代表产业向行政机关提交申请，该申请指控具备第 731 节规
定的实施反倾销税的必要因素，并随附申请人合理获得的支持这些指控的信
息时，应发起反倾销诉讼。可依行政机关和委员会许可的时间和条件，对申
请进行修改。

（２）同时向委员会提交申请。在向行政机关提交申请的同日，申请人应
向委员会提交一份申请副本。

（３）关于申请的措施。

（Ａ）通知有关政府。收到据第（１）段提交的申请后，行政机关应通过向
申请指明的任何出口国的适当代表提供申请的公开版本而通知该国政府。

（Ｂ）传递信息的接受。在行政机关作出其是否发起调查的决定前，行政
机关不应从第 771（９）（Ｃ）、（Ｄ）、（Ｅ）、（Ｆ）或（Ｇ）节规定的利害关系方以
外的任何人接受任何未经要求的口头或书面的传递信息，第（ｃ）（４）（Ｄ）小
节规定的除外，并且关于行政机关对申请审议状况的咨询除外。

（Ｃ）不得披露某些信息。行政机关和委员会不应披露申请在据第（１）节
被提交前关于为审查和评议而提交的任何申请草案的信息。

（ｃ）申请裁定。

（１）一般规定。

（Ａ）初步裁定的时间。除第（Ｂ）小段另有规定外，在据（ｂ）小节提交
申请后 20 天内，行政机关应：

（ⅰ）以行政机关充分掌握的信息为依据，对申请提供证据的准确性和充分性进行审查，确定申请是否指控据第 731 节征收反倾销税的必要因素，并包含了申请人可合理获得的支持指控的信息；并且

（ⅱ）确定申请是否由或代表产业提出。

（Ｂ）时间的延长。在要求行政机关根据第（4）（Ｄ）段征求意见或通过其他方式确定对申请支持的情况下，行政机关可在例外的情况下适用第（Ａ）小段，用"最长 40 天"代替"20 天"。

（Ｃ）申请涉及已撤消命令的同一商品的时间限制。如根据本节就以下商品提交申请：

（ⅰ）在提交申请前 24 个月内，据 751（ｄ）节已被撤销的反倾销税令或决定的涉案产品；或者

（ⅱ）在提交申请前 24 个月内，据 751（ｄ）节已被终止的中止调查的涉案产品。

行政机关和委员会应在最大可行的范围内，加速根据本节就该申请发起的调查。

（2）肯定裁定。如果根据第（1）（Ａ）段第（ⅰ）和（ⅱ）款作出的裁定是肯定的，行政机关应发起调查以确定涉案产品是否正在或可能低于其公平价值在美国销售。

（3）否定裁定。如果根据第（1）（Ａ）段第（ⅰ）和（ⅱ）款作出的裁定是否定的，行政机关应驳回申请，终止诉讼，并书面通知申请人该裁定的理由。

（4）产业支持的裁定。

（Ａ）一般规定。就本小节而言，行政机关应确定申请由或代表产业提交，如果

（ⅰ）支持申请的国内生产商或工人占国内同类产品总生产的至少 25％；并且

（ⅱ）支持申请的国内生产商或工人占表示支持或反对申请的产业部分生产的国内同类产品生产的 50％以上。

（Ｂ）不予考虑某些立场。

（ⅰ）与外国生产商有关系的生产商。在根据第（Ａ）小段确定产业支持时，行政机关应忽略反对申请的国内生产商的立场，如果该生产商与第 771（4）（Ｂ）（ⅱ）节定义的外国生产商有关联，除非这些国内生产商表明它们作为国内生产商的利益将受到实施反倾销税令的不

利影响。

（ⅱ）作为进口商的生产商。行政机关可以忽略是涉案产品进口商的国内同类产品的国内生产商表示的立场。

（C）区域产业的特殊规则。如果申请指控产业是区域产业，行政机关应以该区域生产为依据，通过适用第（A）小段确定申请是否由或代表国内产业提交。

（D）征求产业意见。如果申请没有确定占国内同类产品总产量 50% 以上的国内生产商或工人支持，行政机关应：

（ⅰ）征求产业意见或依据其他信息确定是否存在第（A）小段所要求的对申请的支持；或者

（ⅱ）如果产业存在大量生产商，行政机关可以使用统计上的任何有效抽样方法，征求产业意见，确定产业对申请的支持。

（E）利害关系方的评议。在行政机关就发起调查作出裁定前，如果发起调查，具有第 771（9）节利害关系方资格的任何人，可就产业支持问题提交评论或信息。在行政机关就发起调查作出裁定后，不应重新考虑关于产业支持的裁定。

（5）国内生产商或工人的定义。就本小节而言，国内生产商或工人指有资格据第（b）(1）小节提交申请的利害关系方。

（d）通知委员会裁定。 行政机关应：

（1）立即通知委员会其根据第（a）小节或第（c）小节作出的任何裁定；并且

（2）如果裁定是肯定的，根据行政机关和委员会可能建立的防止披露行政机关给予保密待遇的任何信息的程序，利害关系方同意提供或遵守保护令除外，向委员会提供可能与调查事项有关的信息。

（e）关于紧急情况的信息。 如果在根据本分编发起调查后的任何时间，行政机关认为有合理的依据怀疑：

（1）涉案产品在美国或其他地方有倾销历史；或者

（2）商品进口商或代理商知道或应当知道出口商正在以低于其公平价值销售涉案产品，

行政机关可要求海关专员在加速基础上收集关于该涉案产品入关的信息。收到该要求后，海关专员应收集关于涉案产品入关数量和价值的信息，并应在行政机关指示的时间内（至少每 30 天一次）将其交给行政机关，直到根据第735（a）节作出最终裁定、调查终止或行政机关撤销该要求。

（19 U.S.C. 1673a）

第733节　初步裁定

（a）委员会的合理损害迹象裁定。

（1）一般规定。除非申请被行政机关根据第732（a）（3）节驳回，委员会应在第（2）段规定的时间内，以裁定时它可获得的信息为依据，裁定是否有合理的迹象说明：

（A）美国产业

（i）受到实质损害；或者

（ii）受到实质损害威胁；或者

（B）美国产业的建立受到实质阻碍，

原因是涉案产品的进口且该涉案产品的进口不是可以忽略的。如果委员会裁定涉案产品的进口是可以忽略的，或者根据本段作出否定裁定，则调查应被终止。

（2）委员会裁定的时间。委员会应在下列时间内作出第（1）段所述裁定：

（A）在根据第732（b）节提交申请的情况下

（i）提交申请后45天以内；或者

（ii）如果时间根据第732（c）（1）（B）节被延长，委员会收到行政机关已经根据该节发起调查通知后25天以内；并且

（B）在根据第732（a）节发起调查的情况下，委员会收到行政机关已经根据该节发起调查通知后45天内。

（b）行政机关的初步裁定。

（1）反倾销税调查的期间。

（A）一般规定。除第（B）小段的规定外，在行政机关根据第732（c）节发起调查或调查根据第732（a）发起后140天内，但不是在委员会根据本节第（a）小节作出肯定裁定前，行政机关应以裁定时它可获得的信息为依据，作出是否有合理的依据相信或怀疑商品正在或可能以低于公平价值销售的裁定。

（B）如果涉及短期寿命周期商品。如果根据第732（b）节提交的申请，

或据第 732（a）节发起的调查，涉及根据第 739（a）节确定的产品分类包括的短生命周期产品，适用第（A）小段时，应

　　（i）用"100 天"代替"140 天"，如果作为第二次冒犯者的生产商占受调查商品的相当份额；并且

　　（ii）用"80 天"代替"140 天"，如果作为多次冒犯者的生产商占受调查商品的相当份额。

　（C）冒犯者的定义。就第（B）小段而言：

　　（i）"第二次冒犯者"指在两次肯定倾销裁定中（在第 739 节意义上）被确定为以下短寿命周期商品的制造商：

　　　（I）该产品在每次裁定中都被确定；并且

　　　（II）属于第（B）小段所指的产品种类范围内。

　　（ii）术语"多次冒犯者"指在三次或三次以上肯定倾销裁定中（在第 739 节意义上）被确定为以下短寿命周期商品的制造商：

　　　（I）在每次裁定中都被确定；并且

　　　（II）在第（B）小段所指的产品种类范围之内。

　（2）放弃核实后的初步裁定。在发起调查 75 天后，行政机关应指派一名特定官员审查在调查的前 60 天内收到的与案件有关信息，并且，如果显示有足够的可获得的信息，可据以合理地作出初步裁定，则行政机关应向申请人、利害关系方和诉讼中请求披露的任何一方，披露所有非保密信息及据第 777 节披露的所有其他信息。在该披露后的 3 天内（不含星期六、星期日和法定公共假日），申请人和对其披露的第 771（9）节的（C）、（D）、（E）、（F）或（G）小段规定的利害关系方，可向行政机关提交对行政机关收到的信息进行核查的不可撤销的书面放弃和愿意以行政机关掌握的记录为依据作出初步裁定的协议。如果行政机关及时收到了申请人和对其披露的第 771（9）节的（C）、（D）、（E）、（F）或（G）小段规定的利害关系方的放弃声明和协议，并且行政机关发现有足够的信息据以合理地作出初步裁定，在发起调查后 90 天内，应依据发起调查后前 60 天内确定的记录作出初步裁定。

　（3）微不足道的倾销幅度。在根据本小节作出裁定时，行政机关应忽略微不足道的任何加权平均倾销幅度。就前一句而言，如果行政机关确定加权平均倾销幅度低于涉案产品从价税的 2%或等量的从量税，则加权平均倾销幅度是微不足道的。

（c）特别复杂案件期限的延长。

（1）一般规定。如果

（A）申请人及时要求延长必须据第（b）（1）小节作出裁定的期限；或者

（B）行政机关认为所涉各方合作，并确定

　（i）该案特别复杂，因为

　　（I）要被调查的交易或要被考虑的调整的数量和复杂性；或

　　（II）提出问题的新奇性；或者

　　（III）其活动要被调查的公司的数量；并且

　（ii）需要额外的时间作出初步裁定，

则行政机关可延长据第（b）（1）小节作出的初步裁定，但不晚于行政机关据第732（c）节发起调查或据第732（a）节发起调查后第190天。第（b）（1）（B）小节规定的裁定日期对其适用的调查，不得根据本段延长裁定日期，除非申请人向行政机关提交同意延长的书面通知。

（2）延期通知。如果行政机关有意据第（1）段延期作出初步裁定，它应不迟于据第（b）（1）小节作出初步裁定前20天通知调查各方。通知应包括对延期裁定理由的解释，并应在《联邦纪事》公布延期通知。

（d）行政机关裁定的效力。 如果行政机关据第（b）小节作出的初步裁定是肯定的，则行政机关

（1）（A）应

　（i）为单独接受调查的每一个出口商和生产商确定一个估算的加权平均倾销幅度；并且

　（ii）按照第735（c）（5）节，为没有单独接受调查的所有出口商和生产商确定一个估算的所有其他税率；并且

（B）应命令涉案产品入关时，基于估算的加权平均倾销幅度或估算的所有其他税率（以适用者为准），缴纳行政机关认为适当的押金、担保或其他保证。

（2）应命令在以下较晚日期或之后，为消费入关或从仓库提取的受裁定管辖商品的所有入关中止：

（A）《联邦纪事》公布裁定通知的日期；或

（B）发起调查的通知在《联邦纪事》公布日后60天；并且

（3）应根据行政机关和委员会可能建立的除提供该信息的一方同意或根据行政保护令外，阻止披露行政机关给予机密处理的任何信息的程序，向委员会提供该裁定依据的所有信息和委员会认为与其损害裁定有关的所有信息。

行政机关据第（1）段和第（2）段的指示的有效期不超过 4 个月，但行政机关可以应占涉案产品出口很大比例的出口商的要求，可将 4 个月期限延长为不超过 6 个月。

（e）紧急情况裁定。

（1）一般规定。如果申请人在其原始申请中指控紧急情况，或在行政机关作出最终裁定前超过 20 天的任何时间作出修正，则行政机关应立即（在根据本分编发起调查后的任何时间）以其当时可获得的信息为依据，确定是否有合理的依据相信或怀疑

　　（A）（i）因为涉案产品在美国或其他地方倾销进口而存在倾销和实质损害的历史；或者

　　（ii）该商品的进口商或其代理商知道或应当知道出口商正在以低于其公平价值销售涉案产品且该销售有可能造成实质损害；并且

　　（B）在相对较短的时间内，存在涉案产品的大量进口。

在第（b）（1）（B）小节对其适用的任何调查中，应认为行政机关已经根据第（A）小段作出了肯定裁定。

（2）中止清关。如果行政机关根据第（1）段作出的裁定是肯定的，则根据第（d）（2）小节命令的任何中止清关，适用于在下述较晚日期或之后为消费而入关或从仓库提取的商品的未清关的入关，如果此类中止清关通知已经公布，则修改适用：

　　（A）第一次命令中止清关之日前 90 天；或

　　（B）发起调查的裁定通知在《联邦纪事》公布之日。

（f）裁定的通知。 当委员会或行政机关根据本节作出裁定时，委员会或行政机关应视案情需要，将其裁定通知申请人和调查的其他各方、委员会或行政机关（以适用者为准）。在其通知中，行政机关应包括其裁定依据的事实和考虑。不迟于作出第（a）（2）小节要求的裁定后 5 天，委员会应向行政机关递交其裁定依据的事实和结论。

（19 U.S.C. 1673b）

第734节　调查的终止或中止

（a）因撤销申请的终止调查。

（1）一般规定。

（A）撤销申请。除第（2）段和第（3）段另有规定外，如申请人撤销申请，或调查据第732（a）节发起时行政机关撤销，在通知调查所有当事人后，行政机关或委员会可终止据本分编的调查。

（B）再次申请。如果在根据第（A）小段撤销申请后3个月内，提交寻求对撤销申请的涉案产品和来自另一个国家的涉案产品征税的新申请，行政机关和委员会在根据新申请发起的调查中，可以使用根据撤销的申请发起的调查的任何记录。本小段仅适用于第一次撤销申请。

（2）数量限制协议的特殊规则。

（A）一般规定。在遵守第（B）小段和第（C）小段的情况下，行政机关不可通过接受限制涉案产品向美国进口数量的谅解或其他协议而据第（1）段终止调查，除非行政机关确信基于该协议的终止符合公共利益。

（B）公共利益因素。在据第（A）小段作出关于公共利益的决定时，行政机关应考虑：

（i）以对消费价格和商品供应有效性的相对影响为依据，与实施反倾销税相比，该协议是否对美国消费者有更大的不利影响；

（ii）对美国国际经济利益的相对影响；和

（iii）对生产同类商品的国内产业竞争的相对影响，包括对该产业就业和投资的任何此类影响。

（C）预先磋商。在根据第（A）小段作出关于公共利益的决定前，行政机关应在可行的范围内，与以下方面磋商：

（i）可能受影响的消费产业；和

（ii）可能受影响的生产同类产品的国内产业的生产商和工人，包括不是调查一方的生产商和工人。

（3）对委员会终止的限制。在行政机关根据第733（b）节作出初步裁定前，委员会不可据第（1）段终止调查。

（b）完全消除低于公平价值销售或停止出口商品的协议。 如果事实上占涉案产品进口所有份额的出口商同意以下条件，则行政机关可中止调查：

（1）在调查中止后6个月内，停止向美国出口该商品；或

（2）修改其价格，以完全消除是该协议对象的商品的正常价值超过该商品出口价格（或推定出口价格）的任何数量。

（c）消除损害影响的裁定。

（1）一般规定。

如果行政机关确定在案件中出现异常情况，它可以接受事实上占涉案产品向美国进口所有份额的出口商修改价格的协议而中止调查，如果该协议完全消除该商品向美国出口的损害性影响；并且，如果

（A）该商品进口对国内产业价格水平造成的压制或抑制效果将得到阻止；并且

（B）对每一个出口商的每一次入关，估算的正常价值超过出口价格（或推定出口价格）的数额，不超过在调查过程中被审查的出口商的估算正常价值超过所有低于出口价格（或推定出口价格）入关的加权平均数额的 15%。

（2）异常情况的定义。

（A）异常情况。就本节而言，术语"异常情况"指以下情况：

（i）与继续调查相比，中止调查对国内产业更有利；并且

（ii）调查是复杂的。

（B）就本段而言，术语"复杂的"指

（i）存在大量要被调查的交易或要被考虑的调整；

（ii）提出的问题是新奇的；或

（iii）所涉公司的数量很多。

（d）附加规则与条件。行政机关不可根据第（b）小节或第（c）小节接受协议，除非：

（i）它确信中止调查符合公共利益；并且

（ii）美国对该协定的有效监督是可行的。

可行时，行政机关应向受该协定限制的出口商提供不接受该协议的理由，并在可能的范围内，提供就此发表意见的机会。

（e）中止调查的程序。在据第（b）小节或第（c）小节中止调查前，行政机关应

（1）通知申请人其中止调查的意图，并就此与申请人磋商，并不迟于其中止调查前 30 天通知调查的其他各方和委员会；

（2）在通知时，向申请人提供提议的协议副本，以及该协议如何被执行并实施，以及该协议如何满足了第（b）小节和第（d）小节或第（c）小节和第（d）小节的解释；并且

（3）允许第 771（9）节所述所有利害关系方在据第（f）（1）（A）节公布中止调查通知前，提交意见和信息作为记录。

（f）中止调查的效力。

（1）一般规定。如果行政机关确定接受第（b）小节或第（c）小节所述协议而中止调查，则

（A）它应中止调查，公布中止调查的通知，并据第733（b）节就涉案产品作出肯定初步裁定，除非它在同一调查中已经签发了此类裁定；

（B）委员会应中止它就该商品正在进行的任何调查；并且

（C）中止调查应从该通知公布之日起生效。

（2）清关。

（A）停止出口；完全消除倾销幅度。如果行政机关接受的协议是第（b）小节所述协议，则

（i）尽管有第（1）（A）段要求的肯定初步裁定，涉案产品的清关也不应据第733（d）（2）节中止；

（ii）如果根据在涉及该商品的同一案件中最初作出的肯定初步裁定中止该商品的清关，则该中止清关应终止；并且

（iii）行政机关应退还或解除据第733（d）（1）（B）节提交的任何押金、担保或其他保证。

（B）其他协议。如果行政机关接受的协议是第（c）段所述协议，则应据第733（d）（2）节中止涉案产品的清关，或者，如果根据在同一案件中最初的肯定初步裁定中止该商品的清关，则在遵守第（h）（3）小节规定的情况下，该中止清关继续有效，但要调整第733（d）（1）（B）节要求的保证，以反映该协议的效果。

（3）当继续调查时。如果据第（g）小节，行政机关和委员会继续进行已经据第（b）小节或第（c）小节接受协议的调查，则

（A）如果行政机关或委员会据第735节的最终裁定是否定的，该协议无效，并且调查应终止；或

（B）如果行政机关和委员会根据该节的最终裁定是肯定的，该协议应有效，但在该案中，行政机关不应签发反倾销税令，只要

（i）该协议保持有效；

（ii）该协议继续满足第（b）小节和第（d）小节或第（c）小节和第（d）小节的要求；并且

（iii）协议各方根据该协议的条件，履行其根据协议承担的义务。

（g）应要求继续调查。如果在公布中止调查通知后20天内，行政机关收到了来自以下方面继续调查的要求：

（1）占涉案产品向美国出口较大比例的一个或多个出口商；或者

（2）是调查当事人的第 771（9）节第（C）、（D）、（E）、（F）或（G）小段所述的利害关系方，

则行政机关和委员会应继续调查。

（h）对中止的审查。

（1）一般规定。在根据第（c）小节中止调查后 20 天内，调查的一方和第 771（9）节第（C）、（D）、（E）、（F）或（G）小段所述利害关系方，可以向委员会提交申请，并通知行政机关，要求对该中止进行审查。

（2）委员会调查。根据第（1）段收到审查申请后，委员会应在向其提交申请后 75 天内，确定该协议是否完全消除了涉案产品进口的损害性效果。如果委员会根据本小节作出的裁定是否定的，则调查应在该裁定通知公布日恢复，如同据第 733（b）节的肯定初步裁定在该日作出一样。

（3）在审查期内继续中止清关。在中止调查的通知在《联邦纪事》公布后 20 天结束时，或在委员会据第（2）段作出肯定裁定的情况下，如果根据第（1）段就中止调查提交审查申请，在委员会的肯定裁定公布日，涉案产品的中止清关应终止。如果委员会据第（2）段作出的裁定是肯定的，则行政机关应

（A）终止据第 733（d）（2）节的中止清关；并且

（B）解除第 733（d）（1）（B）节要求的任何担保或其他保证，并退还该节要求的任何押金。

（i）违反协议。

（1）一般规定。如果行政机关确定据第（b）小节或第（c）小节接受的协议正在违反或已经违反了该节和第（d）小节的要求，或者不再满足这些小节的要求〔而不是第（c）（1）小节的消除损害要求〕，则在其裁定公布日，它应

（A）中止在下列较晚日期对未清关商品据 733（d）（2）节的清关

（i）公布中止清关通知日前 90 天；或

（ii）商品为消费第一次入关或从仓库提取之日，该商品对美国的销售或出口违反了协议，或根据协议它不再满足第（b）小节和第（d）小节或第（c）小节和第（d）小节的要求。

（B）如果调查没有完成，恢复调查，如同据本段在裁定日作出肯定初步裁定；

（C）如果调查据第（g）小节完成，据第736（a）节签发对已中止清关的商品有效的反倾销税令；

（D）如果它认为违反是故意的，通知海关专员，海关专员应据第（2）段采取适当的措施；并且

（E）通知申请人、现在是或曾经是调查一方的利害关系方和委员会根据本段采取的措施。

（2）对故意违反进行民事处罚。故意违反行政机关据第（b）小节或第（c）小节接受的协议的任何人，应受到民事处罚，按照与本法第592（a）节对欺诈违反所实施的处罚相同的数量、方式和程序确定处罚。

（j）不考虑协议的裁定。 在行政机关已经据第（i）（1）小节终止已中止的调查或根据第（g）小节继续进行调查的情况下，在据第735节作出最终裁定或据第751节进行审查时，委员会和行政机关应考虑所有的涉案产品，而不考虑第（b）小节或第（c）小节任何协议的效果。

（k）行政机关发起调查的终止。 在向调查各方发出终止通知后，行政机关可以终止其据732（a）节发起的任何调查。

（l）对非市场经济国家的特殊规则。

（1）一般规定。行政机关只有确定以下条件，才可以接受非市场经济国家限制向美国进口受调查商品数量的协议，中止据本分编的调查：

（A）该协议满足第（d）小节的要求；并且

（B）阻止受调查的进口商品对国内产品价格水平的压制或抑制。

（2）协议失败。如果行政机关确定根据本小节接受的协议不再阻止对在美国制造的商品的国内价格的压制或抑制，则第（i）小节的规则应适用。

（m）区域产业调查的特殊规则。

（1）中止协议。如果委员会据第771（4）（C）节作出区域产业裁定，行政机关应向实质上占所涉区销售的商品的所有出口的涉案产品的出口商提供达成第（b）小节、第（c）小节或第（l）向节所述协议的机会。

（2）对中止协议的要求。第（1）款所述任何协议，应满足本节对据第（b）小节、第（c）小节或第（l）小节的其他协议施加的所有要求，如果委员会在据第735（b）节的最终肯定裁定而不是在据第733（a）节的初步肯定裁定中作出第（1）段所述区域产业裁定，可在据第736节公布反倾销令后60天内，接受第（1）段所述的任何协议。

（3）中止协议对反倾销税令的效果。如果在反倾销税令公布后接受第

（1）段所述协议，行政机关应取消该命令，退还或解除据第 733（d）(1)(B)
节提交的任何押金、担保或其他保证，并指示海关应对在该命令有效期内入
关的涉案产品清关，而不考虑反倾销税。

（19 U.S.C. 1673c）

第735节　最终裁定

（a）行政机关的最终裁定。

（1）一般规定。在第 733（b）节的初步裁定之日后 75 天内，行政机关应
作出涉案产品是否正在或可能以低于其公平价值在美国销售的最终裁定。

（2）裁定期限的延长。如果以下这些人书面要求延期，行政机关可不迟
于其据第 733（b）节公布其初步裁定通知后第 135 天，延期作出第（1）段规
定的最终裁定：

（A）在行政机关据第 733（b）节作出肯定初步裁定的诉讼中，占受调查
的涉案产品出口相当比例的出口商；或者

（B）在行政机关据第 733（b）节作出否定初步裁定的诉讼中的申请人。

（3）紧急情况裁定。如果行政机关的最终裁定是肯定的，则在据第 733
（e）节指控存在紧急情况的任何调查中，该裁定也应包括关于以下方面的决
定：是否

（A）(i）由于涉案产品在美国或其他地方倾销进口而存在倾销和实质损害
的历史；或者

（ii）商品的进口人或其代理人知道或应当知道出口商正在以低于其公平
价值销售涉案产品，并且该销售将造成实质损害；并且

（B）在相对较短的时间内，存在涉案产品的大量进口。

该决定可以是肯定的，即使据第 733（e）(1）节作出的初步裁定是否
定的。

（4）微不足道的倾销幅度。在据本小节作出裁定时，行政机关应忽略第
733（b）(3）节定义的微不足道的任何加权平均倾销幅度。

（b）委员会的最终裁定。

（1）一般规定。委员会应就是否因为行政机关据第（a）(1）小节对其作
出肯定裁定的商品的进口或供进口的销售（或可能销售）而对以下方面作出
最终裁定：

（A）美国产业

（i）受到了实质损害；或者

（ii）受到了实质损害威胁；或者

（B）美国产业的建立受到了实质阻碍。

如果委员会裁定涉案产品的进口可以忽略，则应终止调查。

（2）行政机关肯定初步裁定后损害裁定的期限。如果行政机关据第733（b）节的初步裁定是肯定的，则委员会应在下述较晚日期前，作出第（1）段要求的裁定：

（A）行政机关据第733（b）节作出肯定初步裁定之日后第120天；或者

（B）行政机关据第（a）小节作出肯定最终裁定之日后第45天。

（3）行政机关作出否定初步裁定后损害裁定的期限。如果行政机关据第733（b）节的初步裁定是否定的，并且其据第（a）小节的最终裁定是肯定的，则委员会应在该肯定最终裁定日后75天内据本小节作出最终裁定。

（4）某些额外裁定。

（A）委员会的追溯适用标准。

（i）一般规定。如果行政机关据第（a）（3）小节的裁定是肯定的，则委员会的最终裁定应包含一个关于受第（a）（3）小节肯定裁定约束的进口是否可能严重削弱据736节签发的反倾销税令的救济效果的裁定。

（ii）考虑的因素。在据第（i）款作出评估时，除了其他相关因素以外，委员会应考虑：

（Ⅰ）进口的时间和数量；

（Ⅱ）进口库存的迅速增加；以及

（Ⅲ）说明反倾销税令的救济效果将受到严重削弱的任何其他情况。

（B）如果委员会的最终裁定是不存在实质损害但存在实质损害威胁，则其裁定应包含关于以下内容的裁定：如果没有进口产品的任何中止清关，行政机关已经据第（a）小节对其作出肯定裁定产品的进口是否会造成实质损害。

（c）最终裁定的效果。

（1）行政机关最终裁定的效果。如果行政机关据第（a）小节的裁定是肯定的，则

（A）行政机关应按照行政机关和委员会可能建立的、阻止经提供它的人同意或据保护令以外披露已经被行政机关给予保密处理的任何信息的程序，向委员会提供裁定依据的所有信息和委员会认为与裁定有关的信息。

（B）（i）行政机关应

（I）为单独接受调查的每一个出口商和生产商确定估算加权平均倾销幅度；并且

（II）按照第（5）段，为没有单独接受调查的所有出口商和生产商确定估算的所有其他税率；并且

（ii）行政机关应命令涉案产品入关时，基于估算的加权平均倾销幅度或估算的所有其他税率的数量（以合适者为准），缴纳行政机关认为合适的押金、担保或其他保证；并且

（C）在行政机关据第 733（b）节作出否定初步裁定情况下，行政机关应命令据第 733（d）（2）节的中止清关。

（2）签发命令；否定裁定的效果。如果行政机关和委员会据第（a）（1）小节和第（b）（1）小节的裁定是肯定的，则行政机关应据第 736（a）节签发反倾销税令。如果其中一个裁定是否定的，调查应在该否定裁定通知公布日终止，并且，行政机关应：

（A）终止据第 703（d）（2）节的中止清关，并且

（B）解除第 733（d）（1）（B）节要求的任何担保或其他保证，退还该节要求的押金。

（3）据（a）（3）节和（b）（4）（A）小节否定裁定的效果。如果行政机关或委员会分别据（a）（3）小节或（b）（4）（A）小节的裁定是否定的，则行政机关应

（A）终止第（4）段或第 733（e）（2）节要求的任何追溯中止清关；并且

（B）就据第 733（e）（2）节追溯中止清关产品的入关，解除第 733（d）（1）（B）节要求的任何担保或其他保证，并退还该节要求的押金。

（4）据第（a）（3）小节肯定裁定的效果。如果行政机关据第（a）（3）小节的裁定是肯定的，则行政机关应

（A）在行政机关据第 733（b）节和第 733（e）（1）节作出的初步裁定都是肯定的情况下，继续追溯中止清关，并且缴纳此前据第 733（e）（2）节命令的押金、担保或其他保证；

（B）在行政机关据第 733（b）节的初步裁定是肯定的，但据第 733（e）

（1）节的初步裁定是否定的情况下，应修改以前据第 733（d）节命令的中止清关和担保要求，适用于第一次命令的中止清关日前 90 天为消费而入关，或从仓库提取的未清关的产品；

（C）在行政机关据第 733（b）节的初步裁定是否定的情况下，则据第 735（c）(1)(B) 小节命令的任何中止清关和担保要求，适用于第一次命令的中止清关日前 90 天为消费而入关，或从仓库提取的未清关的产品。

（5）确定估算所有其他税率的方法。

（A）一般规定。就本小节和第 733（d）节而言，估算的所有其他税率，应等于为单独接受调查的出口商和生产商确定的估算加权平均倾销幅度的加权平均数，不包括零和微不足道的幅度和完全据第 776 节确定的幅度。

（B）例外。如果为单独接受调查的所有出口商和生产商确定的估算加权平均倾销幅度是零或微不足道的，或完全据第 776 节确定，行政机关可使用任何合理的方法，为没有单独接受调查的出口商和生产商确定所有其他税率，包括对为单独接受调查的出口商和生产商确定的估算加权平均倾销幅度进行平均。

（d）公布裁定通知。当行政机关或委员会据本节作出裁定时，它应将其裁定和据以作出裁定的事实和法律结论，通知申请人、调查的其他当事人和其他机构，并应在《联邦纪事》公布其裁定通知。

（e）行政差错的更正。行政机关应建立在据本节签发裁定后合理的时间内更正最终裁定中行政差错的程序。此类程序，应保证利害关系方就任何此类差错提交其意见的机会。本小节使用的"行政差错"，包括加、减或其他算术函数、由于不正确地复制、复印或类似问题的誊抄工作中的差错，以及行政机关认为行政的任何其他非故意差错。

（19 U.S.C. 1673d）

第736节　关税的确定

（a）公布反倾销税令。在接到委员会据第 735（b）节的肯定裁定后 7 天内，行政机关应公布反倾销税令，该反倾销税令：

（1）指示海关官员确定反倾销税，其数额等于行政机关收到据以确定税额的满意信息后 6 个月内商品的正常价值超过出口价格（或推定出口价格）的数额，但无论如何不晚于：

（A）制造商或出口商的年度会计期间结束后 12 个月，在该期限内商品为消费而入关或从仓库提取；或者

（B）在商品向美国进口前没有销售的情况下，制造商或出口商在年度会计期间结束后 12 个月，在该期间内，该商品在美国被销售给该商品出口商之外的人；

（2）包括行政机关视为必要的关于涉案产品的详细说明；并且

（3）在清关时，要求在缴纳估算的正常关税押金的同时，缴纳估算的反倾销税押金。

（b）关税的征收。

（1）一般规定。如果委员会在其据第 735（b）节的最终裁定中裁定实质损害或实质损害威胁，如无第 733（d）（2）节的中止清关，该实质损害威胁将导致实质损害裁定，则应据第 731 节，对据第 733（d）（2）节中止清关的涉案产品的进口实施反倾销税。

（2）特殊规则。如果委员会在其据第 735（b）节的最终裁定中裁定实质损害威胁，而不是第（1）段的实质损害威胁或对美国产业建立的实质阻碍，则在委员会据第 735（b）节公布肯定裁定通知之日或之后为消费而入关或从仓库提取的涉案产品，应受据第 731 节确定反倾销税约束，并且，行政机关应退回或解除在该日前为保证为消费入关或从仓库提取的商品缴纳反倾销税而提供的任何押金、担保或其他保证。

（c）早期征税裁定前代替估算税的担保。

（1）免除估算税押金的条件。如果出现下列情况，行政机关应允许在据第（a）小节公布命令后不超过 90 天内，提交担保或其他保证代替第（a）（3）小节要求的估算反倾销税押金。

（A）调查没有因为以下原因被确定为"非常复杂"：

（i）要被调查的交易或要被考虑的调整的数量和复杂性；

（ii）提出问题的新奇性；或者

（iii）其活动必须被调查的公司的数量。

（B）在调查中，最终裁定没有据第 735（a）（2）（A）节予以延期；

（C）以任何制造商、生产商或出口商按照行政机关要求的形式和期限提交给行政机关的信息为依据，行政机关确信在据第（a）小节公布命令后 90 天内，要为在该命令中所指的制造商、生产商或出口商在以下裁定公布之日或之后以及委员会据第 735（b）节公布肯定最终裁定前为消费而入关或从

仓库提取的所有商品，作出关于正常价值和出口价格（或推定出口价格）的裁定：

（i）行政机关据第733（b）节作出的肯定初步裁定；或者

（ii）如果其据第733（b）节作出的裁定是否定的，行政机关据第735（a）节作出的肯定最终裁定；

（D）第（C）小段所述的一方提供了可信证据，表明商品的正常价值超过该商品的出口价格（或推定出口价格）的数量显著低于据第（a）小节公布的反倾销税令规定的超出数量；并且

（E）关于适用于以正常商业数量和在正常贸易过程中销售的正常价值和出口价格（或推定出口价格）的数据和该销售的数量，足以形成比较的充分依据。

（2）通知；听证。如果行政机关允许提交担保或其他保证代替据第（1）段的估算反倾销税押金，它应：

（A）在《联邦纪事》公布关于其措施的通知；并且

（B）应任何利害关系方的要求，在确定该商品的正常价值和出口价格（或推定出口价格）前，据第774节进行听证。

（3）反倾销税依据的裁定。行政机关应在《联邦纪事》公布其关于正常价值和出口价格（或推定出口价格）裁定结果通知，并且，该裁定应是对据本小节的通知对其适用的商品入关估算反倾销税的依据，并应是对据第（a）小节签发的命令对其适用的第（1）段所述制造商、生产商或出口商的商品将来入关估算反倾销税押金的依据。

（4）商业秘密信息的提供；书面意见。在确定是否允许据第（1）段提交保证或任何担保代替估算的反倾销税押金前，行政机关应

（A）按照第777（c）节的行政保护令，向第771（9）节第（C）、（D）、（E）、（F）或（G）小段所述所有利害关系方，提供据第（1）段向行政机关提交的所有商业秘密信息；并且

（B）向所有利害关系方提供机会，以就是否允许据第（1）段提供保证或其他担保代替估算的反倾销税押金提交书面意见。

（d）区域产业的特殊规则。

（1）一般规定。在委员会据第771（4）（C）节作出区域产业裁定的调查中，行政机关应在最大可能的范围内，指示仅为在调查期间向所涉区域出口涉案产品供销售的特定出口商或生产商的涉案产品征税。

（2）对新出口商和生产商的例外。公布反倾销税令后，如果行政机关发现新出口商或生产商正在所涉区域出口涉案产品供销售，行政机关应指示按照第 751（a）（2）（B）节，对该新出口商或生产商的涉案产品征税。

（19 U.S.C. 1673e）

第737节　对估算的反倾销税押金和据反倾销税令最终确定的关税之间差额的处理

（a）据第 733（d）（1）（B）节估算的反倾销税押金。 如果为据第 733（d）（1）（B）节估算反倾销税征收的作为保证的押金保函或其他保证的数额，不同于据第 736 节公布的反倾销税令确定的反倾销税的数额，则在委员会据第 735（b）节公布肯定裁定通知前为消费而入关或从仓库提取的商品的入关的差异：

（1）在征收的押金低于命令规定的税的范围内，应忽略；或者

（2）在征收的押金高于命令规定的税的范围内，应退回。

（b）据第 736（a）（3）节的估算反倾销税押金。 如果据第 736（a）（3）节缴纳的估算反倾销税数额，不同于据第 736 节公布的反倾销税令确定的反倾销税数额，则在委员会据第 735（b）节公布肯定裁定通知后为消费而入关或从仓库提取的商品入关的差异：

（1）在据第 736（a）（3）节的押金低于据命令确定的税的范围内，应征收；或者

（2）在据第 736（a）（3）节的押金高于据命令确定的税的范围内，应连同第 778 节规定的利息被退还。

（19 U.S.C. 1673f）

第738节　反倾销税的有条件支付

（a）一般规定。 对于在反倾销税令公布之日或之后受该命令约束的涉案产品为消费的所有入关或从仓库提取，海关官员不得将该种或该类商品交付给进口该商品的人或其代理人，除非该人遵守了第（b）小节的要求，并向适当的海关官员缴纳了行政机关确定的估算反倾销押金。

（b）进口商要求。 为满足本小节的要求，进口商应

（1）向适当的海关官员提交或安排提交行政机关认为对确定进口商或其

代理人进口商品的出口价格（或推定出口价格）所必需的信息，及行政机关确定据本编实施反倾销税所必需的其他信息；

（2）保存并向海关官员提交行政机关通过条例要求的关于商品销售的记录；

（3）在入关时，若他不是出口商，则须向海关官员宣誓；或者，若他是出口商，在知道商品推定出口价格的情况下，在进口时须向海关官员宣誓申报出口价格；在当时不知道的情况下，须在该商品在美国销售或其销售协议达成之后的 30 天内申报；并且

（4）向海关官员缴纳或同意在需要时缴纳据第 731 节对该商品征收的反倾销税的数额。

（19 U.S.C. 1673g）

第739节　确定短寿命周期商品的产品种类

（a）产品种类的确定。

（1）申请。

（A）一般规定。有资格的国内实体可向委员会提交申请，要求在商品成为 2 个或以上肯定倾销裁定对象后的任何时间，就短寿命周期商品确定产品种类。

（B）内容。据第（A）小段提交的申请应：

（i）指明是肯定倾销裁定对象的短寿命周期产品；

（ii）详细指明申请人寻求包括在与受肯定倾销裁定约束的商品相同的
　　　产品种类中的短寿命周期商品；

（iii）详细指明申请人特别寻求从产品种类中排除的短寿命周期商品；

（iv）提供据第（ii）款和第（iii）款包括或排除的理由；并且

（v）按照《美国协调关税表》使用的名称指明该商品。

（2）关于申请充分性的裁定。收到第（1）段的申请后，委员会应

（A）要求行政机关迅速确认该申请依据的裁定；并且

（B）在收到该确认后，确定确认的肯定裁定所涉及的商品是否是短寿命周期商品以及申请人是否是有资格的国内实体。

（3）通知；听证。如果据第（2）（B）段的裁定是肯定的，委员会应：

（A）在《联邦纪事》公布已经收到申请的通知；并且

（B）提供就建立要求的产品种类陈述意见的机会，包括如果任何利害关系方要求的公开听证。

（4）裁定。

（A）一般规定。在不迟于据第（1）段提交申请后 90 天，委员会应裁定产品种类的范围，就本节而言，申请指明的肯定倾销裁定对象的短寿命周期商品应分类于该产品种类。

（B）申请人没有要求的修正。

（i）一般规定。委员会可在任何时间主动作出裁定，修改据第（A）小段确定的任何产品种类的范围。

（ii）通知和听证。只有在委员会已经采取下列措施后，才可据第（i）款作出裁定：

（I）在《联邦纪事》公布拟议的修正通知；并且

（II）就受该裁定影响的产品种类的商品分类，向利害关系方提供听证机会和提交书面意见的期限。

（C）裁定的依据。在作出第（A）小段或第（B）小段的裁定时，委员会应保证每一产品种类包括在相似情况下使用相似工艺制造并有相似用途的相似短寿命周期商品。

（b）**定义**。就本节而言：

（1）有资格的国内实体。"有资格的国内实体"指制造或生产以下短寿命周期商品的美国制造商或生产商，或代表美国产业的注册联盟、公认联盟或工人集团：

（A）与两个或以上肯定倾销裁定对象的其他商品类似或直接竞争；或者

（B）与其他商品足够类似，以至于被视为包括在据本节建立的监督产品种类中的商品。

（2）肯定倾销裁定。"肯定倾销裁定"指

（A）在据本节提交申请前的 8 年内，行政机关据第 735（a）节作出的任何肯定最终裁定，该裁定导致据第 736 节签发要求缴纳不低于从价税 15％的估算反倾销税押金的反倾销税令；或者

（B）以下任何肯定初步裁定：

（i）在因为据第 734 节中止调查而据第 735 节没有作出最终裁定的调查中，在据本节提交申请前的 8 年内，行政机关据第 733（b）节作出；并且

（ii）包括商品的正常价值超过该商品的出口价格（或推定出口价格）的估算平均数量不低于从价税 15% 的裁定。

（3）肯定倾销裁定的对象。

（A）一般规定。只有行政机关采取以下措施，制造商的短寿命周期商品才可以被视为肯定倾销裁定的对象：

（i）就该制造商商品的正常价值超过该制造商商品的出口价格（或推定出口价格）的数量作出单独的裁定；并且

（ii）在肯定倾销裁定或作为肯定倾销裁定结果而发布的反倾销税令中，详细指明制造商的名称及数量。

（B）排除。制造商的短寿命周期商品不应被视为肯定倾销裁定的对象，如果

（i）该制造商的商品是一组产品中的一部分，行政机关将该组商品的正常价值超过该商品的出口价格（或推定出口价格）的数额分配给该组所有商品［代替作出第（A）(i)(I) 小段所述单独裁定］；并且

（ii）在肯定倾销裁定或作为该肯定倾销裁定结果而发布的任何反倾销税令中，没有详细说明商品名称和制造商名称。

（4）短寿命周期商品。"短寿命周期商品"指委员会确定因为技术进步，在产品商业供应后可能在 4 年内过时的任何产品。就本段而言，"过时"指不再先进的一种样式。

(c) 过渡规则。

（1）就本节、第 733（b）(1)（B）节和第（C）节而言，就同一制造商的每一类短寿命周期商品，在 1980 年 12 月 31 日之后和在《1988 年综合贸易和竞争法》生效日之前作出的第（b）(2)（A）小节所述所有肯定倾销裁定，与 1984 年 12 月 31 日之后和该法生效日之前作出的第（b）(2)（B）小节所述所有肯定倾销裁定，应被视为在该裁定最后作出之日对该制造商的该类产品作出的肯定倾销裁定。

（2）下列肯定倾销裁定，不应据本节或第 733（b）(1)（B）节和第（C）节予以考虑：

（A）第（b）(2)（A）小节所述并在 1981 年 1 月 1 日前作出；或者

（B）第（b）(2)（B）小节所述并在 1985 年 1 月 1 日前作出。

（19 U.S.C. 1673h）

第三分编　复审；关于协定的其他措施

第一章　对关税数量和数量限制
协议之外协议的复审

第751节　裁定的行政复审

（a）税额的周期复审。

（1）一般规定。据本法本编或第 303 节的反补贴税令、据本编的反倾销税令或 1921 年反倾销法的决定，或中止调查的通知公布之日起，至少每 12 个月一次，如果行政机关收到要求复审的申请，并在《联邦纪事》公布该复审通知后，行政机关应

（A）复审并确定任何净可抵消补贴额；

（B）复审并［据第（2）段］确定任何反倾销税的数额；并且

（C）复审据以中止调查协议的现状及协议的遵守情况，并审查该协议涉及的任何净可抵消补贴额或倾销幅度的数额，并应在《联邦纪事》公布该复审的结果及确定的税额、需要缴纳的估算税或需要恢复调查的通知。

（2）反倾销税裁定。

（A）一般规定。就第（1）（B）段而言，行政机关应确定

（ⅰ）涉案产品每一次入关的正常价值和出口价格（或推定出口价格）；并且

（ⅱ）每一次入关的倾销幅度。

（B）新出口商和生产商反倾销或反补贴税的确定。

（ⅰ）一般规定。如果行政机关收到涉案产品的出口商或生产商的要求，主张

（Ⅰ）在调查期间，该出口商或生产商并没有向美国出口是反倾销税令或反补贴税令对象的商品（或者，在区域产业的情况下，没有向所涉区域出口该涉案产品供销售）；并且

（II）在该期间，该出口商或生产商与向美国出口涉案产品（或者，在区域产业的案件中，与向所涉区域出口涉案产品供销售）的任何出口商或生产商没有关联〔在第771（33）节意义上〕，

行政机关应据本小节进行复审，为该出口商或生产商确定单独的加权平均倾销幅度或单独的反补贴税率（视案情需要）。

（ii）据第（i）款复审的时间。在下述日期后开始的自然月，如果在该6个月期限内提出复审要求，行政机关应据第（i）款开始复审：

（I）从复审的反补贴税或反倾销税令公布之日开始到6个月结束；或者

（II）在此之后的任何6个月结束。

（iii）提交保函或担保。在据本小段发起调查时，行政机关应指示海关允许在涉案产品每一次入关时以保函或其他担保代替押金，由进口商选择，直到复审结束。

（iv）时间限制。在据本小段进行的复审中，行政机关应在发起该复审之日后180天内，作出初步裁定，并在初步裁定签发之日后90天内，作出最终裁定；但如果行政机关确定该案件异常复杂，它可以将180天期限延长至300天，将90天期限延长至150天。

（C）裁定的结果。据本段的裁定，应是裁定所涉商品入关时确定反补贴或反倾销税和缴纳估算税押金的依据。

（3）时间限制。

（A）初步和最终裁定。应在据第（1）段对其要求复审的命令、裁定或中止协议公布日周年月的最后一天后245天内（比如2018年7月24日公布，则2019年7月24日为一周年，则在7月结束后的245天内公布。——译者注），据第（1）段的第（A）、（B）或（C）小段作出初步裁定，并在公布初步裁定之日起120天内，据第（1）款作出最终裁定。如果在前述时间内不能完成复审，行政机关可将245天期限延长至365天，并将120天期限延长至180天。如果最终裁定在不迟于初步裁定公布之日后300天作出，行政机关可延长作出最终裁定的时间而不延长作出初步裁定的时间。

（B）清关。如果行政机关根据第（1）段复审命令清关，应迅速清关，并且，在最大可行的范围内，在向海关签发指示后90天内进行。如果清关没有在90天内进行，应受影响方的要求，财政部长应就此提供解释。

（C）据 516A 节未决复审的效果。在据第（1）段的最终裁定接受据第 516A 节的复审和裁定所涉清关据 516A（c）（2）节被禁止或据第 516A（g）（5）（C）节被中止的情况下，行政机关应在据 516A 节复审最终处理后 10 天内，向《联邦纪事》提交最终处理结果供发布，并就据复审的清关向海关签发指示。在此类案件中，第（B）小段所指的 90 天期限，应自行政机关发出该指示之日起开始。

（4）反倾销税的吸收。在据第 736（a）节公布反倾销税令 2 年或 4 年后据本小节发起的任何复审中，如果要求，行政机关应确定反倾销税是否已经被受该命令约束的外国出口商或生产商吸收，如果涉案产品通过与该外国生产商或出口商有关联的进口商在美国销售。行政机关应通知委员会其关于反倾销税吸收的裁定，以便委员会在进行第（c）小节的复审中考虑。

（b）情势变迁复审。

（1）一般规定。当行政机关或委员会收到关于以下方面的信息，或收到利害关系方对以下方面进行复审的要求：

（A）导致本编的反倾销税令、据 1921 年反倾销法的决定或据本编或第 303 节的反补贴税令的肯定最终裁定；

（B）据第 704 节或第 734 节接受的中止协议；或

（C）源于 704（g）节或第 734（g）节继续进行调查的最终肯定裁定。

该信息或要求表明情势变迁足以保证对该裁定或协议进行复审，行政机关或委员会（视案情需要）应在《联邦纪事》发布复审通知后，对裁定或协议进行复审。

（2）委员会复审。在据本节进行复审时，委员会应：

（A）在反倾销税令或反补贴税令或决定的情况下，确定废除命令或决定是否可能导致实质损害继续或再度出现；

（B）在据第 704（h）（2）节或第 734（h）（2）节作出裁定的情况下，确定中止协议是否继续完全消除涉案产品进口的损害效果；并且

（C）在据第 704（g）节或第 734（g）节继续调查的肯定裁定的情况下，确定终止已中止的调查是否可能导致实质损害继续或再度出现。

（3）说服的责任。在委员会据本小节进行的复审中：

（A）寻求撤销第（1）（A）段所述命令或决定的当事人，应就情势变迁是否足以保证该撤销承担说服责任；并且

（B）寻求终止已中止的调查或中止协议的当事人，应就情势变迁是否足

以保证该终止承担说服责任。

（4）对复审期限的限制。在没有提出正当理由的情况下，在裁定或中止通知公布 24 个月内：

（A）委员会不应对据第 705（b）节或第 735（b）节作出的裁定，或据第 704 节或第 734 节已中止的调查进行复审；并且

（B）行政机关不应对据第 705（a）节或第 735（a）节作出的裁定，或据第 704 节或第 734 节已中止的调查进行复审。

（c）五年复审。

（1）一般规定。尽管有第（b）小节的规定，并且除第（6）段定义的过渡命令情形外，在下述事项公布日后 5 年，行政机关和委员会应据第 752 节进行复审，确定废除据第 704 节或第 734 节的反补贴或反倾销税令或已中止的调查，是否可能导致倾销或可抵消补贴（视案情需要）和实质损害的继续或再度出现：

（A）第（a）（1）小节所述的反补贴税令〔而非第（B）小段对其适用的反补贴税令或委员会据第 303 节没有作出肯定损害裁定而签发的反补贴税令〕、反倾销税令或中止调查通知；

（B）据第 753 节反补贴税令的损害裁定通知；或者

（C）据本节继续实施命令或中止协议的裁定。

（2）发起复审的通知。在不迟于第（1）段所述日期 5 周年前 30 天，行政机关应在《联邦纪事》公布发起据本小节复审通知，并要求利害关系方提交

（A）表示他们愿意通过提供行政机关和委员会要求的信息而参加复审的陈述；

（B）关于废除命令或终止已中止的调查的可能效果的陈述；和

（C）行政机关或委员会可能规定的其他信息或产业数据。

（3）对发起通知的答复。

（A）没有答复。如果利害关系方没有对据本小节的发起通知作出答复，行政机关应在发起复审后 90 天内，签发最终裁定，废除该通知所涉命令或终止已中止的调查。就本段而言，利害关系方指第 771（9）（C）、（D）、（E）、（F）或（G）节所述利害关系方。

（B）不充分的答复。如果利害关系方对发起通知提供了不充分的答复，行政机关应在发起复审后 120 天内，或委员会在发起后 150 天内，不经进一

步调查而据第 776 节签发基于可获得的事实的最终裁定。

（4）利害关系方放弃参加。

（A）一般规定。第 771（9）（A）或（B）节所述的利害关系方，可以选择不参加行政机关据本小节进行的复审，只参加委员会据本小节进行的复审。

（B）放弃的效果。在利害关系方据本段放弃参加的复审中，行政机关应确定，废除命令或终止调查可能导致与该利害关系方有关的倾销或可抵消补贴（视案情需要）继续或再度出现。

（5）复审的进行。

（A）完成复审的时间限制。除非复审已据第（3）段完成或第（4）段适用，行政机关应在据本小节发起复审后 240 天内，据第 752（b）或（c）节作出其最终裁定。如果行政机关作出最终肯定裁定，委员会应在据本小节发起复审后 360 天内，据第 752（a）节作出其最终裁定。

（B）时间限制的延长。如果行政机关或委员会（视案情需要）确定复审非常复杂，行政机关或委员会（视案情需要）可以延长其据本小节作出各自裁定的期限，该延长期限不超过 90 天。在行政机关延长作出其最终裁定期限但委员会没有延长其作出裁定期限的复审中，委员会应不迟于行政机关的最终裁定公布后 120 天内作出裁定。

（C）异常复杂。就本小节而言，如果存在以下情况，行政机关或委员会（视案情需要）可将该复审视为异常复杂：

（i）存在大量问题；

（ii）需要考虑的问题复杂；

（iii）涉及的厂商数量很多；

（iv）已经据第（D）小段对命令或中止调查进行分组；或者

（v）对过渡命令进行复审。

（D）分组复审。经与行政机关磋商，委员会可为复审对命令或中止调查进行分组，如果它认为该分组是合适的，并且将提高行政效率。当命令或中止调查被分组后，在遵守第（B）段规定的情况下，委员会应不迟于行政机关就分组内的最新命令或协议公布其最终裁定后 120 天，据本小节作出其最终裁定。

（6）特殊过渡规则。

（A）复审过渡命令的时间表。

（i）发起。行政机关应在签发过渡命令后第 42 个自然月，开始对该命

令进行复审。对所有过渡命令的复审，应不迟于该命令发布后第5
周年发起。

（ii）完成。对过渡命令的复审，应不迟于发起该复审后18个月完成。
对所有过渡命令的复审，应不迟于签发该命令第5周年后18个月
完成。

（iii）后续复审。第（i）款和第（ii）款规定的时间限制，应适用于对
过渡命令的所有后续5年复审，但以"继续实行该命令的裁定日
期"代替"签发该命令的日期"。

（iv）废除和终止。在世界贸易组织协定对美国生效后5年之前，不得
据本小节废除过渡命令。

（B）过渡复审的顺序。经与委员会磋商，行政机关应确定其认为适当的、
能提高行政效率的过渡复审顺序。在可行的范围内，应首先复审早先的命令。

（C）过渡命令的定义。就本节而言，"过渡命令"指世界贸易组织协定对
美国生效日有效的：

（i）据本编或第303节的反补贴税令；

（ii）据本编的反倾销税令或据1921年反倾销法的裁定；或者

（iii）据第704节或第734节的中止调查。

（D）过渡命令的签发日。就本小节而言，如果过渡命令以行政机关和委
员会进行的调查为依据，该命令应被视为在世界贸易组织协定对美国生效日
发布。

（7）计算排除。

（A）一般情况。除了（B）分段另有规定外，计算第（1）段所述5年期
和第（6）段所述期间时，须排除进口被禁止的时段——依据《国际紧急经济
权力法案》或其他法律规定对涉案商品施行制裁。

（B）排除适用。（A）分段仅适用于源自于非WTO成员方的涉案商品。

（d）废除命令或裁定，终止已中止的调查。

（1）一般规定。在据第（a）小节或第（b）小节复审后，行政机关可全
部或部分废除反补贴税令、反倾销税令或裁定，或终止已中止的调查。行政
机关不可以对向美国出口的涉案产品征收的、明确旨在抵消收到的可抵消补
贴的任何出口税、关税或其他收费为依据，全部或部分废除反补贴税令或终
止已中止的调查。

（2）五年复审。在据第（c）小节进行复审的情况下，行政机关应废除反

补贴税令、反倾销税令或裁定，或终止已中止的调查，除非

（A）行政机关作出倾销或可抵消补贴（视案情需要）可能继续或再度出现的裁定；并且

（B）委员会作出实质损害可能如第 752（a）节所述继续或再度出现的裁定。

（3）废除或终止的适用。据本节作出的废除命令、裁定，或终止已中止的调查的裁定，应适用于行政机关裁定之日或之后为消费而入关或从仓库中提取的未清关涉案产品。

（e）听证。当行政机关或委员会据本节复审时，应利害关系方的要求，它应按照第 774（b）节，举行与该复审有关的听证。

（f）中止依据不再存在的裁定。如果委员会据第（b）（2）（B）小节作出的裁定是否定的，从委员会裁定公布日开始，中止协定应被视为没有被接受，并且行政机关和委员会应据第 704（i）节或第 734（i）节继续程序，如同中止协议在该日被违反一样，但不应对在该日前为消费而入关或从仓库提取的产品根据后续发布的任何命令估算税。

（g）对补贴执行程序实施结果的复审。

（1）违反补贴协定第 8 条。如果

（A）行政机关收到了贸易代表关于违反补贴协定第 8 条的通知；

（B）行政机关有理由相信受现有反补贴税令或中止调查约束的商品从被裁定违反了补贴协定第 8 条的补贴或补贴项目中受益；并且

（C）没有进行据第（a）（1）小节的审查，行政机关应对命令或中止调查进行审查，以确定涉案产品是否从被裁定违反了补贴协定第 8 条的补贴或补贴项目中受益。如果行政机关确定涉案产品从补贴或补贴项目中受益，它应对缴纳押金的税款进行适当调整，或对中止协议进行适当修改。

（2）补贴的撤销或反补贴措施的实施。如果贸易代表通知行政机关，根据补贴协定第 4 条或第 7 条：

（A）（i）美国已经实施了反制措施；并且

（ii）此类反制措施以对是反补贴税令对象的商品进口在美国的影响为依据。或者

（B）一世界贸易组织成员国已撤销向受反补贴税令约束的商品提供的可抵消补贴，行政机关应进行调查，已确定要缴纳的估算税押金数量是否应进行调整，或是否应废除命令。

（3）加速审查。行政机关应据本小节在加速基础上进行审查，并应在《联邦纪事》公布该审查的结果。

（h）行政差错的更正。

行政机关应建立在据本节签发裁定后合理的时间内更正最终裁定中行政差错的程序。此类程序，应保证利害关系方就任何此类差错提交其意见的机会。本小节使用的"行政差错"，包括加、减或其他算术函数，由于不正确的复制、复印或类似问题的誊抄工作中的差错，以及行政机关认为行政的任何其他非故意差错。

（19 U.S.C. 1675）

第752节　第751（b）节和第751（c）节 复审的特殊规则

（a）实质损害继续或再度出现可能性的裁定

（1）一般规定。在据第751（b）或（c）节进行的复审中，委员会应确定，废除命令或终止已中止的调查，在合理预见的期限内，是否可能导致实质损害继续或再度出现。委员会应考虑，如果废除命令或终止已中止的调查，涉案产品进口的可能数量、价格影响和对产业的影响。委员会应考虑：

（A）其早先的损害裁定，包括签发命令或接受中止协议前进口涉案产品的数量、价格影响和对产业的影响；

（B）产业状况的任何改善是否与命令或中止协议有关；

（C）如果废除命令或终止中止协议，产业是否易于遭到实质损害；并且

（D）在据第751（c）节的反倾销诉讼中，行政机关关于据第751（a）（4）节关税吸收的裁定。

（2）数量。在评估如果废除命令或终止已中止的调查，涉案产品进口的可能数量时，委员会应考虑如果废除命令或终止已中止的调查，涉案产品进口的可能数量，在绝对意义上或相对于美国的生产或消费，是否是重大的。为到达这个目的，委员会应考虑所有相关经济因素，包括：

（A）出口国生产能力的任何可能提高，或现有未使用的生产能力；

（B）涉案产品的现有库存，或库存的可能增加；

（C）该商品向美国以外国家进口的壁垒的存在；和

（D）如果能够用于生产涉案产品的外国生产设施现正用于生产其他产品，

其转产的可能性。

（3）价格。在评估如果废除命令或终止已中止的调查，涉案产品进口的可能价格影响时，委员会应考虑：

（A）与国内同类产品相比，涉案产品的进口是否可能有重大降价作用；并且

（B）涉案产品是否可能以对国内同类产品价格具有重大抑制或压制影响的价格进入美国。

（4）对产业的影响。在评估如果废除命令或终止已中止的调查，涉案产品进口对产业的可能影响时，委员会应考虑可能与美国产业状况有关的所有经济因素，包括但不限于：

（A）产量、销售、市场份额、利润、生产率、投资收回和生产能力利用的可能下降；

（B）对现金流量、存货、就业、工资、增长、融资和投资的可能负面影响；和

（C）对产业的现有开发和生产能力（包括开发国内同类产品的衍生或更先进型号的能力）的可能负面影响。

委员会应在受影响产业特有的商业周期和竞争条件的背景下，评估本段所述所有相关经济因素。

（5）裁定的依据。对委员会的如果废除命令或终止已中止的调查，实质损害在合理预见的期限内是否可能继续或再度出现的裁定，据本小节要求委员会考虑的任何因素的存在与否，且不必然具有决定性的指导作用。在作出裁定时，委员会应考虑废除或终止的效果可能不是迫近的，但可能通过较长时间才表现出来。

（6）倾销幅度和净可抵消补贴的大小；可抵消补贴的性质。在据第 751（b）或（c）节作出裁定时，委员会可考虑倾销幅度和净可抵消补贴的大小。如果涉及可抵消补贴，委员会应考虑关于可抵消补贴性质的信息，以及该补贴是否是补贴协定第 3 条或第 6.1 条所述补贴。

（7）累积。就本小节而言，委员会可累积确定关于在同一天据第 751（b）或（c）节发起复审的、来自所有国家涉案产品进口的数量和影响，如果该进口可能相互竞争并与美国市场上的国内同类产品竞争。在委员会确定进口对国内产业可能不具有可辨识的不利影响的情况下，委员会不应累积确定涉案产品进口的数量和影响。

（8）区域产业的特殊规则。在据第 751（b）或（c）节涉及区域产业的复审中，委员会可以据本编在原始调查中定义的区域产业、满足第 771（4）（C）节确定的标准的另一个区域或整个美国为依据，作出裁定。在确定区域产业分析对复审裁定是否适当时，委员会应考虑如果废除命令或终止已中止的调查，是否可能满足第 771（4）（C）节确定的标准。

（b）可抵消补贴继续或再度出现可能性的裁定。

（1）一般规定。在据第 751（c）节进行的复审中，行政机关应确定据第 704 节废除反补贴税令或终止已中止的调查，是否可能导致可抵消补贴继续或再度出现。行政机关应考虑：

（A）在调查或后续复审中确定的净可抵消补贴；和

（B）导致第（A）小段所述净可抵消补贴的项目是否发生了可能影响净可抵消补贴的变化。

（2）考虑其他因素。如有正当理由，行政机关也应考虑：

（A）在据本编举行的其他调查或复审中确定的提供可抵消补贴的项目，但此类项目仅限于以下范围：

（i）可能能够被受据第 751（c）节复审约束的出口商或生产商使用；和

（ii）在签发反补贴税令或接受中止协议时并不存在。和

（B）新指控提供可抵消补贴的项目，但仅限于行政机关就该项目和受复审约束的出口商或生产商作出肯定反补贴税裁定的范围。

（3）净可抵消补贴。行政机关应向委员会提供如果废除命令或终止已中止的调查而可能出现的净可抵消补贴。行政机关通常应选择根据第 705 节或第 751 节第（a）小节或第（b）（1）小节确定的净可抵消补贴。

（4）特殊规则。

（A）对零和微不足道幅度的处理。第（1）（A）段所述净可抵消补贴率是零或微不足道，本身并不要求行政机关确定废除反补贴税令或终止已中止的调查不可能导致可抵消补贴继续或再度出现。

（B）微不足道标准的使用。就本段而言，行政机关应使用适用于据第 751 节第（a）小节或第（b）（1）小节进行复审的微不足道标准。

（c）倾销继续或再度出现可能性的裁定。

（1）一般规定。在据第 751（c）节进行的复审中，委员会应考虑，据第 734 节废除反倾销税令或终止已中止的调查，是否可能导致涉案产品低于公平

价值销售的继续或再度出现。委员会应考虑

（A）在调查或后续复审中确定的加权平均倾销幅度；和

（B）签发反倾销税令或接受中止协议之前和之后的期限内，涉案产品的进口数量。

（2）对其他因素的考虑。如果有正当理由，行政机关也应考虑它认为相关的价格、成本、市场或其他经济因素。

（3）倾销幅度的大小。行政机关应向委员会提供如果废除命令或终止已中止的调查可能发生的倾销幅度的大小。行政机关通常应选择据第 735 节或第 751 节（a）或（b）(1) 小节确定的倾销幅度。

（4）特殊规则。

（A）零或微不足道幅度的处理。第（1）（A）段所述倾销幅度为零或微不足道，本身并不要求行政机关确定废除反倾销税令或终止已中止的调查将不可能导致低于公平价值销售的继续或再度出现。

（B）微不足道标准的适用。就本段而言，行政机关应使用适用于据第751（a）和（b）小节进行的复审的微不足道标准。

（19 U.S.C. 1675a）

第753节　据第303节或701（c）节反补贴税令和调查损害的特殊规则

（a）一般规定。

（1）委员会基于要求的调查。在第（2）段所述反补贴税令的情况下，该税令：

（A）适用于是补贴协定国生产的商品；和

（B）（ⅰ）在该国成为补贴协定国之日生效；或

（ⅱ）在根据第 516A 节提起的诉讼中，根据法院命令在第（ⅰ）款所述日期之后签发。

委员会收到第 771（9）(C)、（D）、（E）、（F）或（G）节所述利害关系方就该命令对损害调查的要求后，应发起调查，并应确定如果废除命令，美国产业是否可能因涉案产品进口而受到实质损害。

（2）对反补贴税令的说明。本段所述反补贴税令，是根据第 303 节或 701（c）节在签发实质损害肯定裁定的要求不适用的命令。

（3）要求调查的要求。根据本小节对调查的要求，应在以下期限内提交：

（A）在第（1）（B）（i）段所述命令的情况下，在第（1）（A）段所述国家成为补贴协定国之日后6个月内；或

（B）在第（1）（B）（ii）段所述命令的情况下，在签发命令之日后6个月内。

（4）中止清关。关于在以下日期或之后涉案产品的入关：

（A）在第（1）（B）（i）段所述命令的情况下，在第（1）（A）段所述国家成为补贴协定国之日；或

（B）在第（1）（B）（ii）段所述命令的情况下，在命令签发日，应以（A）或（B）小段所述日有效的押金率中止清关（以适用者为准）。

（b）调查程序和安排。

（1）委员会程序。

（A）一般规定。除本节另有规定外，本编关于据第一分编进行调查的证据和程序规则，适用于委员会据本节进行的调查。

（B）委员会裁定的时间。除第（C）小段另有规定外，委员会应据第（a）（1）小节，在可能的范围内，不迟于据本节发起调查之日后1年内签发其裁定。

（C）允许行政灵活性的特殊规则。在《建立世界贸易组织协定》对美国生效一年内，据本节收到要求调查的情况下，委员会在与行政机关磋商后，可发起调查，以一种导致在始于该日的4年内的所有此类调查作出裁定的方式。

（2）净可抵消补贴；补贴的性质。

（A）净可抵消补贴。行政机关应向委员会提供如果废除调查主旨的命令而可能出现的净可抵消补贴。行政机关通常应选择根据第705节或第751（a）小节或第（b）（1）小节确定的净可抵消补贴。如果委员会在据本节作出其裁定时考虑净可抵消补贴的数量，委员会应适用行政机关提供的净可抵消补贴。

（B）补贴的性质。行政机关应通知委员会、委员会在据本节作出裁定时应考虑，可抵消补贴的性质和可抵消补贴是否是第3条或补贴协定第6.1条所述反补贴。

（3）委员会裁定的效力。

（A）肯定裁定。在接到委员会它已据第（a）（1）小节作出肯定裁定的通知后：

（i）行政机关应命令据第（a）（4）小节的中止清关终止；和

（ii）反补贴税令应保持有效，直到据第 751（d）节被全部或部分废除。

就第 751（c）节而言，本节所述反补贴税令应被视为在委员会据本小节的裁定公布之日签发。

（B）否定裁定。

（i）一般规定。在收到委员会已据第（a）（1）小节作出否定裁定的通知后，行政机关应废除反补贴税令，并应退还在据第（a）（4）小节中止清关期间收取的所有估算反补贴税及利息。

（ii）对否定裁定的限制。委员会作出的废除命令的裁定，不可能导致涉案产品进口对产业造成实质损害，不应完全或部分依据旨在明确抵消收到的可抵消补贴的、对向美国出口的产品征收的任何出口税、关税或其他费用。

（4）不要求进行损害调查的反补贴税令。关于第（a）小节所述可抵消补贴令，如果没有在第（a）（3）小节规定的时间内提出调查要求，委员会应通知行政机关，已据第（a）小节作出否定裁定，并且，第（3）（B）段规则适用于该命令。

（c）未决和中止的反补贴税调查。 如果在一国成为补贴协定国之日，存在适用于该国产品的、据第 303 节或 701（c）节正在进行的或中止的反补贴税调查，并且，在发起调查时，肯定实质损害裁定要求不适用，委员会应：

（1）在调查正在进行的情况下，在行政机关作出肯定最终裁定（如果存在）之日后 75 天内据第 705（b）节作出最终裁定；

（2）在第 704（i）（1）（B）节对其适用的中止调查情况下，在收到行政机关据第 704（i）节继续调查通知之日起 120 天内，或在肯定最终裁定之日后 45 天内（以较晚者为准），据第 705（b）节作出最终裁定；或者

（3）在第 704（i）（1）（C）节对其适用的中止调查情况下，将该节签发的反补贴税令视为：

（A）就第（a）（3）小节而言，据第（a）（1）（B）（ii）小节签发的命令；和

（B）就第（a）（4）小节而言，据第（a）（1）（B）（ii）小节签发的命令。

（d）在《联邦纪事》公布。 行政机关或委员会（视案情需要）应在《联邦纪事》公布发起调查通知和据本节作出的任何裁定或废除的通知。

（e）据第 751（c）节同时加速复审的要求。

（1）一般规定。

（A）对复审的要求。尽管有第 751（c）（6）（A）节的规定，且除第（B）小段的规定外，在利害关系方要求据第（a）小节进行调查的同时，利害关系方可要求对据第 751（c）节的命令进行加速复审，如果该命令涉及相同或可比的涉案产品。收到此类要求后，行政机关经与委员会磋商，应据第 751（c）节发起对命令的复审。委员会应合并此类复审和据本节的调查。

（B）例外。如果行政机关确定要求据本节调查的利害关系方是第 771（4）（B）节意义上的关联方或进口商，行政机关可拒绝此类利害关系方对涉及相同或可比涉案产品据第 751（c）节对命令发起复审的要求。

（2）累积。如果据第 751（c）节第（1）段发起复审，该复审应被视为在据本节发起调查的同日发起，并且，委员会根据第 771（7）（G）节，可就被视为同日发起的调查，累积来自所有国家涉案产品进口的数量和影响。

（3）委员会裁定的时间和程序。委员会应与委员会作出据本小节发起的、据第 751（c）节复审裁定的同时，作出据本节进行的调查的裁定。委员会应在所有其他方面，对第 751（c）节复审适用第 751（c）节的程序和标准。

（19 U.S.C. 1675b）

第二章　关于数量限制协议的磋商与裁定

第761节　要求的磋商

（a）对可抵消补贴作出反应的协议。在行政机关接受据第 704（a）（2）或（c）（3）节的数量限制协议后 90 天内，总统应为下列目的，与协议方政府磋商：

（1）完全消除可抵消补贴；或者

（2）将净可抵消补贴，降低到完全消除商品对美国商品出口的损害影响的水平上。

（b）基于磋商对协议的修改。根据总统的指示，按照据第（a）小节达成的磋商的结果，行政机关应对数量限制协议进行修改。

（c）关于根据第 704（c）（3）节协议的特殊规则。在协议据第 704（f）节停止有效或据第 704（i）节被裁定违反时，本章应停止对据第 704（c）（3）节所述的数量限制协议适用。

（19 U.S.C.1676）

第762节　要求的裁定

（a）一般规定。在据第 704（a）（2）节或第 704（c）（3）节接受的数量限制协议到期前（如果存在）（如果相关调查的中止仍然有效）：

（1）行政机关根据总统的指示，应发起诉讼，确定是否正对涉案产品提供任何可抵消补贴，以及在提供情况下的净可抵消补贴；和

（2）如果行政机关据第（1）段发起程序，委员会应确定受协议约束的商品进口，在协议终止时，是否对美国产业产生了实质损害、受实质损害威胁或对此类产业的建立产生了实质阻碍。

（b）裁定。要求行政机关和委员会据第（a）小节作出的裁定，应根据行政机关和委员会分别通过条例建立的程序作出，并且，就据第 516A 节的司法审查而言，应被视为据第 705 节作出的最终裁定。如果每一个裁定都是肯定的，行政机关应：

（1）据第 706 节，对在协议终止之日或之后入关的商品签发有效的反补贴税令；和

（2）对在《联邦纪事》公布命令之日或之后为消费而入关或从仓库提起的涉案产品的所有入关，命令中止清关。

（c）听证。据第（b）小节规定的裁定程序，应规定行政机关和委员会应任何利害关系方的要求，就涉及的问题举行第 774 节的听证。

（19 U.S.C. 1676a）

第四分编 一般规定

第771节 定义；特殊规则

就本编而言，

（1）行政机关。"行政机关"指商务部长或根据本编依法转交其行使行政机关职责的其他美国官员。

（2）委员会。"委员会"指美国国际贸易委员会。

（3）国家。"国家"指外国、外国政治分支机构、外国附属地或外国占领地，并且，除反倾销诉讼外，可包括两个或更多国家、政治分支机构、附属地或外国占领地组成美国境外关税同盟的联合。

（4）产业。

　（A）一般规定。"产业"指同类产品的国内生产商全体，或者指其国内同类产品占该产品国内生产总量主要部分的那些生产商。

　（B）关联方。

　　（i）如果国内同类产品的生产商和涉案产品的进口商是关联方，或者如果国内同类产品的生产商也是涉案产品的进口商，在适当的情况下，可从国内产业中排除该生产商。

　　（ii）就第（i）段而言，如果出现以下情况，生产商和出口商或进口商应被视为关联方：

　　　（I）生产商直接或间接控制出口商或进口商；

　　　（II）出口商或进口商直接或间接控制生产商；

　　　（III）第三方直接或间接控制生产商和出口商或进口商；或者

　　　（IV）生产商和出口商或进口商直接或间接控制第三方，并且，有理由相信该关系使生产商的作用与非关联生产商的作用不同。

就本小段而言，如果一方从法律上或经营上能够对其他一方进行限制或指导，该方应被视为直接或间接控制另一方。

（C）区域产业。在适当的情况下，对特定商品市场，美国可被分为两个或更多市场，并且，每一个市场的生产商可被视为独立产业，如果

（i）该市场的生产商在该市场销售其所有或几乎所有所涉国内同类产品的生产；并且

（ii）该市场的需求在实质程度上不由位于美国其他地方的所涉产品的生产商供应。

在适当的情况下，可以裁定实质损害、实质损害威胁或对产业建立的实质阻碍对某产业存在，即使国内产业整体或其国内同类产品的总产量构成该产品国内生产总量主要部分的那些生产商没有受到损害，如果倾销进口或受益于可抵消补贴的商品的进口集中于一独立的市场，并且，如果该市场内的所有或几乎所有商品的生产商，正受到实质损害或实质损害威胁，或如果一产业的建立正受到实质阻碍，而原因是倾销商品的进口或受益于可抵消补贴的商品进口。"区域产业"指该区域内根据本小段被视为独立产业的国内生产商。

（D）生产线。如果可获得的资料按照生产工艺或生产商利润的标准单独确认生产，应据与美国国内同类产品生产的关系，评估倾销进口或受益于可抵消补贴的商品进口的影响。如果同类产品的国内生产商根据此类标准没有单独的特征，应通过检查可提供必要资料的包括国内同类产品最窄范围产品种类的生产，确定倾销进口或受益于可抵消补贴的商品进口的影响。

（E）生产加工农产品的产业。

（i）一般规定。在遵守第（v）款规定的情况下，在涉及产自任何农产品原料的加工农产品的调查中，农产品原料的生产商或种植商，可被视为生产加工农产品的产业的一部分，如果：

（I）加工农产品由农产品原料通过单一持续生产线生产出来；并且

（II）以相关经济因素为依据，在委员会的自由裁量权范围内，这些因素可能包括价格、增加的市场价值或其他经济相互关系，农产品原料的生产商或种植商和加工农产品的加工者之间的经济利益存在实质的一致性（而不考虑该经济利益的一致性是否以任何法律关系为依据）。

（ii）加工。就本小段而言，加工农产品应被视为通过单一生产线产自

农产品原料，如果

（Ⅰ）农产品原料实质上或全部被用于加工农产品生产；并且

（Ⅱ）加工农产品实质上或全部是由该原料产品生产的。

（ⅲ）相关经济因素。

就第（Ⅰ）款和第（Ⅱ）款而言，除委员会认为与经济利益一致有关的此类其他因素外，委员会应：

（Ⅰ）如果考虑价格，考虑原料农产品价格和加工农产品价格之间的相互关系的程度；并且

（Ⅱ）如果考虑增加的市场价值，考虑原料农产品价格是否构成了加工农产品价值的重要百分比。

（ⅳ）原料农产品。就本小段而言，"原料农产品"指任何农产品或渔产品。

（ⅴ）本小段的终止。如果美国贸易代表通知行政机关和委员会，本小段的适用与美国的国际义务不一致，本小段停止有效。

（5）可抵消补贴。

（A）一般规定。除第（5B）段的规定外，可抵消补贴是第（5A）段规定的专向性补贴。

（B）所述补贴。下述补贴是本段所述补贴，行政机关向某人提供，且因而受益：

（ⅰ）提供财政资助；

（ⅱ）提供《1994年关税与贸易总协定》第16条意义上的任何形式的收入或价格支持；或者

（ⅲ）向基金机构提供财政资助，或委托或指示私有实体提供财政资助，如果资助通常由政府提供，且该做法与政府通常采取的做法没有实质区别。

就本段和第（5A）段与第（5B）段而言，术语"当局"指一国政府或该国领域内的任何公共实体。

（C）其他因素。作出是否存在可抵消补贴的裁定，不应考虑补贴的受益人是否是公共或私人所有，不考虑补贴是否直接或间接向产品的制造、生产或出口提供。不要求行政机关在据本段确定是否存在补贴时考虑补贴的影响。

（D）财政资助。术语"财政资助"指：

（ⅰ）资金的直接转入。例如，赠与、贷款和股权投入，或资金或债务的

可能直接转入，如贷款保证；

（ii）放弃或未收取的已到期收入，如授予税收信用或减少应税收入；

（iii）提供货物或服务，而非一般基础设施；或

（iv）购买货物。

（E）产生的利益。当存在对受益人的利益时，通常认为产生了利益，包括：

（i）在注入资本的情况下，如果投资决定与资本注入国私人投资者通常的投资方法不一致，包括关于风险资本的做法；

（ii）在贷款的情况下，如果在贷款接受人对贷款支付的数额与接受人在市场上实际取得可比商业贷款所支付的数额有差异；

（iii）在贷款保证的情况下，如果对保证费用差异进行任何调整后，在贷款接受人对保证贷款支付的数额和在没有机关保证情况下对可比商业贷款支付的数额之间存在差异；

（iv）在提供产品或服务的情况下，如果提供的产品或服务没有得到足够的补偿，并且，在购买产品的情况下，如果购买此类产品多于足够的补偿。

就第（iv）款而言，补偿的充分性应根据受调查或复审国提供的产品或服务或购买产品的当前市场条件确定。当前市场条件包括价格、数量、供应性、适销性、运输和购买或销售的其他条件。

（F）所有权的变化。外国企业全部或部分所有权或外国企业生产性资产的变化，其本身并不要求行政机关作出企业过去收到的可抵消补贴不再继续是可抵消的裁定，即使所有权的变化是通过独立交易完成的。

（5A）专向性。

（A）一般规定。如果一补贴是第（B）小段所述出口补贴，或第（C）小段所述进口替代补贴，或据第（D）小段被确定具有专向性，则该补贴是专向性补贴。

（B）出口补贴。出口补贴是在法律和事实上单独依赖出口表现或出口表现作为其中一个条件的补贴。

（C）进口替代补贴。进口替代补贴，是单独依赖使用国内产品而不是进口产品，或将其作为其中一个条件的补贴。

（D）国内补贴。在确定一补贴［而不是第（B）段或第（C）段所述补贴］在法律上或事实上是否是提供补贴的当局管辖范围内企业或产业的专向

性补贴时，适用以下标准：

（i）提供补贴的当局或当局据以运作的法律明确限制企业或产业获得补贴时，该补贴在法律上是专向性补贴。

（ii）提供补贴的当局或当局据以运作的法律确定了取得补贴的资格和补贴数量的客观标准或条件时，该补贴在法律上不是专向性补贴，如果

（I）资格具有自动性；

（II）资格的标准或条件得到了严格遵循；并且

（III）在相关法律、条例或能够核实的其他官方文件中明确规定了该标准或条件。

就本款而言，术语"客观的标准或条件"指中性、不偏袒某企业或产业的标准或条件。

（iii）当有理由认为补贴在事实上是专向性补贴时，如果存在下列一个或多个因素，该补贴就是专向性补贴：

（I）补贴的实际接受人，从企业或产业基础上考虑，在数量上是有限的。

（II）某企业或产业是补贴的主要用户。

（III）某企业或产业接受了不成比例的大量补贴。

（IV）提供补贴的当局在作出给予补贴决定时以行使自由裁量权的方式表明偏袒某企业或产业。

在评估第（I）小款、第（II）小款、第（III）小款和第（IV）小款规定因素的方式时，行政机关应考虑在提供补贴的当局管辖范围内经济活动多样性的程序和补贴项目运作的时间长度。

（iv）当补贴限于位于提供补贴的当局管辖范围内指定地理区域的企业或产业时，该补贴是专向性补贴。

就本段和第（5B）段而言，所指企业或产业指外国企业或产业，包括该企业或产业的集团。

（5B）不可抵消补贴的种类。

（A）一般规定。尽管有第（5）段和第（5A）段的规定，在商品自补贴协定国进口的情况下，如果行政机关在据第一分编进行的调查或据第三分编进行的复审中确定补贴满足第（B）小段、第（C）小段或第（D）小段（视案情需要）所述的所有条件，或第（E）(i)小段所述规定适用，补贴应被视

为不可抵消补贴。

（B）研究补贴。

（i）一般规定。除对民用航空器的制造、生产或出口提供的补贴外，对一人或高等教育或研究机构在与一人合同基础上进行的研究活动的补贴，应被视为不可抵消补贴，如果补贴不超过工业研究费用的75%，或不多于竞争前开发活动费用的50%，并且该补贴限于：

（I）全部为在研究活动中雇佣的研究人员、技术人员或其他辅助人员的费用；

（II）全部且永久用于研究活动的设备、仪器、土地或建筑物的费用（在商业基础上处理例外）；

（III）全部用于研究活动的咨询或类似服务的费用，包括购买研究、技术知识和专利的费用；

（IV）研究活动直接产生的额外一般费用；和

（V）研究活动直接产生的其他运作费（例如材料和供应）。

（ii）定义。就本小段而言：

（I）工业研究。术语"工业研究"指旨在发现新知识的计划研究或关键性调查，目标是此类知识可能对开发新产品、程序或服务有用，或对现有产品、程序或服务带来重大改进。

（II）竞争前的开发活动。术语"竞争前的开发活动"指将工业研究结果转化为新的、修改的或改善的产品、程序或服务的计划、蓝图或设计，无论旨在销售或使用，包括不能用于商业使用的第一个模型的创建。该术语也可包括产品、程序或服务替代物的概念的形成和设计，以及最初的演示或试验项目，如果这些同样的项目不能为工业使用或商业开发而转变或使用。该术语不包括对现有产品、生产线、制造流程、服务或其他运作项目的例行或周期性改善，即使这些改善显示了改进。

（iii）计算规则。

（I）一般规定。在涵盖工业研究和竞争前开发活动的研究活动的情况下，不可抵消补贴的许可水平，不应超过在第（i）款第（I）、（II）、（III）、（IV）和（V）小款所述费用的62.5%。

（II）总合格费用。第（i）款所述不可抵消补贴的许可水平，应以具体项目中发生的全部合格费用为依据。

（C）对劣势地区的补贴。

（i）一般规定。根据区域发展的总体规则，向位于一国内劣势地区的人提供的补贴，应被视为不可抵消的，如果它不是合格地区内的［第（5A）段意义上的］专向性补贴，并满足以下条件：

（I）被确定为一个领土内劣势的每一个地区，是明确指定的、相邻的地理区域，具有可确定的经济和管理同一性。

（II）每一地区根据中立和客观标准被视为劣势地区，该标准说明地区因为非暂时情况处于劣势，并且，该标准明确出现在相关法律、条例或可核实的其他官方文件中。

（III）第（ii）小款所述标准，包括对经济发展的衡量。

（IV）在地区发展总体框架中规定的项目，应包括对授予补贴项目援助最大数额的限制。该最大限制，应根据受援助地区的不同发展水平区别对待，并通过投资成本或就业创造成本表现出来。在该最大限制范围内，援助的分配应足够广泛，并避免第（5A）（D）段所述企业或产业的对补贴的主要使用，或对其提供不成比例的大数额补贴。

（ii）经济发展的衡量。就第（i）款而言，经济发展的衡量应以下面一个或多个因素为依据：

（I）人均收入、家庭人均收入，或不超过受调查或复审国平均数85%的人均国内生产总值；

（II）至少为受调查或复审国平均失业率110%的失业率。

对经济发展的衡量，应包括三年期间，但可复合衡量，可包括本款没有规定的因素。

（iii）定义。就本小段而言：

（I）发展总体规划。术语"区域发展总体规划"指区域补贴计划是内部持续、总体适用的区域发展政策一部分，不给予对区域发展没有或几乎没有影响的地理点以区域发展补贴。

（II）中立和客观标准。术语"中立和客观标准"指不超出为消除或降低区域发展政策范围内地区不平衡的适当限度而偏袒某些区域的标准。

（D）使现有设施适应新环境要求的补贴。

（ⅰ）一般规定。用于促进现有设施适应法律或法规施加的新环境要求，并且导致对补贴的接受者更大约束和财务负担的补贴，应被视为不可抵消补贴，如果该补贴

（Ⅰ）是一次性不再发生的措施；

（Ⅱ）限于适应费用的 20%；

（Ⅲ）不包括替代和经营受补贴投资的费用，该费用必须由接受人完全承担；

（Ⅳ）直接与接受者计划的降低浪费和污染相关并成比例，不包括可能实现的任何制造成本节约；和

（Ⅴ）可获得能够适用新设备或生产设施的所有人。

（ⅱ）现有设施。就本小段而言，术语"现有设施"指在实施新环境要求之日前至少已运作两年的设施。

（E）通知的补贴计划。

（ⅰ）一般规定。如果补贴是根据已经按照补贴协定第 8.3 条通知的计划提供的，该补贴应被视为不可抵消补贴，并不能据本编进行调查或复审。

（ⅱ）例外。尽管有第（ⅰ）款的规定，补贴应被视为可抵消，如果

（Ⅰ）贸易代表通知行政机关，已经据补贴协定第 8.4 条或第 8.5 条作出裁定，补贴或据以提供补贴的计划不满足补贴协定第 8.2 条的条件和标准；和

（Ⅱ）在第（5A）段的意义上，该补贴具有专向性。

（F）对农产品的补贴。对就农产品协定附件 1 所列产品提供的，且行政机关确定完全符合该协定附件 2 规则的国内支持措施，应被视为不可抵消的。应行政机关的要求，贸易代表应就附件 2 的解释和适用提供建议。

（G）临时适用。（ⅰ）在《建立世界贸易组织协定》生效后 66 个月的第一天或之后，第（B）小段、第（C）小段、第（D）小段和第（E）小段不再适用，除非该小段的规定据《乌拉圭回合协定法》第 282（c）节延长。

（ⅱ）在始于 1995 年 1 月 1 日的 9 年期结束时，第（F）小段不应适用于来自世界贸易组织成员的进口。贸易代表应根据农产品协定第 1（i）条确定对每一个世界贸易组织成员的准确终止日期，并应通知行政机关该日期。

（6）净可抵消补贴。就确定净可抵消补贴而言，行政机关可从总可抵消补贴

中扣除：

（A）为有资格取得或接受可抵消补贴利益而支付的申请费、押金或类似费用；

（B）因延迟收到而产生的可抵消补贴价值的损失，如果该延迟是政府命令强制的；和

（C）对向美国出口的商品征收的旨在抵消收到的可抵消补贴的出口税、关税或其他费用。

（7）实质损害。

（A）一般规定。"实质损害"指不是无关紧要的、非实质的或不重要的损害。

（B）数量和后续影响。在据第703（a）节、第705（b）节、第735（b）节作出裁定时，在每一个案件中，委员会

（i）应考虑：

（I）涉案产品进口的数量；

（II）该商品进口对美国同类产品价格的影响；和

（III）该商品进口对同类产品国内生产商的影响，但仅考虑在美国的生产经营；和

（ii）可考虑与涉及是否因为进口而存在实质损害的裁定有关的此类其他经济因素。

在第705（d）节或第735（d）节要求的通知中（视案情需要），委员会应解释其对据第（i）款考虑的每一个因素的分析，并证实据第（ii）款考虑的每一个因素，并充分解释其与裁定的相关性。

（C）对相关因素的评估。就第（B）小段而言，

（i）数量。在评估商品的进口数量时，委员会应考虑，商品进口的数量或该数量的任何增加，在绝对条件下，或相对于美国的生产或消费，是否是重大的。

（ii）价格。在评估该商品进口对加工的影响时，委员会应考虑：

（I）与美国同类产品的价格相比，进口商品是否存在重大削低价格；和

（II）该商品进口的效果是否在很大程度上抑制了价格，或在很大程度上阻止了在其他情况下本来会发生的提价。

（iii）对受影响的国内生产商的影响。在审查第（B）（i）（ii）小段要求

考虑的影响时，委员会应评估与美国产业状况有关的所有相关经济因素，包括但不限于：

(Ⅰ) 产量、销售、市场份额、利润、生产率、投资收回和生产能力利用方面实际和潜在的下降；

(Ⅱ) 影响国内价格的因素；

(Ⅲ) 对现金流量、存货、就业、工资、增长、融资能力和投资的实际和潜在的负面影响；

(Ⅳ) 对国内产业现有开发和生产能力实际和潜在的负面影响，包括开发国内同类产品的衍生或更先进产品的能力；和

(Ⅴ) 在据第二分编的程序中，倾销幅度的大小。

委员会应在受影响产业的特殊商业周期和竞争条件的情况下，对本款所述所有相关经济因素进行评估。

(iv) 受控生产。如果国内生产商为生产下游物品内部转变国内同类产品的大部分生产，并在国内市场销售大量的国内同类产品的生产，并且委员会确定

(Ⅰ) 为加工下游产品而内部转变生产的国内同类产品，没有进入国内同类产品的商品市场，

(Ⅱ) 在下游物品的生产中，国内同类产品是主导材料，并且

(Ⅲ) 在下游物品的生产中，通常不使用在商品市场销售的国内同类产品，

则委员会在确定市场份额和影响第 (iii) 款规定的财务状况因素时，应主要集中于国内同类产品市场。

(D) 对农产品的特殊规则。

(i) 委员会不应仅仅因为当前市场价格等于或高于最低支持价格，而裁定不存在对美国农产品生产商的实质损害或实质损害威胁。

(ii) 在农产品的案件中，委员会应考虑对政府收入或价格支持计划增加的任何负担。

(E) 特殊规则。就本段而言，

(i) 可抵消补贴的性质。在确定是否存在实质损害威胁时，委员会应考虑行政机关向它提供的有关外国政府给予的可抵消补贴的性质的信息（尤其是可抵消补贴是否是补贴协定第 3 条或第 6.1 条所述的补贴）和关于该可抵消补贴可能导致的后果的信息。

（ⅱ）裁定的标准。要求委员会据第（C）小段或第（D）小段评估的任何因素的存在与否，并不必然对委员会的实质损害裁定给予决定性指导。

（F）实质损害威胁。

（ⅰ）一般规定。在确定美国产业是否因为涉案产品的进口（或为进口而销售）而受到实质损害威胁时，除了其他相关经济因素外，委员会应考虑：

（Ⅰ）如果涉及补贴，行政机关向它提供的关于补贴的性质（尤其是可抵消补贴是否是补贴协定第3条和第6.1条所述补贴）的信息，和涉案产品的进口是否可能增加的信息；

（Ⅱ）考虑其他出口市场吸收任何额外出口的能力，出口国任何现有未使用的生产能力，或生产能力迫近的重大提高，表明涉案产品向美国进口实质增加的可能性；

（Ⅲ）表明进口实质增加可能性的涉案产品进口数量或市场渗入的重大提高率；

（Ⅳ）涉案产品的进口，是否正以可能对国内价格有明显的抑制或阻止效果的价格进入，或有可能增加更大的进口需求；

（Ⅴ）涉案产品的存货；

（Ⅵ）正在用于生产其他产品的、可以用来生产涉案产品的外国生产设施转产的可能性；

（Ⅶ）在同时涉及原料农产品［在第（4）（E）（ⅳ）段意义上］和产自此类原料农产品的任何加工产品的据本编的任何调查中，如果委员会据第705（b）（1）节或第735（b）（1）节，就原料农产品或加工农产品（但不是两者同时）作出肯定裁定，由于转产的原因而存在增加进口的可能性；

（Ⅷ）对国内产业现有开发和生产能力的实际或可能的消极影响，包括开发国内同类产品的衍生或更先进型号产品的能力；

（Ⅸ）表明因为涉案产品进口（或为进口而销售）（无论此时实际是否进口），而可能存在实质损害的任何其他可证明的不利趋势。

（ⅱ）裁定的依据。在就除非签发命令或据本编接受中止协议而更多倾销或补贴进口是否是迫近的和进口造成的实质损害是否发生作出裁定时，委员会应整体考虑第（i）款规定的因素。要求委员会据第（i）款考虑的任何因素存在与否，并不必然对裁定给予决定性指导。此类裁定，不能仅以猜测或假设为依据作出。

（iii）第三国市场倾销的效果。

    （I）一般规定。在据第二分编的调查中，委员会应考虑外国市场上的倾销（为世界贸易组织其他成员市场上对受调查的同一当事人制造或生产的相同种类的倾销裁定或反倾销救济所证明），是否表明对国内产业有实质损害威胁。在调查过程中，委员会应要求外国制造商、出口商或涉及该问题的美国进口商提供信息。

    （II）世界贸易组织成员市场。就本款而言，"世界贸易组织成员市场"指是世界贸易组织成员国的市场。

    （III）欧洲共同体。就本款而言，欧洲共同体应被视为一个外国。

（G）确定实质损害的累积。

（i）一般规定。就第（C）小段第（i）款和第（ii）款而言，并遵守第（ii）款的规定，就以下各项，如果该进口互相竞争并与美国国内同类产品竞争，委员会应累积评估来自所有国家的涉案产品进口的数量和影响：

    （I）在同一天据第 702（b）节或第 732（b）节提交的申请；

    （II）在同一天据第 702（a）节或第 732（a）节发起的调查；或

    （III）在同一天据第 702（b）节或第 732（b）节提交的申请和据第 702（a）节或第 732（a）节发起的调查。

（ii）例外。就以下情况，委员会不应据第（i）款累积评估进口的数量和影响：

    （I）行政机关已经就该进口作出初步否定裁定，除非在委员会作出最终裁定前，行政机关随后就这些进口作出最终肯定裁定；

    （II）来自已对其终止调查的任何国家的进口；

    （III）就对该国作出裁定而言，来自《加勒比海经济复兴法》（《美国法典》第 19 编第 2701 节及其以下章节）指定受益国的进口，但在第（i）款允许的范围内，来自该国涉案产品的进口数量和影响，可与来自被指定为受益国的任何其他国

家涉案产品的进口进行累积评估除外；或

（Ⅳ）来自 1987 年 1 月 1 日前生效的与美国建立自由贸易区协定的任何国家的进口，除非委员会确定来自该国的进口对国内产业造成了实质损害或实质损害威胁。

（ⅲ）最终调查记录。在委员会据第（i）款累积评估进口数量和影响的每一个最终裁定中，委员会应以它作出最终裁定的第一次调查记录为依据作出裁定，但当行政机关在其后续完成的调查中作出最终裁定时，委员会应允许后续调查的当事人就行政机关最终裁定的重要性提交评论，并应在后续调查记录中包括该评论和行政机关的最终裁定。

（ⅳ）区域产业裁定。在涉及区域产业且委员会决定应据本小段累积评估进口数量和影响的调查中，此类评估应以向委员会确定的一个或多个区域进口的数量和影响为依据。第（ⅲ）款的规定应适用于此类调查。

（H）累积确定实质损害威胁。在可行的范围内，并遵守第（G）（ⅱ）小段，就（F）小段第（i）（Ⅲ）和（Ⅳ）款而言，就涉及以下各项的涉案产品，如果该进口互相竞争并与美国市场上的国内同类产品竞争，委员会应累积评估来自所有国家涉案产品进口的数量和价格影响：

（Ⅰ）在同一天据第 702（b）节或第 732（b）节提交申请；

（Ⅱ）在同一天据第 702（a）节或第 732（a）节发起调查；或

（Ⅲ）在同一天据第 702（b）节或第 732（b）节提交申请和据第 702（a）节或第 732（a）节发起调查。

（I）对申请后信息的考虑。在据第一或第二分编的调查中，委员会应考虑提交申请后涉案产品在数量、价格影响或影响方面的任何变化，是否与未决的调查有关，如果是，委员会在作出其实质损害、实质损害威胁或对美国产业的建立产生实质阻碍的裁定时，可降低赋予提交申请后期间数据的权重。

（8）补贴协定；农产品协定。

（A）补贴协定。"补贴协定"指《乌拉圭回合协定法》第 101（d）（12）节所指的《补贴和反补贴措施协定》。

（B）农产品协定。"农业协定"指《乌拉圭回合协定法》第 101（d）（2）节所指的《农产品协定》。

（9）利害关系方。"利害关系方"指

（A）涉案产品的外国制造商、生产商或出口商，或美国进口商，或其大多数成员是该商品的生产商、出口商或进口商的贸易或企业联盟；

（B）该商品生产或制造国政府或该商品出口国政府；

（C）美国国内同类产品的制造商、生产商或批发商；

（D）代表从事美国国内同类产品的制造、生产或批发的产业的注册工会或公认工会或工人集团；

（E）其大多数成员在美国制造、生产或批发国内同类产品的贸易或企业协会；

（F）其大多数成员是由涉及国内同类产品的第（C）、（D）或（E）段所述的利害关系方组成的协会；和

（G）在涉及第（4）(E) 段定义的从事生产加工农产品产业的据本编的任何调查中，是以下代表的联盟或贸易协会：

（ⅰ）加工商；

（ⅱ）加工商和生产商；或

（ⅲ）加工商和种植商。

但如果美国贸易代表通知行政机关和委员会本小段的适用不符合美国的国际义务，本小段停止有效。

（10）国内同类产品。"国内同类产品"，指与据本编受调查的产品有相同特征和用途的产品，如无相同产品，则指与据本编受调查的产品有极为相似特征和用途的产品。

（11）委员会分歧意见相等时的肯定裁定。如果对委员会裁定（包括据第 751 节的裁定）投票的委员就裁定结果意见不一且数量一致，委员会应被视为作出肯定裁定。就适用本段而言，如果需要委员会审理的问题是确定是否因为商品进口而存在：

（A）对美国产业的实质损害；

（B）对该产业的实质损害威胁；或

（C）对美国产业的建立产生实质阻碍。

对任何问题的肯定投票应被视为该裁定应是肯定的投票。

（12）归因于制造或生产国的商品。就第一分编而言，商品应被视为制造或生产国的产品，而不考虑是否直接从该国进口，也不考虑它是否与从该国出口的相同条件进口，或因重新制造或其他原因以改变的条件进口。

（13）［已废除］

（14）销售或没有销售时的报价销售。"销售或没有销售时的报价销售"指

（A）以商业数量向所有的购买者；或

（B）在正常贸易过程中，以商业数量，以公平反映了该商品市场价值的价格，向一个或多个选定的购买者，

销售或没有销售时报价销售，而不考虑购买者对该商品处置或使用的限制，但如果发现该限制影响了商品的市场价值，在计算商品销售或报价销售的价格时，应就此作出调整。

（15）正常贸易过程。"正常贸易过程"指在涉案产品出口前的一段合理时间内，在供考虑的贸易中关于同种或同类商品的正常条件和做法。除了其他以外，行政机关应将以下销售和交易排除在正常贸易过程之外：

（A）据第 773（b）（1）节不予考虑的销售；

（B）据第 773（f）（2）节不予考虑的交易。

（16）外国同类产品。"外国同类产品"指就本编第二分编而言，能够对其作出满意裁定的以下类别中的第一类商品：

（A）与该商品有相同物理特征，并由同一人在同一国家生产的涉案产品和其他商品；

（B）以下商品：

（i）与受调查的涉案产品一样，由同一人在同一国家生产的商品；

（ii）在使用的零部件材料和使用目的上与该商品相同的商品；

（iii）与该商品有大致相同商业价值的商品；

（C）以下商品：

（i）由同一人在同一国生产且与受调查的涉案产品属同一大类的商品；

（ii）在使用目的上与该商品相同；

（iii）行政机关确定可以与该商品合理比较的商品。

（17）通常商业数量。"通常商业数量"，对涉案产品在供考虑的市场上以不同价格销售不同数量的任何案件，指该商品以某一数量和价格销售的数量，其总数量大于以任何其他数量和价格销售的总数量。

（18）非市场经济国家。

（A）一般规定。"非市场经济国家"指行政机关确定不根据成本或定价结构的市场原则运作，从而使该国商品的销售不反映商品公平价值的任何国家。

（B）考虑的因素。在据第（A）小段作出裁定时，行政机关应考虑

（i）外国货币转换成其他国家货币的程度；

（ⅱ）该外国工资由劳资双方自由谈判确定的程序；

（ⅲ）该外国允许其他外国企业合资或其他投资的程度；

（ⅳ）政府拥有或控制生产方法的程度；

（ⅴ）政府控制资源分配、价格和企业产量决策的程度；

（ⅵ）行政机关认为合适的其他此类因素。

（C）有效的裁定。

（ⅰ）除非被行政机关废除，该国家是非市场经济国家的裁定一直有效。

（ⅱ）行政机关可在任何时间据第（A）小段对任何国家作出裁定。

（D）裁定不受司法审查。尽管有法律的其他规定，行政机关据第（A）小段作出的任何裁定，不受据第二分编对任何调查的司法审查。

（E）信息收集。经行政机关要求，海关专员应向行政机关提供向他提交的或他获得的、行政机关认为与涉及非市场经济国家商品的诉讼有关的所有公开和保密信息副本。行政机关应据第 777 节保护据本节取得的保密信息，防止公开披露。

（19）等同销售的租赁。就本编而言，在确定某租赁是否等同于销售时，行政机关应考虑：

（A）租赁条件；

（B）产业的商业惯例；

（C）交易情形；

（D）租赁的产品是否与承租人或进口商的经营融为一体；

（E）实际上是否存在租赁将持续或延长相当时间的可能性；和

（F）其他相关因素，包括租赁交易是否允许规避反倾销或反补贴税。

（20）对政府进口的适用。

（A）一般规定。除本段另有规定外，美国政府部门或机构进口或供其使用进口的商品（包括美国协调关税表第 98 章规定的商品），受据本编或第 303 节实施反补贴或反倾销税管辖。

（B）例外。国防部进口或供其使用进口的商品，不应据本编征收反补贴或反倾销税，如果：

（ⅰ）该部取得或供其使用的商品；

（Ⅰ）来自该部在 1988 年 1 月 1 日与其有有效谅解备忘录，并继续有类似（包括延长）协议，或替代协议的国家；和

（Ⅱ）进口时符合有效谅解备忘录的条款；或

（ii）商品没有实质上的非军事用途。

（21）美国—加拿大协定。"美国—加拿大协定"指《美国—加拿大自由贸易协定》。

（22）NAFTA。"NAFTA"指《北美自由贸易协定》。

（23）入关。在行政机关确定的适当情况下，"入关"包括第401（s）节定义的由进口商发起的对账程序产生的入关。进口商为涉案产品入关在反倾销或反补贴税程序中的责任，将附属于相应的对账入关。就执行本编而言，对账入关的中止清关，应相当于相应单独入关的中止清关；但为该目的的对账入关的中止清关，不排除为其他目的的清关。

（24）可忽略不计的进口。

（A）一般规定。

（i）小于3%。除第（ii）款和第（iv）款另有规定外，如果根据可获得的数据，在下列日期前的最近12个月内，该商品占所有此类商品向美国进口数量的份额小于3%，来自一国的、与委员会确定的国内同类产品对应的商品进口是"可忽略不计的"：

（I）据第702（b）节或第732（b）节提交申请；或者

（II）发起调查，如果调查据第702（a）节或第732（a）节发起。

（ii）例外。如果在同一天对其发起调查且来自所有国家商品进口的数量超过在适用的12个月内进口到美国所有该商品总数量的7%，不应忽略据第（i）款本可忽略的进口。

（iii）总数量的确定。在据第（ii）款或第（iv）款确定总数量时，委员会不应考虑来自第（7）（G）（ii）段所述任何国家的进口。

（iv）威胁分析中的忽略不计。尽管有第（i）款和第（ii）款，如果委员会确定存在来自第（i）款所述国家的进口急迫地超过向美国进口该商品总数量3%，或第（ii）款所述国家进口的总数量急迫地超过向美国进口该商品总数量7%的可能性，委员会不应视进口为可忽略不计的。委员会仅应为确定实质损害威胁之目的考虑该进口。

（B）在反补贴税调查中对某些国家的忽略不计。在据第701节调查的案件中，第（A）小段应适用于来自发展中国家涉案产品的进口，以"4%"代替第（A）（i）小段的"3%"，以"9%"代替第（A）（ii）小段的"7%"。

（C）计算进口数量。就第（A）小段和第（B）小段而言，在计算进口数量时，委员会可以可获得的统计为依据，进行合理的评估。

（D）区域产业。在委员会据第（4）（C）段作出区域产业裁定的调查中，委员会据第（A）小段和第（B）小段的审查，应以出口到区域市场供销售的涉案产品的数量为依据，代替进口到美国的所有涉案产品的数量。

（25）涉案产品。"涉案产品"指在本编或第 303 节的调查、复审、中止协议、命令或 1921 年反倾销法的决定范围内的该种或该类商品。

（26）第 303 节。"第 303 节"和"303"指《乌拉圭回合协定法》第二编生效日之前有效的本法律第 303 节。

（27）中止协议。"中止协议"指第 704（b）节、第 704（c）节、第 734（b）节、第 734（c）节或第 734（1）节所述协议。

（28）出口商或生产商。"出口商或生产商"指涉案产品的出口商、涉案产品的生产商，或在适当的时候同时指两者。就第 773 节而言，在为准确计算与该商品的生产和销售有关的已经发生和实现的成本、费用和利润的总数量所必需的范围内，"生产商或出口商"同时包括涉案产品的出口商和同一涉案产品的生产商。

（29）WTO 协定。"WTO 协定"指《乌拉圭回合协定法》第 2（9）节定义的协定。

（30）WTO 成员和 WTO 成员国。就美国适用 WTO 协定来说，"WTO 成员"和"WTO 成员国"指国家或单独关税区（在 WTO 协定第 12 条的意义上）。

（31）GATT1994。"GATT1994"指 WTO 协定所附的关税与贸易总协定。

（32）贸易代表。"贸易代表"指美国贸易代表。

（33）关联人。下列人，应被视为"关联的"或"关联人"：

（A）家庭成员，包括兄弟和姐妹（无论是否全部血缘或半血缘关系）、配偶、祖先和直系后代；

（B）一组织的任何高级职员或董事及该组织；

（C）合伙人；

（D）雇主和雇员；

（E）直接或间接拥有、控制或享有一组织有投票权的 5% 或以上的已发行的投票股票或股份的任何人与该组织；

（F）直接或间接控制第三人，或被第三人控制，或与第三人共同控制的两人或更多人；

（G）控制其他人的人和受控制的人。

就本段而言，如果一个人从法律上或经营上处于对其他人行使限制或指导的位置，该人应被视为控制他人。

（34）倾销。"倾销"指商品低于公平价值的销售或可能销售。

（35）倾销幅度；加权平均倾销幅度。

（A）倾销幅度。"倾销幅度"指涉案产品的正常价值超过出口价格或推定出口价格的数额。

（B）加权平均倾销幅度。"加权平均倾销幅度"是通过用为特定出口商或生产商确定的总倾销幅度除以该出口商或生产商的总出口价格和推定出口价格而确定的百分比。

（C）倾销幅度的大小。委员会使用的倾销幅度的大小应是：

（ⅰ）在调查中〔包括委员会据第（7）（G）（ⅰ）段累积评估进口的数量和影响的任何调查〕据第733（a）节作出初步裁定时，行政机关在其发起调查通知中公布的倾销幅度或幅度；

（ⅱ）在据第735（b）节作出最终裁定时，行政机关在委员会行政记录结束前最新公布的倾销幅度或幅度；

（ⅲ）在据第751（b）（2）节的复审中，行政机关据第752（c）（3）节（如果存在）或第733（b）节或第735（a）节确定的最新倾销幅度或幅度；和

（ⅳ）在据第751（c）节的复审中，行政机关据第752（c）（3）节确定的倾销幅度或幅度。

（36）发展中国家和最不发达国家。

（A）发展中国家。"发展中国家"指被贸易代表指定为发展中国家的国家。

（B）最不发达国家。"最不发达国家"指被贸易代表确定为以下国家的国家：

（ⅰ）补贴协定附件七第（a）段意义上的最不发达国家；或

（ⅱ）补贴协定附件七列举的其他国家，但该国人均国民生产总值根据世界银行最新资料确定为每年低于1000美元的国家。

（C）公布名单。贸易代表应在《联邦纪事》公布以下名单，并在必要时更新：

（ⅰ）在补贴协定第27.11条的意义上，加速消除其出口补贴的发展中国家；和

（ii）贸易代表确定的最不发达国家或发展中国家。

（D）考虑的因素。在确定一国是否是第（A）小段的发展中国家时，贸易代表应考虑诸如经济、贸易和贸易代表认为适当的其他因素，包括该国的经济发展水平（对其评估应包括对该国人均国民生产总值的审查）和该国的世界贸易份额。

（E）对指定的限制。据本段作出一国是发展中国家或最不发达国家的确定，应只能为本编之目的，并且，不应影响根据任何其他法律对一国是发展中国家或最不发达国家地位的确定。

（19 U.S.C. 1677）

第771A节　上游补贴

（a）定义。术语"上游补贴"指出口补贴以外的任何可抵消补贴，该可抵消补贴：

（1）由［第 771（5）节定义的］当局用于在同一国家制造或生产，是可抵消补贴税诉讼对象的商品的产品（以下称"投入产品"）支付或授予；

（2）根据行政机关的判断对该商品提供竞争利益；和

（3）对该商品的制造或生产成本有较大影响。

在使用该小节时，两个或更多的外国、政治分支机构、附属地或外国占领地组成美国境外的关税同盟的联盟，应被视为一个国家，如果该关税同盟提供可抵消补贴。

（b）竞争利益的确定。

（1）一般规定。除第（2）段的规定外，如果第（a）（1）小节所指的用于该用途的投入产品的价格，低于是反补贴税诉讼对象的商品的制造商或生产商在独立交易基础上取得该产品支付的价格，行政机关应确定提供了竞争利益。

（2）调整。如果行政机关在以前的诉讼中确定对用于据第（1）段比较的投入产品支付或提供了可抵消补贴，行政机关可在适当时，调整是该诉讼对象的商品的制造商或生产商对该产品支付的价格，以反映可抵消补贴的效果，或从另一来源选择一个价格代替该价格。

（c）包括补贴数额。如果行政机关在反补贴税诉讼中确定已经就涉案产品支付或授予上游补贴，行政机关应在对该商品实施的反补贴税额中，包括等于第（1）（B）小段所指的竞争利益的数额，但在任何情况下，该数额都不应高于就上游产品确定的可抵消补贴数额。

（19 U.S.C. 1677–1）

第771B节　对某些加工农产品可抵消补贴的计算

在从农产品原料加工成农产品的情况下，并且，（1）对前一阶段产品的需求，实质上取决于对后一阶段产品的需求，并且（2）加工业务仅对原材料产品增加了有限的价值，提供给产品的生产商或加工商的可抵消补贴，应被视为对加工产品的制造、生产或出口提供。

（19 U.S.C. 1677–2）

第772节　出口价格和推定出口价格

（a）出口价格。"出口价格"指由位于美国境外的涉案产品生产商或出口商在进口日前将涉案产品第一次销售（或同意销售）给美国境内的非关联买家或非关联买家出口到美国的价格，要据第（c）小节进行调整。

（b）推定出口价格。"推定出口价格"指涉案产品在进口日之前或之后，由该商品的生产商或出口商，或其代理人，或与生产商或出口商有关联关系的销售商，第一次在美国销售（或同意销售）给与生产商或出口商没有关联关系的买家的价格，要按照第（c）小节和第（d）小节进行调整。

（c）对出口价格和推定出口价格的调整。用于确定出口价格和推定出口价格的价格，应

（1）增加

（A）当该价格没有包括时，集装箱和覆盖物的费用，和将涉案产品置于向美国备运状态的所有其他成本、费用和支出；

（B）因为涉案产品向美国出口，出口国减免的或没有征收的进口税的数额；和

（C）根据第一分编向涉案产品征收的抵消出口补贴的任何反补贴税的数额，并且

（2）扣除

（A）除第（1）（C）段规定外，价格中包括的（如果存在）将涉案产品从

出口国的原始运输地点，运到美国交付地的任何额外成本、费用或支出，和进口税；

（B）价格中包括的（如果存在）出口国对涉案产品出口到美国征收的出口税、关税或其他收费，但不包括第 771（6）(C）节所述的出口税、关税或其他收费。

（d）**对推定出口价格的额外调整。** 就本节而言，用于确定推定出口价格的价格，应扣除

（1）销售涉案产品（或增值了的涉案产品）时，出口商或生产商或其代理商或美国关联销售商通常所产生的以下费用：

（A）在美国销售涉案产品的佣金；

（B）源于销售和与销售有关的费用，如信贷支出、保证或担保；

（C）销售商代表买方支付的任何销售费用；和

（D）据第（A）、（B）和（C）小段没有扣除的任何销售费用；

（2）进一步制造或装配的成本（包括额外材料和劳动），但第（e）小节所述情况例外；和

（3）分配给第（1）段和第（2）段所述费用的利润。

（e）**对进口后增值产品的特殊规则。** 当涉案产品由与出口商或生产商有关联的人进口，并且被该关联人在美国增加的价值有可能实质超过涉案产品的价值时，如果有足够的销售数量以提供合理的比较依据，并且行政机关确定使用该销售是适当的，行政机关应使用下述价格之一确定推定出口价格：

（1）出口商或生产商销售给非关联人相同涉案产品的价格；

（2）生产商或出口商销售给非关联人其他涉案产品的价格。

如果不存在足够的销售数量以提供据第（1）段和第（2）段比较的合理依据，或行政机关确定该段所述价格都不合适，可按照任何其他合理的依据确定推定出口价格。

（f）**确定利润的特殊规则。**

（1）一般规定。就第（d）（3）小节而言，利润应是实际总利润乘以适用百分比确定的数额。

（2）定义。就本小节而言，

（A）适用百分比。"适用百分比"指美国总费用除以总费用确定的百分比。

（B）美国总费用。"美国总费用"指第（d）（1）小节和第（2）小节所述

总费用。

（C）总费用。涉案产品的外国生产商和外国出口商或其代理商，和与生产商或出口商有关联的美国销售商或其代理商，在涉案产品的生产或销售中产生的下述分类中适用的第一类总费用：

（i）在美国销售涉案产品和在出口国销售外国同类产品产生的费用，如果行政机关为确定正常价值和推定出口价格之目的而要求该费用；

（ii）在美国和出口国销售的包括涉案产品最窄类别的商品产生的费用；

（iii）在所有国家销售的包括涉案产品最窄类别的商品产生的费用。

（D）实际总利润。"实际总利润"指第（C）小段所述的外国生产商、出口商和关联方销售据该小段对其确定总费用的相同商品所获得的总利润。

（19 U.S.C. 1677a）

第773节　正常价值

（a）确定。在据本编确定涉案产品是否正以或可能以低于公平价值销售时，应在出口价格或推定出口价格和正常价值之间作公平比较。为实现与出口价格或推定出口价格公平比较，应据以下规则确定正常价值：

（1）正常价值的确定。

（A）一般规定。涉案产品的正常价值，应是第（B）小段所述、在与用于据第772（a）或（b）节确定出口价格或推定出口价格的销售的时间合理对应时间的价格。

（B）价格。第（A）小段所述价格是：

（i）以通常商业数量并在正常贸易过程中，且在实际可行的范围内，在与出口价格或推定出口价格相同的贸易水平上，外国同类产品在出口国市场上第一次供消费的销售（或报价销售）价格；或者

（ii）在第（C）小段适用时，外国同类产品在出口国或美国以外国家供消费的销售（或报价销售）价格，如果：

（Ⅰ）该价格具有代表性；

（Ⅱ）出口商或生产商在该其他国家销售外国同类产品的总数量（或价值），占该涉案产品在美国销售或为出口到美国销售的总数量（或价值）的5%或以上；并且

（Ⅲ）行政机关确定该其他国家的特殊市场情形不妨碍与出口价

格或推定出口价格进行适当的比较。

（C）第三国销售。在以下情况下，本小段适用：

（ i ）外国同类产品不在第（B）(ⅰ)小段所述出口国供消费销售（或报价销售）；

（ⅱ）行政机关确定外国同类产品在出口国的销售总数量（或价值），不足以允许与涉案产品对美国的销售进行适当比较；或者

（ⅲ）出口国的特定市场情形不允许与出口价格或推定出口价格进行适当比较。

就第（ⅱ）款而言，如果外国同类产品在出口国销售的总数量（或价值），低于涉案产品占美国销售总数量（或价值）的 5%，该数量（或价值）通常应被认为不足。

（2）虚假市场。在确定正常价值时，不应考虑虚假销售或报价销售和旨在建立虚假市场的销售或报价销售。在签发反倾销税令后，外国同类产品在出口国以不同形式价格销售（或者报价销售）出现波动，应被行政机关视为建立外国同类产品虚假市场的证据，如果价格的波动显示是在降低正常价值超过涉案产品出口价格（或推定出口价格）的数额。

（3）从中间国出口。当涉案产品从中间国向美国出口时，应据中间国确定正常价值，但在以下情况下，可据涉案产品的原产国确定正常价值，如果：

（A）生产商在销售时知道涉案产品供出口；

（B）涉案产品仅仅通过中间国转运；

（C）外国同类产品在中间国的销售，不满足第（1）(C）段的条件；或

（D）中间国不生产外国同类产品。

（4）使用推定价值。如果行政机关确定涉案产品的正常价值不能够据第（1）(B）(ⅰ)段确定，则尽管有第（1）(B）(ⅱ)段的规定，涉案产品的正常价值可以是据第（e）小节确定的该商品的推定价值。

（5）间接销售或报价销售。如果外国同类产品的销售，或在没有销售情况下的报价销售，通过关联方进行，该关联方的外国同类产品销售（或报价销售）价格，可被用于确定正常价值。

（6）调整。第（1）(B）段所述价格，应

（A）增加所有集装箱和覆盖物的费用，和将涉案产品置于向美国备运状态的所有其他成本、收费和支出；

（B）扣除

（ⅰ）当第（1）（B）段所述价格包括集装箱和覆盖物的费用，和将外国同类产品置于向买方交付地备运状态的所有其他成本、收费和支出；

（ⅱ）第（1）（B）段所述价格包括的归于外国同类产品从原始运输地点运至买方交付地的任何额外成本、收费和支出的数额（如果存在）；和

（ⅲ）直接对外国同类产品或其配件征收的、对涉案产品进口减免或没有收取的国内税数额，但以外国同类产品价格中增加或包括的国内税为限；和

（C）出口价格或推定出口价格与第（1）（B）段所述价格之间的差额（或缺乏差额)(不是本节规定对其进行调整的差额）数额的增加或扣除，行政机关确定该差额全部或部分因为：

（ⅰ）涉案产品销售或同意销售给美国的数量，大于或小于外国同类产品销售或同意销售或报价销售数额的事实；

（ⅱ）第 771（16）节第（B）或（C）小段所述商品用于确定正常价值的事实；

（ⅲ）销售情形中的其他差异。

（7）其他调整。

（A）贸易水平。第（1）（B）段所述价格，也应增加或降低，以适当考虑出口价格或推定出口价格和第（1）（B）段所述价格之间的差异（或缺乏差异)(不是据本节对其进行调整的差异），该差额被证明全部或部分由于出口价格或推定出口价格与正常价值之间的贸易水平的差异，如果贸易水平差异：

（ⅰ）涉及不同销售活动的表现；并且

（ⅱ）以确定正常价值国家不同贸易水平之间持续价格差异模式为依据，被证明影响价格可比性。

在前一句所述情况下，调整的数额，应以确定正常价值的国家的两种贸易水平的价格差异为依据。

（B）推定出口价格抵消。

当确定正常价值的贸易水平比推定出口价格的贸易水平构成更高的分配阶段，但可获得的资料没有提供据第（A）（ⅱ）小段确定贸易水平调整的适当依据时，正常价值应扣除在确定正常价值的国家销售外国同类产品发生的间接销售费用，但不得超过据第 772（d）（1）（D）节进行扣除的此类费用数额。

（8）对推定价值的调整。据第（e）小节确定的推定价值，在适当的情况下，可据本小节进行适当调整。

（b）低于生产成本的销售。

（1）确定；不予考虑的销售。当行政机关有合理的依据相信或怀疑供确定正常价值的所涉外国同类产品，以低于该产品生产成本的价格销售，行政机关应确定该销售实际上是否低于生产成本。如果行政机关确定低于生产成本的销售：

（A）在延长的时间内以相当数量进行；并且

（B）其价格不允许在合理时间内收回所有成本，

在确定正常价值时，可不考虑该销售。当不考虑该销售时，正常价值应以正常贸易过程中外国同类产品的剩余销售为依据。如果正常贸易过程中没有销售，正常价值应以该商品的推定价值为依据。

（2）定义和特殊规则。就本小节而言，

（A）相信或怀疑的合理依据。在以下情况下，有合理的依据相信或怀疑外国同类产品的销售低于该产品的生产成本，如果：

（ i ）在据第 732 节发起的调查或据第 751 节进行的复审中，第 771（9）（C）、（D）、（E）、（F）或（G）小段所述利害关系方，以观察价格或推定价格或成本为依据，提供用于确定正常价值的所涉外国同类产品以低于该产品生产成本的价格销售的信息；或者

（ ii ）在据第 751 节进行的涉及特定出口商的复审中，行政机关在调查中，或如果完成复审，在最新完成的复审中，据第（1）款不考虑出口商的部分或全部销售。

（B）延长期限。"延长期限"指正常为一年，但不少于 6 个月的期限。

（C）相当数量。以低于生产成本的价格进行的销售是相当数量的销售，如果：

（ i ）该销售数量占供确定正常价值所涉销售数量的 20％或更多；或者

（ ii ）供确定正常价值所涉销售的加权平均单位价格低于该销售的加权平均单位生产成本。

（D）成本收回。如果在销售时低于单位生产成本的价格，高于调查期间或复审期间的加权平均单位生产成本，该价格应被视为在合理期限内收回成本。

（3）计算生产成本。就本分编而言，生产成本应等于以下各项之和：

（A）在正常允许外国同类产品在正常贸易过程中生产的期限内，生产外国同类产品使用的原料、装配或任何种类的其他加工成本；

（B）以所涉出口商外国同类产品生产和销售的实际数据为依据的销售费用、一般费用和管理费用的数额；和

（C）所有集装箱和覆盖物的费用，和将外国同类产品置于备运状态的所有其他费用。

就第（A）小段而言，如果正常价值以供出口国以外国家消费而销售的外国同类产品的价格为依据，确定原料生产成本，不应考虑出口国向该原料或其处理征收的、在出口时免征或退还的国内税。

（c）非市场经济国家。

（1）一般规定。如果

（A）涉案产品从非市场经济国家出口，并且

（B）行政机关认为可获得的信息不允许据第（a）小节确定涉案产品的正常价值，

行政机关应以生产该产品的生产要素为依据，加一般费用、利润、集装箱和覆盖物及其他费用的数额，确定涉案产品的正常价值。除第（2）段规定外，对生产要素的估价，应以市场经济国家或行政机关认为合适的国家关于这些要素价值的可获得的最佳信息为依据。

（2）例外。如果行政机关认为可获得的信息不足以据第（1）段确定涉案产品的正常价值，行政机关应以下述商品在其他国家（包括美国）的销售价格为依据，确定正常价值：

（A）与涉案产品可比；并且

（B）在与非市场经济国家经济发展水平可比的一个或多个市场经济国家生产。

（3）生产要素。就第（1）段而言，生产商品使用的生产要素，包括但不限于：

（A）所需工时；

（B）使用原材料的数量；

（C）消耗的能源和其他设施的数量；和

（D）有代表性的资本成本，包括折旧。

（4）对生产要素的评估。行政机关在据第（1）段评估生产要素时，应在可行的范围内，使用以下一个或多个市场经济国家生产要素的价格或成本：

（A）与非市场经济国家处于可比的经济发展水平，和

（B）是可比商品的主要生产者。

（d）对跨国公司的特殊规则。在据本编的调查过程中，当委员会确定：

（1）出口到美国的涉案产品，在也直接或间接拥有或控制位于其他国家的生产外国同类产品的其他设施的人、企业或公司直接或间接拥有或控制的设施生产；

（2）第（a)(1)(C）节适用；和

（3）在出口国以外一个或多个设施生产的外国同类产品的正常价值，高于位于出口国的设施生产的外国同类产品的正常价值。

它应参考出口国以外一个或多个生产设施生产的、以相当数量销售的外国同类产品的正常价值，确定涉案产品的正常价值。行政机关在据本段作出任何裁定时，应对在出口国以外的设施生产的外国同类产品的生产成本（包括国内税、工时、材料和间接费用）和在出口国的设施生产的外国同类产品的生产成本之间的差异进行调整，如果该差异为行政机关满意。就本小节而言，在确定出口国以外国家生产的外国同类产品的正常价值时，行政机关应确定其从出口国出口时的价格，并应参考出口国成本，对所有集装箱和覆盖物的费用，以及将涉案产品置于向美国备运状态的所有其他成本、收费和支出，进行第（a）小节要求的调整。

（e）推定价值。就本编而言，进口商品推定价值的数额，等于以下各项之和：

（1）在通常允许正常商业过程中生产商品的期限内，生产该商品所使用的原料和装配或其他加工成本；

（2）（A）受调查或复审的特定出口商或生产商在正常贸易过程中生产和销售供外国消费的外国同类产品产生的销售费用、一般费用和管理费用与实现的利润的数额；或

（B）如果不能取得关于第（A）小段所述数额的实际数据，则

　　（i）受调查或复审的特定出口商或生产商在正常贸易过程中生产和销售供外国消费的与涉案产品属同一大类的商品产生的销售费用、一般费用和管理费用与利润的实际数额；或者

　　（ii）受调查或复审的生产商或出口商［不是第（i）款所述出口商或生产商］在正常贸易过程中生产和销售供外国消费的外国同类产品产生和实现的销售费用、一般费用和管理费用与利润的实际数额的加权平均；或者

（iii）以任何其他合理的方法为依据，产生和实现的管理、销售和一般费用与利润的数额，但利润的数额不应超过出口商或生产商［非第（i）款所述出口商或生产商］在外国为消费而销售与涉案产品属同一大类产品通常实现的数额；和

（3）所有集装箱和覆盖物的费用，以及将涉案产品置于向美国备运状态而产生的所有其他支出。

就第（1）款而言，确定材料成本，不应考虑出口国对该原材料或其处理征收的、由该原料制成的涉案产品出口时减免或退还的国内税。

（f）计算生产成本和计算推定价值的特殊规则。 就第（b）小节和第（e）小节而言，

（1）成本。

（A）一般规定。成本通常以商品的出口商或生产商的记录为依据计算，如果此类记录符合出口国（或适当的生产国）公认会计准则，并合理反映与商品生产和销售有关的成本。行政机关应考虑关于适当分摊成本的所有可获得证据，包括生产商或出口商及时提供的证据，如果该分摊是出口商或生产商一贯使用的，特别是关于确定资本支出和其他开发成本的适当摊销和折旧期限及备抵的证据。

（B）非再生成本。对有益于目前或将来（或两者）生产的那些非再生成本，应对成本进行调整。

（C）投产成本。

（i）一般规定。对在调查或复审期间发生的受投产运营影响的成本，应对成本进行适当调整。

（ii）投产运营。对投产运营，仅在以下情况下进行调整：

（I）生产商正在使用要求实质额外投资的新生产设施或生产新产品；和

（II）生产水平受与商业生产初始阶段有关的技术因素限制。

就第（II）小款而言，商业生产的初始阶段在投产期结束时终止。在确定是否达到商业生产水平时，行政机关应考虑与投产运营无关的、可能影响加工生产量的因素，如需求、季节性或商业周期。

（iii）对投产运营的调整。应通过用投产期结束时发生的与商品有关的单位生产成本代替投产期发生的单位生产成本，对投产运营进行调整。如果投产期超过据本编调查或复审的期限，行政机关应使

用它能够合理取得、分析和核实而不拖延及时结束调查或复审的最新生产成本数据。就本小段而言，投产期在达到具有商品、生产商或所涉产业特征的商业生产水平时结束。

（2）不予考虑的交易。关联人之间的直接或间接交易可不予考虑，如果在要求考虑价值的任何因素时，代表该要素的数量不能公平反映在所涉市场上销售所涉商品时通常反映的数量。如果据前一句不考虑一交易，且没有其他可获得的交易供考虑，确定该数量应以关于如果交易在没有关联的人之间进行的数量的可获得信息为依据。

（3）主要投入规则。在关联人之间的交易涉及其中一人对商品主要投入生产的情况下，如果行政机关有合理的依据相信或怀疑该投入价值所代表的数量低于该投入的生产成本，则行政机关可以关于该生产成本的可获得信息为依据确定主要投入的价值，如果该成本高于据第（2）段确定的该投入的数量。

（19 U.S.C. 1677b）

第773A节　货币换算

（a）一般规定。在据本编的反倾销诉讼中，行政机关应使用涉案产品销售日的有效汇率将外国货币转换为美元，但如果它确定期货市场上的外汇交易与所涉及出口销售有直接关系，应使用期货交易协议中确定的该货币的汇率换算外国货币。不考虑汇率波动。

（b）外国货币价值的持续波动。在据第二分编的调查中，如果外国货币的价值相对于美元存在持续波动，行政机关应给予出口商至少60天时间调整其出口价格，以反映此类持续波动。

（19 U.S.C. 1677b-1）

第774节　听证

（a）调查听证。

（1）一般规定。除第（2）段的规定外，在据第705节或第735节作出最终裁定前，经调查的任何利害关系方要求，行政机关和委员会都应在调查过程中举行听证。

（2）例外。如果据第一分编和第二分编在 6 个月内（但在每一调查中作出最终裁定前），对来自同一国家的同一商品发起调查，委员会在一项调查中举行的听证会，应被视为符合第（1）段对两个调查的听证，除非委员会认为特殊情况要求在每一个调查中都举行听证会。在据本段免于举行听证会的任何调查中，委员会应允许任何当事人提交其认为相关的书面意见。

（b）程序。本编要求或允许的任何听证会，应在《联邦纪事》发布通知后进行，应制作听证记录并向公众公开。听证不应受《美国法典》第 5 编第 5 章第二分章或本编第 702 节约束。

（19 U.S.C. 1677c）

第775节 诉讼中发现的可抵消补贴做法

如果在据本编的诉讼过程中，行政机关发现显示是可抵消补贴的做法，但没有包括在反补贴税申请中，或者，如果行政机关收到了贸易代表某补贴或补贴项目违反了补贴协定第 8 条的通知，则行政机关

（1）应在诉讼中包括该做法、补贴或补贴项目，如果该做法、补贴或补贴项目显示是对诉讼涉案产品的可抵消补贴；或者

（2）应将关于该做法、补贴或补贴项目的信息，传递给据第 771（a）（1）节维护的图书馆，如果该做法、补贴或补贴项目显示是对任何其他产品的可抵消补贴。

（19 U.S.C. 1677d）

第776节 在可获得事实基础上的裁定

（a）一般规定。如果

（1）记录中没有必要的信息；或者

（2）利害关系方或任何其他人：

（A）拒绝提供行政机关或委员会要求的信息；

（B）没有根据第 782（c）（1）和（e）小节规定，在确定的最后期限内或者以要求的方式和形式提供此类信息；

（C）明显阻碍据本编的诉讼；或者

（D）提供了此类信息，但该信息不能根据第 782（i）节证实。

行政机关和委员会应根据第 782（d）节，在据本编作出适用裁定时使用可获得的事实。

（b）**不利推论**。如果行政机关或委员会（视案情需要）认为一利害关系方未能合作，未尽其所能满足行政机关或委员会对信息的要求，行政机关或委员会在据本编作出适用裁定时，可从可获得事实中选择对该利害关系方不利的信息。该不利推论可包括信赖来自以下方面的信息：

（1）申诉书；

（2）在据本编的调查中的最终裁定；

（3）任何以前的据第 751 节的复审或据第 753 节的裁定；或

（4）记录中的任何其他信息。

（c）**二手信息的证实**。当行政机关或委员会依赖二手信息而非在调查或复审中取得的信息时，行政机关或委员会视案情需要，应在可行的范围内，纠正其可以合理支配的、来自独立来源的信息。

（19 U.S.C. 1677e）

第777节　信息的利用

（a）**一般公开信息**。

（1）公开信息职能。应建立与外国补贴做法和反补贴措施有关信息的图书馆。馆内资料副本，在支付制作副本的费用时，应向公众开放。

（2）调查报告的进展。应要求，行政机关和委员会应随时向调查的各方通知调查的进展信息。

（3）单方面会议。行政机关和委员会应保存在下列各方之间的任何单方面会议记录：

（A）提供与诉讼有关事实信息的利害关系方或其他人；和

（B）负责作出与该诉讼有关的裁定的人，或负责向该人作出与该诉讼有关的最终建议的任何人。

如果与该诉讼有关的信息在该会议上提供或讨论。此类单方面会议的记录，应包括出席会议的人的身份，会议的日期、时间和地点，提交或讨论的事项摘要。单方面会议记录应包括在诉讼记录中。

（4）摘要；非保密信息。行政机关和委员会应披露：

（A）在诉讼过程中收到的任何保密信息，如果它是以与特定人的运作没

有关系或不能够用于确定特定人的运作的方式披露的；并且

（B）没有被提交它的人指定为保密的、与诉讼有关的任何提交信息。

（b）保密信息。

（1）维持保密状态。

（A）一般规定。除第（a）（4）（A）小节和第（c）小节另有规定外，提交给行政机关和委员会且由提交信息的人指定为保密的信息，未经提交该信息的人同意，不得向下列人员之外的任何人披露：

    （i）直接涉及进行与提交的信息有关的调查或涉及同一涉案产品的据本编的任何复审的行政机关或委员会官员或雇员；或

    （ii）在进行据本编关于欺诈的调查中，直接涉及的美国海关官员或雇员。

（B）附加要求。行政机关和委员会应要求对其要求保密处理的信息随附：

    （i）或者

        （I）足够详细的非保密摘要，以允许对提交的保密信息的实质有合理的理解；或者

        （II）不能对信息进行摘要的陈述，随附支持该主张理由的陈述；并且

    （ii）或者

        （I）允许行政机关或委员会根据行政保护令，按照第（c）小节披露提交的保密信息的陈述；或

        （II）向行政机关或委员会说明保密商业信息不应据行政保护令披露的陈述。

（2）没有依据的指定。如果行政机关或委员会根据信息的性质和范围及其从公共来源的可获得性，确定对保密信息的指定没有依据，应通知提交信息的人并要求解释该指定的原因。除非该人说服行政机关或委员会该指定是有依据的或者撤销该指定，行政机关或委员会（视案情需要）可将其退还给提交人。在行政机关或委员会将信息退还提交人的情况下，该人在此之后可以提交与退还信息的主题事项有关的其他材料，如果该提交是在提交此类材料的规定时间内作出的。

（3）第751节复审。尽管有第（1）款规定，向行政机关或委员会提交的涉及据第751（b）节或第751（d）节的复审且被提交信息的人指定保密的信息，如果复审导致据第751（d）节废除命令或决定（或终止已中止的调查），

在废除或终止日后两年内据涉及同一涉案产品的申请发起的任何调查中，可被最初向其提交信息的机构使用。

（c）据行政保护令对某些保密信息的有限披露

（1）行政机关或委员会披露。

（A）一般规定。在收到以一般条款描述要求的信息，并说明该要求原因的申请（在收到要求的信息之前或之后）时，行政机关或委员会应将在诉讼中向它提交的或它获得的所有商业保密信息（除专有信息、保密信息和对其有明确、强迫的需要不得披露的特定信息外），据第（B）小段所述保护令，向诉讼的各方公开，而不考虑该信息在诉讼中提交的时间。对在要求据第 705（b）节或第 735（b）节作出裁定的任何调查中取得的客户名单，行政机关不应据保护令披露，直到作为调查结果的据第 706（a）节或第 736（a）节的命令公布或调查被中止或终止。在任何此类调查中，委员会可延迟据保护令披露客户名单，直到第 774 节规定的任何听证会以前的合理时间。

（B）保护令。据以公开信息的保护令，应包含行政机关或委员会通过条例确定为适当的要求。行政机关和委员会应通过条例规定行政机关和委员会确定为适当的制裁，包括禁止从事与该机构有关的活动。

（C）裁定的时间限制。行政机关或委员会（视案情需要）应在以下时间确定是否据本段公开信息：

（i）不迟于提交信息日后 14 天［如果提交涉及据第 703（a）节或第 733（a）节的程序，则为 7 天］。或者

（ii）如果

（I）提交信息的人对其公开提出反对意见，或者

（II）该信息非一般的量多或复杂，

不迟于提交该信息后 30 天［如果提交涉及据第 703（a）节或第 733（a）节的程序，则为 10 天］。

（D）裁定后的公开。如果据第（C）小段的裁定是肯定的，则

（i）在裁定日或之前向行政机关或委员会提交的商业保密信息，应据保护令的条款和条件在该日公开；并且

（ii）在裁定日之后向行政机关或委员会提交的商业保密信息，应按照第（b）小节的要求送达。

（E）没有披露。如果向行政机关提交信息的人拒绝披露行政机关确定应依据第（B）节所述保护令公开的商业保密信息，行政机关应将该信息及其非

保密摘要，退还提交信息和摘要的人，并不予考虑。

（2）据法律命令披露。如果行政机关拒绝了据第（1）段对信息的要求，则可向美国海关法院申请命令，指示行政机关或委员会披露信息。在通知调查的所有各方并提供记录在案的听证会机会后，法院可按照它认为适当的条件签发命令（该命令不停止或终止调查），指示行政机关或委员会据保护令披露前一句所述要求的信息的全部或部分，并规定违反该命令的制裁措施，如果法院认为，根据法院程序的适用标准，该命令有依据，并且

（A）行政机关或委员会拒绝据第（b）（1）小节公开信息；

（B）由他人代为要求信息的人，是与取得或提出信息有关的调查的利害关系方；并且

（C）要求所涉信息的提交方，在听证会前，已经被通知本节的要求和其出庭、听证的权利。

（d）送达。在诉讼中向行政机关或委员会提交书面信息（包括商业保密信息）的任何一方，应同时向诉讼当事人的利害关系方送达信息，如果该信息属保护令范围。行政机关或委员会不应接受未附送达回证的信息和包含该信息文件的保护令版本。商业机密信息仅应向受保护令管辖的诉讼当事人的利害关系方送达；然而，其非保密摘要应送达诉讼当事人的所有其他利害关系方。

（e）[已废除]

（f）按照据《北美自由贸易协定》或《美—加协定》签发的保护令披露保密信息。

（1）签发保护令。

（A）一般规定。如果根据《北美自由贸易协定》或《美—加协定》第1904条要求两国专家小组对据本编的裁定进行审查，或根据《北美自由贸易协定》或《美—加协定》附件第1904.13组成非正常申诉委员会，行政机关或委员会可根据第（2）段所述保护令，向被授权人提供在所述诉讼中作出的行政记录的所有机密资料的一份副本。如果行政机关或委员会就在所涉诉讼行政记录中的某文件或某文件的一部分主张特权，且两国专家小组或非正常申诉委员会认定美国法律要求对该文件或该文件的一部分进行保密检查或有限披露，行政机关或委员会可限制专家小组或委员会指定的被授权人对该文件或该文件部分的使用，并可要求该人据第（2）段所述保护令使用。

（B）被授权人。就本小节而言，术语"被授权人"指：

（i）两国专家小组或非正常申诉委员会及秘书处的成员或适当的工作

人员；

（ii）该专家小组或委员会诉讼当事人的顾问和该顾问的雇员、受该顾问指导和管理的人；

（iii）行政机关或委员会指定的、为向贸易代表就据《北美自由贸易协定》或《美—加协定》第 19 章组成非正常申诉委员会提供建议而有必要对其披露的美国政府的任何官员或雇员；和

（iv）第 516A（f）（10）节定义的自由贸易区国家被授权机构指定的、为据《北美自由贸易协定》或《美—加协定》第 19 章组成非正常申诉委员会的决定而有必要对其披露的该国政府的任何官员或雇员。

（C）审查。行政机关或委员会关于据保护令是否披露资料的决定，不应受司法审查，美国任何法院都无权或无管辖权，通过执行性质的诉讼对关于法律或事实的任何问题的决定进行审查。

（2）保护令的内容。根据本小节签发的每一个保护令，都有采取行政机关或委员会通过条例确定为适当的形式和要求。行政机关或委员会应确保根据本段签发的条例提供参加两国专家小组诉讼的机会，包括任何非正常申诉，该机会等同于提供不受两国专家小组审查的对行政机关或委员会裁定的司法审查机会。

（3）禁止的行为。任何人违反、引诱违反或明知接受信息构成违反据本小节签发的保护令的规定，或者违反、引诱违反或明知接受信息构成违反与［第 516A（f）（10）节定义的］自由贸易区国家被授权机构达成的承诺规定，都是非法的。该承诺旨在据《北美自由贸易协定》或《美—加协定》第 1904 条的两国专家小组或非正常申诉委员会在审查中保护机密资料。

（4）对违反保护令的制裁。除据《北美自由贸易协定执行法》第 402（b）节被指定为两国专家小组或非正常申诉委员会的法官外，在根据《美国法典》第 5 编第 554 节被通知和提供听证的机会后，被行政机关或委员会发现实施了第（3）段所禁止的行为的任何人，应对美国承担民事责任，并应受其他行政制裁，包括但不限于被禁止从事与行政机关或委员会确定为适当的与行政机关或委员会有关的活动。每次违反的民事制裁的数额不应超过 100000 美元。继续违反的每一天构成单独的违反。该民事处罚和其他制裁的数额，应由行政机关或委员会通过书面通知确定，但对违反、引诱违反或有理由知晓披露该信息违反任何人与［第 516A（f）（10）节定义的］自由贸易区国家的

被授权机构达成的承诺，应由行政机关作出。

（5）对制裁的审查。根据第（4）段对其实施制裁的任何人，可通过在实施制裁命令之日起 30 日内，向美国国际贸易法院提交上诉通知，并同时通过挂号邮件向行政机关或委员会提交副本，而获得对该制裁的审查。行政机关或委员会应立即以挂号邮件的方式，按照《美国法典》第 28 编第 2112 节的规定，向该法院提交据以发现违反或实施制裁的记录的认证副本。行政机关或委员会的裁定和命令，只有在法院根据《美国法典》第 5 编第 706（2）节的规定，发现该裁定和命令没有实质证据支持时，才可被搁置。

（6）制裁的执行。在实施制裁的命令成为终局且不可上诉后，或美国国际贸易法院已经作出支持行政机关或委员会的最终裁定后，如果任何人没有支付民事处罚或遵守其他行政处罚，可在该法院提起诉讼，要求执行制裁。在该诉讼中，实施制裁的最终命令的有效性和适宜性不受审查。

（7）证言和文书的提供。

（A）取得信息权。就进行任何听证和执行据本小节的其他职能和义务而言，行政机关和委员会或其适当的授权机构：

（ⅰ）有权使用并复制任何个人、合伙、公司、联合体、组织或其他实体占有的任何相关文件、文书或记录；

（ⅱ）可传唤证人、提取证言并监督宣誓；

（ⅲ）可要求任何个人或实体提供有关的文件、文书或记录。

委员会的任何成员和行政机关指定的任何人，可签署传票，行政机关和委员会的成员或代理人，当被行政机关或委员会授权时，可监督宣誓和确认，审查证人，提取证言，以及接收证据。

（B）证人和证据。在美国的任何地方、任何指定的地点，可据第（A）小段要求被授权传唤的证人出庭、被授权命令的文书证据的提供。在不服从据第（A）小段发出的传票的情况下，可在美国任何地区或属地法院提起诉讼，要求证人出庭并提供文书证据。法院在其管辖权范围内，如个人、合伙、公司、联合体、组织或其他实体不服从或拒绝遵守传票，法院可发出命令，要求该个人或实体在行政机关或委员会出庭，或提供文书证据（如果命令要求这样做），或就有关问题作证。不遵守法院的命令，法院可以藐视法庭罪惩处。

（C）执行令。第（B）小段所指的任何法院有权发出执行令，命令遵守本小节的规定或行政机关或委员会据此发出的任何命令。

（D）证言证书。就执行据本小节的任何职能或义务而言，行政机关或委员会可命令制作证言证书。该证言证书可在行政机关或委员会指定的有权监督宣誓的任何人面前制作。该证言应仅限于制作证书者或在其指导下书面作出，并由宣誓作证者签字。可以强制证人出庭、作证和出示文书证据的方式，迫使任何个人、合伙、公司、联合体或其他实体，按照本段的规定，在行政机关或委员会出庭作证。

（E）证人的费用和旅费补助。对被传唤在行政机关或委员会作证的证人，应向其支付与在美国法院作证相同的费用和旅费补助。

（g）与违反保护令和制裁有关的信息。 行政机关和委员会可不予披露与调查和措施有关的涉及违反或可能违反据第（c）或（d）小节签发的保护令的任何通信、私人斥责信件、和解协议和提交的文件与档案，并且此类信息应被视为《美国法典》第 5 编第 552（b）（3）节所述的信息。

（h）消费者和产业用户提交意见的机会。 行政机关和委员会应向涉案产品的产业用户，并且（如果该商品在零售渠道销售）向有代表性的消费者组织提供机会，向行政机关提交有关倾销或可抵消补贴的相关信息，向委员会提交与倾销或补贴进口造成实质损害有关的信息。

（i）公布裁定；对最终裁定的要求。

（1）一般规定。当行政机关据第 702 节或第 732 节就是否发起调查作出裁定，或行政机关或委员会据第 703 节或第 733 节作出初步裁定，据第 705 节或第 735 节作出最终裁定，据第 751 节作出复审中的初步或最终裁定，据本编作出中止调查的裁定，或据第 753 节作出裁定时，行政机关或委员会（视案情需要），应公布支持该裁定的事实和结论，并应在《联邦纪事》公布该裁定通知。

（2）通知或裁定的内容。据第（1）段公布的通知或裁定，在可行的范围内，应包括：

（A）在行政机关裁定的情况下

（i）涉案产品的出口商或生产商的名称，或者当提供此类名称不可行时，向美国出口涉案产品的国家名称；

（ii）足以为海关目的确定涉案产品的关于涉案产品的说明；

（iii）（I）关于在据第一分编或第 753 节的调查或在对反补贴税令复审中的裁定，可抵消补贴的确定数额和对在确定该数额时使用方法的充分解释；

（Ⅱ）关于在据第二分编的调查或对反补贴税令复审中的裁定，确定的加权平均倾销幅度和对在确定该幅度时所使用方法的充分解释；和

（ⅳ）裁定的主要理由。和

（Ｂ）在委员会裁定的情况下，

（ⅰ）与损害裁定有关的考虑，和

（ⅱ）裁定的主要理由。

（3）对最终裁定的其他要求。除第（2）段规定的要求外，

（Ａ）行政机关应在第（1）段所述最终裁定中包括对其裁定依据的解释，该裁定解决的是调查或复审（视案情需要）当事人的利害关系方提出的关于确定倾销或可抵消补贴或对其作出裁定的中止调查的争论；并且

（Ｂ）委员会应在最终损害裁定中包括对其裁定依据的解释，该裁定解决的是调查或复审（视案情需要）的当事人的利害关系方提出的关于涉案产品进口的数量、价格影响和对产业影响的争论。

（19 U.S.C. 1677f）

第777A节　抽样和平均；确定加权平均倾销幅度和可抵消补贴率

（ａ）一般规定。就据第772节确定出口价格（或推定出口价格）或据第773节确定正常价值而言，并且，在进行据第751节的复审中，行政机关可：

（1）使用平均和统计上的有效抽样，如果存在涉案产品的大量销售或相当数量或种类的产品；并且

（2）拒绝考虑对商品价格或价值不重要的调整。

（ｂ）选择平均和抽样。选择平均和有效统计抽样的权限，完全由行政机关享有。行政机关应在最大可能的范围内，就选择出口商、生产商或据本节的产品类型所使用的方法与出口商和生产商协商。

（ｃ）确定倾销幅度。

（1）一般规定。在据第733（d）节、第735（c）节或第751（a）节确定加权平均倾销幅度时，行政机关应为涉案产品的每一个已知出口商和生产商确定单独的加权平均倾销幅度。

（2）例外。如果因为在调查或复审中涉及的出口商或生产商数量很多，

据第（1）段确定单独的加权平均倾销幅度不可行，行政机关可通过将其审查限定在以下方面而为合理数量的出口商或生产商确定加权平均倾销幅度：

（A）以在选择时行政机关可获得的信息为依据，统计上有效的出口商、生产商或产品类型样本；或

（B）占能够合理调查的、来自出口国的最大数量的涉案产品的出口商和生产商。

（d）确定低于公平价值。

（1）调查。

（A）一般规定。在据第二分编的调查中，行政机关应通过以下方法，确定涉案产品是否在美国低于公平价值销售：

  （i）比较正常价值的加权平均和可比商品出口价格（和推定出口价格）的加权平均；或

  （ii）比较单笔交易的正常价值和可比商品单笔交易的出口价格（或推定出口价格）。

（B）例外。行政机关可通过比较正常价值的加权平均与可比商品单笔交易的出口价格（或推定出口价格），确定涉案产品是否在美国低于公平价值销售，如果：

  （i）存在购买者、地区或实践明显差异的可比商品的出口价格（或推定出口价格）模式；并且

  （ii）行政机关解释在使用（1）（A）（i）或（ii）段所述方法时，不能考虑该差异的原因。

（2）复审。在据第 751 节的复审中，当比较单笔交易的出口价格（或推定出口价格）和外国同类产品销售的加权平均价格时，行政机关应将其价格平均限定在不超过与单笔出口销售的自然月最对应的自然月的期限。

（e）确定可抵消补贴率。

（1）一般规定。在据第 703（d）节、第 705（c）节或第 751（a）节确定可抵消补贴率时，行政机关应为涉案产品的每一个已知出口商或生产商确定单独的可抵消补贴率。

（2）例外。如果行政机关确定，因为在调查或复审中所涉及的出口商或生产商的数量很多，据第（1）段确定单独的可抵消补贴率不可行，行政机关可：

（A）通过将其审查限定在以下方面，而为合理数量的出口商或生产商确

定单独的可抵消补贴率：

> （i）以在选择时行政机关可获得的信息为依据，行政机关确定的统计上有效的出口商或生产商样本；或者

> （ii）占行政机关确定的能够合理调查的来自出口国涉案产品最大数量的出口商和生产商。或者

> （B）确定适用于所有出口商和生产商的单一国家范围补贴率。

据第（A）小段确定的单独可抵消补贴率，应被用于确定据第705（c）（5）节的所有其他补贴率。

（19 U.S.C. 1677f–1）

（f）源自非市场经济国家进口的反倾销税程序调整。

（1）一般情况。如果管理当局根据第773（c）条款使用正常价值对源自非市场经济国家商品类别或种类施加反倾销税，则

> （A）根据第701（a）（1）条款，已就商品的种类或类别提供可抵消补贴［第772（c）（1）（C）条款所提述的出口补贴除外］，

> （B）此类可抵消补贴已被证明在相关期间降低了该种类或类别商品的进口平均价格，并且

> （C）结合使用第773（c）节确定的正常价值，管理当局可合理估计（B）分段所述的可抵消补贴在多大程度上增加了对该商品种类或类别的加权平均倾销幅度。除第（2）段规定情况外，管理当局应按照其在（C）分段估计的加权平均倾销幅度的增加量减少反倾销税。

管理当局根据（C）项提出的。

（2）最大限度减少反倾销税。本款所规定的适用于非市场经济国家的商品种类或类别，管理当局反倾销税减少幅度不得超过该商品种类或类别（须符合第（1）段（A），（B）和（C）项所述的条件）因可抵消补贴所造成的反补贴税率部分，符合第（1）段。

第778节　多付和少付的利息

（a）一般规定。对为消费目的且在以下日期或之后入关或从仓库提取的商品，多付或少付的押金数额的利息，应予以支付：

（1）据本编或第303节的反补贴或反倾销税令的公布日；或

（2）据《1921 年反倾销法》的决定公布日。

（b）利率。据第（a）小节对任何期限的应付利率，应是据《1954 年国内税法》第 6621 节为该期限确定的利率。

（19 U.S.C. 1677g）

第779节　退税处理

就涉及退还关税的任何法律而言，据本章征收的反补贴税和反倾销税，不应视为通常的关税。

（19 U.S.C. 1677h）

第780节　下游产品监督

（a）要求监督的申请。

（1）一般规定。与部件或下游产品相同物品的国内生产商，可向行政机关申请指定下游产品据（b）小节监督。申请应详细说明：

（A）下游产品；

（B）组成该下游产品的部件产品；和

（C）怀疑征收反倾销或反补贴税导致部件产品出口转移为该下游产品增加生产和向美国出口的理由。

（2）关于申请的裁定。收到据第（1）段提交的申请后 14 天内，行政机关应确定：

（A）由于部件转移的间接结果，是否存在下游产品向美国的进口将增加的合理可能性；和

（B）

（i）部件是否已受到监控，以协助实施双边协定（在《1984 年贸易和关税法》第 804 节意义上）；

（ii）与部件相关并在生产部件的同一外国生产的商品，是否已是据第704 节或第 734 节中止的大量调查或据本编或第 303 节签发的反补贴或反倾销税令的对象；或者

（iii）部件的制造商或出口商制造或出口的与部件规格和用途相同的商品，是否已是据第 704 节或第 734 节中止的至少两项调查或据本

编或第 303 节签发的反补贴或反倾销税令的对象。

（3）考虑的因素。在作出据第（2）（A）段的裁定时，如果合适，行政机关应考虑诸如以下因素：

（A）与下游产品价值有关的部件价值；

（B）因为其组装成下游产品，部件实质转变的程度；和

（C）部件生产商和下游产品生产商之间的关系。

（4）公布裁定。行政机关应在《联邦纪事》公布据第（2）段作出的每一个裁定，并且如果据第（2）（A）段作出的裁定和据第（2）（B）段任何小段作出的裁定是肯定的，应向委员会递交该裁定和申请的副本。

（5）裁定不受司法审查。尽管有法律的任何其他规定，行政机关据第（2）段作出的任何裁定，不受司法审查。

（b）委员会监督。

（1）一般规定。如果据第（a）（2）（A）小节和据第（a）（2）（B）小节的任何一款就申请作出肯定裁定，委员会应立即开始监督据第（a）（2）（A）小节裁定对象的下游产品贸易。如果委员会发现受监督下游产品的进口量在任何一个日历季度内比前一个季度增加 5%或以上，则委员会应按照产品部门中的总体经济条件分析该增长。

（2）报告。委员会应每季度就据第（1）段进行的监督和分析向行政机关报告。委员会应向公众公开报告。

（c）基于监督报告的措施。 行政机关应审查委员会据第（b）（2）小节提交的报告中的信息，并应：

（1）在确定是否就任何下游产品据第 702（a）节或第 732（a）节发起调查时，考虑该信息；并且

（2）要求委员会停止监督任何下游产品，如果该信息表明向美国的进口没有增加，并且不存在部件转移的合理可能性。

（d）定义。 就本节而言，

（1）"部件"指以下任何进口物品：

（A）在据第（a）小节提交申请日结束的 5 年期限内，受以下约束：

（i）据本编或第 303 节签发的反补贴或反倾销税令，该命令要求以税率为 15% 的从价税估算反补贴或反倾销税押金；或

（ii）在行政机关据第 703（b）节、第 733（b）（1）节或第 303 节作出肯定初步裁定后，据第 704 节、第 734 节或第 303 节达成的协议，

该裁定包括估算净补贴率不低于从价税的至少15%，或正常价值超过出口价格（或推定出口价格）的估算平均额至少为从价税的15%；并且

（B）因为其内在特征，在下游产品中通常被用作主要部分、零件、装配零件、组件或原料。

（2）"下游产品"指以下任何物品：

（A）被进口到美国；并且

（B）由部件组装而成。

（19 U.S.C. 1677i）

第781节　防止规避反倾销和反补贴税令

（a）在美国完成或组装的产品。

（1）一般规定。如果

（A）在美国销售的商品与以下命令或裁定对象的任何其他商品属同一种类：

（i）据第 736 节签发的反倾销税令；

（ii）据《1921 年反倾销法》签发的决定；

（iii）据第 706 节或第 303 节签发的反补贴税令；

（B）在美国销售的该商品，由该命令或决定适用的在外国生产的零部件在美国完成或组装；

（C）在美国的组装或完成工序很小或不重要；和

（D）第（B）小段所指的零部件价值占商品总价值的很大部分。

在考虑委员会据第（e）小节提供的建议后，行政机关可在该税令或决定有效期的任何时间内，将第（B）小段所指的、用于在美国完成或组装商品的进口零部件，包括在该税令或决定的范围内。

（2）关于很小或很不重要工序的裁定。在据第（1）（C）段确定组成或完成工序是否很小或很不重要时，行政机关应考虑：

（A）在美国的投资水平；

（B）在美国的研究和开发水平；

（C）在美国生产工序的性质；

（D）在美国生产设施的程度；和

（E）在美国进行加工的价值是否占在美国销售商品价值的很小部分。

（3）考虑的因素。在确定是否据第（1）段将部件包括在反补贴或反倾销税令或决定中时，行政机关应考虑以下因素：

（A）贸易方式，包括采购方式；

（B）零部件的制造商或出口商，是否与使用第（1）段所述命令对其适用的在外国制造的零部件组装或完成在美国销售的商品的人有关联；和

（C）在发起导致签发命令或决定的调查后，在外国生产的零部件向美国的进口是否增加。

（b）在其他国家完成或组装的产品。

（1）一般规定。如果

（A）向美国进口的商品，与涉案企业在外国生产的任何产品属同一种类：

（i）据第 736 节签发的反倾销税令；

（ii）据《1921 年反倾销法》签发的决定；或

（iii）据第 706 节或第 303 节签发的反补贴税令；

（B）在向美国进口前，该进口商品使用以下商品在另一外国完成或装配：

（i）是命令或裁定对象的商品；或

（ii）在命令或裁定对其适用的外国生产的商品；

（C）在第（B）小段所指的外国装配或完成的工序很少或不重要；

（D）在反倾销税令对其适用的外国生产商品的价值，占向美国出口产品总价值的重大部分；并且

（E）行政机关确定，据本段防止规避命令或裁定的措施是适当的。

在考虑委员会据第（e）小节提出的任何建议后，行政机关可在该命令或裁定有效的任何时间，将此类进口商品包括在该命令或裁定的范围之内。

（2）关于很小或很不重要工序的裁定。

在据第（1）(C）段确定组装或完成工序是否很小或很不重要时，行政机关应考虑：

（A）在外国的投资水平；

（B）在外国的研究和开发水平；

（C）在外国生产工序的性质；

（D）在外国生产设施的程度；和

（E）在外国加工的价值是否占进口到美国商品价值的很小部分。

（3）考虑的因素。在确定是否据第（1）段将在外国组装或完成的商品包

括在反补贴税令或反倾销税令或决定中时，行政机关应考虑以下因素：

（A）贸易方式，包括采购方式；

（B）第（1）(B）段所述商品的制造商或出口商，是否与使用第（1）(B）段所述商品在外国装配或完成随后向美国进口的商品的人有关联；和

（C）在发起导致签发命令或决定的调查后，第（1）(B）段所述商品向外国的进口是否增加。

（c）产品的细微改变。

（1）一般规定。受以下调查、税令或决定约束的一类商品：

（A）据本编的调查；

（B）据第 736 节签发的反倾销税令；

（C）据《1921 年反倾销法》签发的决定；或

（D）据第 706 节或第 303 节签发的反补贴税令。

应包括形式和外观上有细微改变的物品（包括经过细微加工的原材料农产品），不论是否属于同一关税分类。

（2）例外。如果行政机关确定，在调查、命令或裁定的范围内，没有必要考虑改变了的商品时，第（1）段对改变了的商品不适用。

（d）后开发商品。

（1）一般规定。就确定在据本编或第 303 节发起调查后开发的商品（下称"后开发商品"），是否属于因调查而据本编或第 303 节签发的未结束的反倾销或反补贴税令的范围而言，行政机关应考虑：

（A）后开发商品与原始对其签发命令的商品（下称"早先产品"），是否有相同的一般物理特征；

（B）后开发商品的最终用户的期望，是否与对早先产品的期望相同；

（C）早先产品的最终用途和后开发商品是否相同；

（D）后开发商品是否通过与早先产品相同的贸易渠道销售；和

（E）后开发商品是否以与早先产品相似的方式宣传或展示。

在据本小段作出裁定前，行政机关应考虑委员会据本节第（e）小节提出的任何建议。

（2）从命令中排除。行政机关不能仅仅因为下述原因，而将后开发商品从反补贴或反倾销税令中排除：

（A）据关税分类表，该商品不是在申请或程序中行政机关以前的通知确定的商品；或者

（B）该商品允许购买者使用额外功能，除非该额外功能构成该商品的主要用途，并且该额外功能的生产成本构成该商品生产总成本的相当比例。

（e）委员会建议。

（1）通知委员会拟定的措施。关于委员会已经作出肯定损害裁定的反倾销或反补贴税令或裁定，在作出下述裁定前：

（A）据第（a）小节就在美国完成或装配商品（非细微完成或装配）的裁定；

（B）据第（b）小节就在其他国家完成或装配商品的裁定；

（C）据第（d）小节就包含了重大技术进口或对早先产品重大改变的任何后开发商品的裁定。

行政机关应通知委员会，拟将该商品包括在反补贴或反倾销税令或决定中。尽管有法律的任何其他规定，行政机关关于任何商品是否属于本段要求的通知范围内的决定，不受司法审查。

（2）磋商要求。收到据第（1）段的通知后，委员会可要求就提议内容与行政机关磋商。收到委员会的要求后，行政机关应与委员会磋商，并且任何该磋商应在要求日后15天内结束。

（3）委员会建议。在据第（2）段磋商后，如果委员会认为提议内容拟定的提出了重大损害问题，委员会可就该提议内容是否与命令或裁定所依据的委员会肯定裁定不一致，向行政机关提出书面意见。如果委员会决定提供该书面建议，它应立即通知行政机关其背后意图，并必须在据第（1）段的通知后60天内提供该建议。就对用外国生产的零部件在美国完成或装配的商品提交建议而言，委员会应考虑包括该零部件，总的来看是否不符合其早先的肯定裁定。

（f）对行政机关裁定的时间限制。

行政机关应在最大可行的范围内，在据本节发起反补贴税或反倾销规避调查日后300天内，据本节作出裁定。

（19 U.S.C. 1677j）

第782节　进行调查和行政复审

（a）在反补贴或反倾销税调查和复审中，对自愿答复的处理。

在据第一或第二分编的任何调查或据第751（a）节的复审中，行政机关已经据第 777A（c）（2）节或第 777A（e）（2）（A）节（以适用者为准），限制受调查的出口商或生产商的数量或确定单一国家范围的税率，行政机关应为据该节最初没有被选择接受单独调查且向行政机关提交要求被选择审查的出口商和生产商提供信息的任何出口商或生产商，确定单独的可抵消补贴率或单独的加权平均倾销幅度，如果

（1）该信息在对下述人或国家规定的时间内提交：

（A）最初被选择接受单独审查的出口商和生产商；或

（B）在行政机关确定单一国家范围税率的反补贴税案件中，外国政府；并且

（2）提交此类信息的出口商或生产商为数不多，以至于对该出口商或生产商进行单独审查增加不当负担或妨碍调查的及时完成。

（b）提交的证实。 代表申请人或任何其他利害关系方向行政机关或委员会提交关于据本编诉讼的事实信息的任何人，应证实该信息尽其所知是准确和完整的。

（c）满足要求的困难。

（1）利害关系方通知。如果利害关系方在收到行政机关或委员会对信息的要求后，立即通知行政机关或委员会（视案情需要）该方不能够以要求的形式和方式提交要求的信息，和充分的解释以及该方能够提交信息的建议替代方式，行政机关或委员会（视案情需要）应考虑利害关系方以要求的形式和方式提交信息的能力，并可在必要的范围内修改该要求，避免对该方施加不合理的负担。

（2）对利害关系方的帮助。行政机关和委员会应考虑利害关系方，特别是小企业，在提供行政机关或委员会要求的、与据本编的调查和复审有关的信息时遇到的困难，并应向该利害关系方提供在提交信息方面可行的任何帮助。

（d）缺陷提交。 如果调查机关或委员会确定，对据本章对信息要求的答复，不符合该要求，行政机关或委员会（视情况而适）应立即通知提交缺陷问题回复的人，并应在可行的范围内，根据完成调查或复审所确定的时间限制，向该人提供补救或解释该缺陷的机会。如果该人在对该缺陷的答复中提交了进一步信息，并且，或者

（1）行政机关或委员会（视案情需要）发现该答复是不恰当的，或者

（2）该答复没有在适用的时间限制内提供，

则行政机关或委员会（视案情需要），在遵守第（e）小节的情况下，可不考虑全部或部分原先的或随后的答复。

（e）某些信息的使用。 在根据第703节、第705节、第733节、第735节、第751节或第753节作出裁定时，主管机关或委员会不应拒绝考虑利害关系方提交的并为裁定所必需的，但不满足行政机关或委员会确定的所有适用要求的信息，如果：

（1）该信息在规定的最后期限提交；

（2）能够核实该信息；

（3）该信息的不完整性不足以影响裁定的可信依据；

（4）利害关系方已经表现出它尽其所能提供信息，并满足行政机关或委员会就该信息确定的要求；

（5）能够使用该信息而无不当困难。

（f）不接受提交。 如果行政机关或委员会拒绝将在据本章的调查和复审中提交的任何信息记录在案，它应在可行的范围内，向提交信息的人提供对不接受信息原因的书面解释。

（g）对信息的公开评议。 在据本编的诉讼中及时向行政机关或委员会提交的信息，在行政机关或委员会应提供的合理时间内，应接受诉讼其他各方的评议。行政机关或委员会在据第705节、第735节、第751节或第753节作出最终裁定前，应停止收集信息，并应向各方提供最后机会，以对行政机关或委员会（视案情需要）取得的、各方以前没有机会评议的信息进行评议。对包含新事实信息的评议，不予考虑。

（h）因缺乏利益而终止调查或废除命令。 行政机关可

（1）就国内同类产品终止据第一或第二分编的调查，如果在公布据第706节或第736节的命令前，行政机关确定占该国内同类产品生产实质上所有比例的生产商表示在命令发布中缺乏利益；和

（2）就国内同类产品废除据第706节或第736节签发的命令，或就国内同类产品终止据第704节或第734节中止的调查，如果行政机关确定占该国内同类产品审查实质上所有比例的生产商表示在命令或中止调查中缺乏利益。

（i）核实。 行政机关应核实作出以下裁定所依据的所有信息：

（1）调查中的最终裁定；

（2）据第751（d）节的废除；和

（3）在据第751（a）节复审的最终裁定，如果：

（A）第 771（9）（C）、（D）、（E）、（F）或（G）节定义的利害关系方及时要求核实；并且

（B）据第 751（a）节对相同命令、裁定或通知的前两项复审和裁定中，没有据本小段进行核实，但为核实说明正当理由后，本款不适用。

（19 U.S.C. 1677m）

第783节 第三国的反倾销申请

（a）提交申请。WTO 成员政府可向美国贸易代表提交申请，要求发起调查，以确定：

（1）从另一国的进口是否正在美国以低于公平价值销售；和

（2）申请国产业是否因为这些进口而受到实质损害。

（b）发起。贸易代表在与行政机关和委员会磋商，并取得 WTO 货物贸易理事会批准后，应确定是否发起第（a）小节所述调查。

（c）裁定。在据本节发起调查时，尽管有本编的其他规定，贸易代表应要求按照贸易代表规定的实体和程序要求，作出下列裁定：

（1）行政机关应确定涉案产品向美国的进口是否低于公平价值销售；

（2）委员会应确定申请国产业是否因为涉案产品向美国进口而受到实质损害。

（d）公开评议。在以下情况下，应适当提供发布公开评议的机会：

（1）贸易代表在作出第（b）小节要求的裁定时，并且

（2）行政机关和委员会在作出第（c）小节要求的裁定时。

（e）签发命令。如果行政机关据第（c）小节第（1）段作出肯定裁定，并且委员会据第（c）小节第（2）段作出肯定裁定，行政机关应按照第 736 节签发反倾销税令，并采取第 736 节要求的其他措施。

（f）裁定的复审。就据第 516A 节的复审或据第 751 节的复审而言，如果据第（e）小节签发命令，行政机关和委员会据本节的最终裁定，应被视为据第 735 节作出的最终裁定。

（g）信息的使用。在与行政机关和委员会磋商后，在贸易代表规定的范围内，第 777 节适用于据本节的调查。

（19 U.S.C. 1677n）

美国国际贸易委员会条例
（《联邦条例汇编》第19编第207部分）

第207部分 对国内产业的损害是否源于低于公平价值销售的进口或对美国的补贴出口调查

授权:《美国法典》第19编第1336节，第1671—1677n节，第2482节，第3513节。

来源:1979年12月26日《联邦纪事》第44编第76468页，除非另有说明。

第207.1节 本部分的适用性

第207部分适用于据《1930年关税法》第516A节和第七编(《美国法典》第19编第1303节，第1516A节和第1671—1677n节)(关税法)的委员会诉讼；但据第783节(《美国法典》第19编第1677n节)的调查除外，它据美国贸易代表规定的程序进行。

［1996年7月22日《联邦纪事》第61编第37829页］

第一分部分　总则

来源：1991 年 3 月 21 日《联邦纪事》第 56 编第 11923 页，除非另有说明。

第207.2节　适用于第207部分的定义

就本部分而言，以下术语具有据此赋予它们的意义：

（a）术语"关税法"指：修正后的《1930 年关税法》。

（b）术语"行政机关"指：商务部部长，或根据法律向其移交履行据关税法第 303 节或第七编的行政机关职责的美国任何其他官员。

（c）术语"主任"指：在职的委员会主任或代理主任，运作官员，或如无两者，主任指定的人。

（d）术语"单方面会议"指：以下各方之间的任何联系：

（1）任何利害关系方或提供与调查有关的事实信息的其他人；和

（2）并非委员和委员会的职员成员，并且不是对其给予当事人参加的机会的听证或会议。

（e）术语"损害"指：因为被行政机关裁定受到补贴或低于其公平价值销售或可能销售的涉案产品向美国进口，导致美国产业遭受实质损害或实质损害威胁，或对美国产业建立的实质阻碍。

（f）术语"记录"指：

（1）在调查过程中向委员会提交的或委员会取得的所有信息，包括填写完毕的问卷，从行政机关取得的任何信息，向部长提交的来自任何人的书面联系，评核报告，与案件有关的政府备忘录，和《关税法》第 777（a）（3）节要求保存的单方面会议记录；和

（2）所有委员会命令和裁定副本，会议或听证会的所有抄本或记录，和《联邦纪事》公布的关于调查的所有通知。

（g）《关税法》第 771（9）（G）节所指的调查中使用的术语"联盟"或

"贸易协会"，指代表国内加工商，国内加工商和生产商，或国内加工商和种植商的联盟或贸易协会。

〔1979 年 12 月 26 日《联邦纪事》第 44 编第 76468 页，被 1995 年 1 月 3 日《联邦纪事》第 60 编第 21 页修改〕

第207.3节　文件的送达、提交和证明

（a）证明。代表申请人或任何其他利害关系方提交事实信息以包括在记录中的任何人，和对委员会问卷提交答复的任何人，必须证明该信息尽提交人所知是准确和完整的。

（b）送达。提交文件供包括在调查记录中的任何当事人，除遵守本章第201.8 节外，应以本章第 201.16 节规定的方式，向调查的所有其他当事人送达每一份文件副本。如果文件在秘书签发本章第 201.11 节规定的送达清单或第207.7 节规定的行政保护令清单前提交，文件不需随附送达证明，但应在签发送达清单或行政保护令清单后 2 天内，向所有适当当事人送达该文件，并且，应提交送达证明。尽管有本章第 201.16 节，当事人据第 207.10 节、第 207.15节、第 207.23 节、第 207.24 节、第 207.25 节、第 207.65 节、第 207.66 节和第 207.67 节提交的申请、摘要、对结束听证会一部分的要求、对结束听证会一部分要求的评议和证词，应亲自送达，或者如果通过邮寄送达，应通过隔夜邮件或相当方式送达。不遵守本规则要求，可能导致调查当事人的地位被剥夺。委员会应向调查的所有当事人提供每一份文件的副本，但被委员会置于调查记录中的会议和听证会抄本、企业专有信息、特权信息和据本节要求送达的信息除外。

（c）提交。向委员会提交的文件，必须遵守适用规则，包括本章第201.8节。如果委员会确定了提交文件的最后期限，并且提交人在文件里包括了企业专有信息，提交人要在最后期限提交并（如果提交人是当事人）送达文件的企业专有版本，并且可不迟于提交文件最后期限后一个工作日提交并送达文件的非企业专有版本。企业专有版本应将所有企业专有信息置于方括号中，并在每一页上标明以下警告："在提交日后一个工作日，企业专有信息的方括号处理并非终局。"提交该文件日后一个工作日，也就是在提交文件的非企业专有版本时，方括号处理成为终局。在方括号处理成为终局前，文件的接收人不得向不受调查中签发的行政保护令约束的任何人披露文件内容的任何部

分。如果提交人发现它没有正确进行方括号处理，在提交非企业专有版本的同时，提交人可提交企业专有文件的更正版本或部分。在最后期限后，不接受除对企业专有信息的方括号处理和删除以外的文件修改，包括印刷修改，除非给予额外时间据本章第 201.14（b）（2）节提交修改后的文件。不遵守本段，可能导致从记录中删除提交人的全部或部分文件。

〔1979 年 12 月 26 日《联邦纪事》第 44 编第 76468 页，被 1996 年 7 月 22 日《联邦纪事》第 61 编第 37829 页、1998 年 6 月 5 日《联邦纪事》第 63 编第 30607 页和 2005 年 2 月 22 日《联邦纪事》第 70 编第 8510 页修改〕

第207.4节　记录

（a）记录的保存。秘书应保持委员会据《关税法》第七编进行的每一个调查的记录。记录应随每一次实际提交在记录中同时保存。它应被分为公开和非公开部分。秘书应在记录中保存提交的所有资料的同期索引。正确向秘书提交的所有资料，应被置于记录中。委员会不需要在其裁定中考虑或在记录中包括没有向秘书提交的任何资料。置于记录中的所有资料，应在公开记录中保存，但按照本章第 201.6 节提交的特权或企业专有信息资料例外。特权和企业专有资料应在非公开记录中保存。

（b）稽核。委员会可酌情核实在调查过程中收到的信息。在核实导致新的和不同的信息范围内，委员会可记录此类信息。

（c）行政机关提供的资料。委员会收到的来自行政机关的资料，应置于委员会的记录中，并应按照行政机关的适用指定，被委员会指定为公开或非公开。向委员会提出的允许接触此类材料或公开此类材料的任何要求，应转交行政机关寻求其意见。

〔1979 年 12 月 26 日《联邦纪事》第 44 编第 76468 页，被 1996 年 7 月 22 日《联邦纪事》第 61 编第 37829 页修改〕

第207.5节　单方面会议

应在每一个调查记录中，包括《关税法》第 777（a）（3）节要求的单方面会议记录。每一个单方面会议记录应包括出席人的身份、会议的日期、时间和地点以及对被讨论或提交事项的摘要。

第207.6节 ［保留］

第207.7节 根据行政保护令对某些企业专有信息的有限披露

（a）（1）披露。收到本节（a）（3）段定义的授权申请人提交的及时申请后，该申请以通用术语说明了要求的信息并列出了该要求（例如，为在委员会未决调查中代表利害关系方之目的，据本节正确披露所有企业专有信息）的理由，秘书应向据本节第（b）段所述行政保护令的授权申请人，提供委员会备忘录、报告和在调查的任何时间向委员会提交的书面呈递中包括的所有企业专有信息（不得披露的机密企业信息除外）。"企业专有信息"与本章第201.6节定义的"保密企业信息"意义相同。

（2）申请。本节第（a）（1）段的申请，必须由授权申请人以秘书采纳的格式或其影印件提交。应提交经签字的申请及其5份副本。代表申请人、被告和其他当事人的申请，必须在不迟于据本章第201.11节的适当出庭登记时间提交。如果两个或以上授权申请人代表作为调查当事人的一个利害关系方，授权申请人必须选择其中的一个作为首席授权申请人。首席授权申请人的申请，必须不迟于适当出庭登记的时间提交。只要申请被接受，首席授权申请人应被送达据本节第（f）段的企业专有信息。代表同一当事人的其他授权申请人，可在出庭登记的最后期限后，但在提交被调查产品的听证后摘要的最后期限，或提交调查初步阶段摘要的最后期限，或在发回重审的调查中提交呈递至少5天前提交其申请，并且不应被送达企业专有信息。

（3）授权申请人。（i）只有授权申请人才可以据本小节提交申请。授权申请人是：

（A）是调查当事人的利害关系方的律师；

（B）受据本节第（a）（3）（i）（A）段的人指导和管理的辩护律师或专家；

（C）定期在委员会出庭且代表调查当事人的利害关系方的辩护律师或专家；或

（D）是调查当事人的利害关系方代表，如果该利害关系方没有被辩护律师代理。

（ii）此外，授权申请人不得参与制定调查当事人的利害关系方的竞争性决策。参与"竞争性决策制定"包括是调查当事人的利害关系方过去、目前或将来可能的活动、联合和关系，这些活动、联合和关系涉及预期授权申请人按照关于竞争者的类似或相关信息（定价、产品设计等）在该当事人作出决定中的建议和参与。

（4）形式和裁定。（i）为据包含本规则条款的行政保护令提交对披露的要求，秘书间或可以采取表格形式。秘书应确定是否满足了据本规则的披露信息要求。该裁定应就特定企业专有信息尽可能加速作出，但不得迟于提交信息后 14 天，或在调查初步阶段不迟于 7 天，但如果信息提交人反对披露或信息数量异常繁多或复杂，在这种情况下，应在提交信息后 30 天内作出裁定，或在调查初步阶段 10 天以内作出裁定。秘书应建立一个其申请已被批准的当事人清单。就美国国际贸易法院据《关税法》第 777（c）（2）节的审查而言，秘书的裁定是终局的。

（ii）如果秘书据本节确定，一人寻求免于公开披露的资料不构成企业专有信息或没有被要求据本节第（f）段送达，秘书应根据请求代表委员会签发命令，要求退回根据本节第（f）段送达的此类资料的所有副本。

（iii）秘书应仅对其申请已经被接受且随申请提交充分的个人身份证明的授权申请人；或本节第（b）（1）（iv）段所述且随该段所指陈述副本提交充分个人身份证明的人，披露企业专有信息。

（iv）在调查初步阶段被批准接触企业专有信息的授权申请人，在遵守本节第（c）段的情况下，可在该调查的任何最终阶段保留该企业专有信息，只要该授权申请人没有丧失其授权申请人身份（例如，其代表是当事人的利害关系方的身份被终止）。当据本段保留企业专有信息时，授权申请人不需要在调查的最终阶段提交新申请。

（b）行政保护令。据以向授权申请人提供信息的行政保护令，应要求申请人向秘书提交个人宣誓陈述，除秘书可能要求的此类其他条件外，申请人在陈述中应陈述：

（1）不向以下人以外的任何人，泄露据行政保护令取得的和没有向申请人提供的任何企业专有信息：

（i）与调查有关的委员会职员；

（ii）从其处取得企业专有信息的人或机构；

（iii）其据行政保护令接触企业专有信息的申请已被秘书批准的人；和

（iv）被授权申请人雇用或管理的其他人，如律师助手或书记员；与调查有关系的有该需要的其他人；没有参加是调查当事人的利害关系方竞争决策制定的其他人；和已经以秘书批准的格式签署声明，说明他们同意受行政保护令约束的其他人（授权申请人应负责此类格式的保留和准确性，且被视为对该人遵守行政保护令负责）。

（2）仅为委员会调查、进行调查或司法审查或对委员会调查的其他审查中代表利害关系方之目的使用企业专有信息。

（3）没有收到秘书和从其处取得该企业专有信息的当事人或当事人律师的书面同意，不得就该企业专有信息与本节第（b）(1) 段没有提及的任何人协商。

（4）如果没有使用包含该企业专有信息的资料（例如，文件、计算机磁盘等），将该资料存放在上锁的文件柜、保险库、保险箱或其他合适的储存工具中。

（5）按照秘书的指示，并根据本节第（f）段，送达包含企业专有信息的所有资料。

（6）连同确定资料包含企业专有信息的封面，传送包含企业专有信息的所有资料。

（7）遵守本节的规则。

（8）在授权申请人的申请中，作出真实和准确的陈述，并立即通知秘书在提交申请后发生且可能影响在申请中作出的陈述的任何变化（例如，调查人员分配方面的变化）。

（9）立即向秘书报告并书面确认对行政保护令的任何违反。和

（10）承诺违反行政保护令可能使授权申请人受制裁或委员会认为适当的其他措施。

（c）对据行政保护令披露的资料的最终处理。在秘书为特定数据确定适当的日期，每一个授权申请人应退回或销毁据本节向授权申请人披露资料的所有副本和包含企业专有信息的所有其他资料，例如，以据行政保护令收到的任何此类信息为依据的图标或注释，并向秘书提交证明其个人善意的证明，证明此类材料的所有副本已被退回或销毁，并且，没有向未被特别批准向其披露的任何人提供此类材料的副本。

（d）委员会对违反行政保护令的处理。违反行政保护令可以使冒犯者：

（1）从违反命令的裁定公布后 7 年，连同该人的合伙人、合作人、雇主和雇员，被剥夺以任何身份参加委员会活动的资格；

（2）移交联邦检察官；

（3）是律师、会计师或其他专业人士的，移交适当专业协会的道德小组；

（4）委员会认为合适的其他行政制裁，包括公开披露或从记录中删除冒犯者或冒犯者代表的当事人提交的任何信息或摘要，拒绝在目前或任何将来的委员会调查中接触企业专有信息，并签发公开或秘密的申斥信；和

（5）其他措施，包括但不限于委员会确定合适的警告信。

（e）违反调查程序。（1）委员会应确定任何人是否违反了行政保护令，并且可以根据本节第（d）段实施制裁或其他措施。在被指控的违规行为发生后的60天内，或委员会确定通过行使合理和正常的注意能够被发现，或者完成据本部分第二或第三分部进行的调查，委员会可在未决调查（包括所有的上诉、发回重审和后续上诉）期间的任何时间，对指控的已发生的对行政保护令的任何违反开始调查。当委员会有理由相信一人可能已经违反了据本节签发的行政保护令时，秘书应发出一封信，通知该人委员会有理由相信违反已经发生，并且该人有合理的机会就是否发生违反提交意见。如果随后委员会确定违反已发生并且有理由进行进一步调查，秘书应发出一封信，通知该人该裁定和该人有合理的机会就是否存在减轻制裁的情况和拟实施的适当制裁提交意见，但不得对是否发生违反提交意见。一旦该人被给予合理的机会提交其意见，委员会应确定实施的制裁种类（如果存在）。

（2）当实施的制裁是私人申斥信时，秘书应从签发制裁日起2年，从接受人记录中消除制裁，只要：

（i）在两年期间结束前的任何时间，接受人没有收到其他据本节未被消除的制裁；和

（ii）在两年期间结束时，接受人不是可能违反据本节行政保护令的调查的对象。在完成此类未决违反调查而不签发制裁后，应消除原始制裁。在制裁被消除的情况下，秘书应通知制裁接受人。

（f）送达。（1）在调查中向委员会提交包含企业专有信息书面呈递的任何当事人，应同时向秘书据本节第（a）（4）段确定的清单中规定的所有授权申请人送达此类呈递的完整副本，并且除第207.3节的规定外，向所有其他当事人送达非企业专有版本。所有此类呈递，必须随附证明，证实呈递的完整副本已被正确送达。如果呈递在秘书清单被确定前提交，该文件不需要随附送达证明，但该呈递应在确定清单后2天内送达，并提交送达证明。

（2）如果答卷人据本节第（g）段的要求被批准，秘书不得记录披露的机

密企业信息。当事人应按照第 207.3（b）节和本节第（f）(1) 段的要求，送达包含此类信息的呈递和从送达副本中编辑的信息。

（3）秘书不应将无适当送达证明的呈递置于调查记录中。不遵守本节第（f）段要求，可能导致拒绝当事人的身份和委员会认为适当的制裁。必须按照第 207.3（c）节处理呈递中的企业专有信息。

（g）免于披露—（1）一般规定。任何人可要求免于据行政保护令披露企业专有信息，不管该人是否希望在据第 207.10 节提交的申请或在调查过程中向委员会提交的任何其他呈递中包括此类信息。只有秘书认为该信息是不可披露的机密企业信息，才可批准该要求。根据本章第 201.6（a）(2) 节的定义，不可披露的企业机密信息是专有信息、保密信息或有明确和强有力理由免于披露的特定信息（如商业秘密）。要求在不迟于要求提交日后 30 天（在初步阶段调查中，为 10 天）被批准或否决。

（2）对排除的要求。对免于披露的要求，必须随有关的理由，向秘书书面提交。在提交要求的同时，必须向秘书提交仅为获得关于要求的裁定目的的所涉企业专有信息副本。被寻求免于披露的企业专有信息，应为要求人所有，并且不应成为或包括到任何机构记录中，直到要求被批准。当可行时，要求应在提交提议包括被寻求免于披露信息的文件的最后期限（如果存在）前两个工作日提交。如果要求被否决，秘书保存的信息副本应立即退回要求人。只有秘书认为该信息是专有信息、机密信息或存在拒绝披露信息的明显和有说服力的需要类型的信息，才批准此类要求。秘书应立即就要求是否被批准或否决而通知要求人。

（3）要求被批准后的程序。如果要求被批准，该人应提交包含所涉不得披露的机密企业信息的三种版本。一种版本应包含按照本章第 201.6 节和第 207.3 节进行方括号处理的所有企业专有信息。其他两种版本，应符合并按照本章第 201.6 节和第 207.3 节提交，被批准免于披露的特定信息应从呈递中被编辑。

（4）要求被否决后的程序。如果要求被否决，秘书保存的信息副本应立即退回要求人。要求人可以按照第 207.3 节的要求，提交不包含该信息的所涉呈递。

［1979 年 12 月 26 日《联邦纪事》第 44 编第 76468 页；被 1994 年 12 月 28 日《联邦纪事》第 59 编第 66723 页、1996 年 7 月 22 日《联邦纪事》第 61 编第 37829 页、2003 年 6 月 3 日《联邦纪事》第 68 编第 32978 页和 2005 年

2月22日《联邦纪事》第70编第8512页修改〕

第207.8节　具有传票效力的问卷；传票执行

委员会签发的与据《关税法》第七编的任何调查有关的问卷，可作为传票签发并由委员签署，此后，它应生效并具有委员会授权的传票效力。如果任何当事人或任何其他人没有充分答复该传票或如果当事人或任何其他人拒绝或不能够及时以要求的方式提供要求的信息，或严重妨碍调查，委员会可：

（a）在作出其裁定时使用可获得的事实；

（b）据《美国法典》第19编第1333节寻求对传票的司法执行；

（c）作出对该人利益不利的推论，如果该人是没有尽其所能遵守对信息的要求而没有合作的利害关系方；和

（d）采取为获得必要信息所必需的其他措施。

〔1996年7月22日《联邦纪事》第61编第37831页〕

第二分部分 初步裁定

来源：1991 年 3 月 21 日《联邦纪事》第 56 编第 11927 页，除非另有说明。

第207.10节 向委员会提交申请

（a）提交申请。在据《关税法》第七编需要委员会裁定的案件中，据《关税法》第 702（b）节或第 732（b）节向行政机关提交申请的任何利害关系方，必须在向行政机关提交申请的同日，根据本章第 201.8 节，向秘书提交申请（包括所有的证据、附录及其附件）副本。如果申请符合第 207.11 节的规定，它应被视为在秘书收到要求的申请副本数量日正确提交，如果申请在中午 12:00 以后向秘书提交，申请应被视为在下一个工作日提交。秘书应通知行政机关该日期。尽管有本章第 201.11 节，在以其提交的申请为依据发起的调查中，申请人不需要提交出庭登记，该申请应被视为出庭登记。

（b）送达申请。（1）（i）在确定据第 207.7（a）（4）段的送达清单前，秘书应立即通知申请人他批准据第 207.7（a）节申请的时间。当可行时，该通知应通过传真传送方式进行。在秘书作出通知后两个自然日内，申请人应根据第 207.3（b）节，向被批准的申请人送达包含所有企业专有信息的申请副本。

（ii）在秘书确定清单后两个自然日内，申请人应送达在秘书据第 207.（a）（4）节确定的清单中列举的、没有据本节第（b）（1）（i）段被送达的人。

（2）在秘书确定清单后两个自然日内，申请人应向在秘书据本章第 201.11（d）节确定的清单中列举的人送达删除企业专有信息的申请副本。

（3）申请的送达，应通过向委员会提交送达证明来证实。

（c）修改和撤回；紧急情况。（1）对申请的任何修改或撤回，应在同日向秘书和行政机关提交，不考虑要求人是否寻求仅由一个机关采取的措施。

（2）当没有在申请中提出时，据《关税法》第 703 节或第 733 节的所有紧急情况指控，应在对申请的修改中提出，并应在尽可能早的时间内提交。紧急情况指控，不管是在申请还是在对申请的修改中提出，应包含申请人可合理获得的关于《关税法》第705（b）（4）（A）节和第735（b）（4）（A）节列举因素的信息。

［1996年7月22日《联邦纪事》第61编第37831页，被2005年2月22日《联邦纪事》第70编第8510页修改］

第207.11节　申请内容

（a）申请应由申请人或其正式授权的职员、律师或代理人签名，并应列出申请人和任何此类职员、律师或代理人的姓名、地址和电话号码，和将在调查中出庭的申请人的所有代理人的姓名。

（b）（1）申请应指控为据《关税法》第701（a）节或第731（a）节征税所必需的因素，并包括申请人可合理获得的支持指控的信息。

（2）在申请人可合理获得的范围内，申请也应包括以下具体信息：

（i）申请人提议的国内同类产品的证明；

（ii）提议的国内同类产品所有美国生产商清单，包括每一个生产商的地址、电话号码和联系人；

（iii）涉案产品所有美国进口商清单，包括每一个进口商的地址和电话号码；

（iv）申请人要求委员会在其问卷中对其寻求价格信息的每一种产品证明；和

（v）在提交申请前的3年间，因为涉案产品进口而使每一个申请公司损失的所有销售或收入清单。

（3）申请应包括一个证明，证明申请人不能合理获得申请没有包括的、本节（b）（2）段规定的每一项信息。

（4）建议申请人查阅关于申请内容的行政机关条例。

［1996年7月22日《联邦纪事》第61编第37831页］

第207.12节　调查初步阶段通知

委员会收到据第207.10节的申请或收到行政机关已经据《关税法》第

702（a）节或第 732（a）节开始调查的通知后，主任应在与行政机关磋商后，尽可能立即发起调查并开始据《关税法》第 703（a）节或第 733（a）节的调查初步阶段，并应就此在《联邦纪事》公布通知。

［1996 年 7 月 22 日《联邦纪事》第 61 编第 37832 页］

第207.13节　与行政机关合作；调查初步阶段

在据第 207.12 节发起调查后，主任应进行其认为适当的调查。应记录在调查中取得的信息。在其关于申请充分性的裁定和在其是否允许对申请进行任何提议的修改的决定中，主任应与行政机关合作。尽管有本章第 201.11（c）节和第 201.14（b）节，在调查初步阶段的延迟提交，应被移交给主任，主任在考虑提交人提出的正当理由后，应确定是否接受该提交。

［1996 年 7 月 22 日《联邦纪事》第 61 编第 37832 页］

第207.14节　否定申请裁定

委员会收到行政机关据《关税法》第 702（d）节或第 732（d）节发出的行政机关已经据《关税法》第 702（c）（3）节或第 732（c）（3）节作出否定申请的通知后，据第 207.12 节开始的调查应终止。收到主任对信息要求的所有人，应被通知终止。

［1996 年 7 月 22 日《联邦纪事》第 61 编第 37832 页］

第207.15节　书面摘要和会议

每一个当事人，可在据第 207.12 节签发的调查通知公布的日期或以后，向委员会提交包含与调查的主题事项有关的信息和辩论的书面摘要。摘要应签名，应包含目录，并应包含不超过 50 页 $8\frac{1}{2} \times 11$ 英寸、双空格、单面文本材料。不是当事人的任何人，可在规定的提交摘要时间内，提交与调查有关信息的书面陈述。此外，主审官员可允许各人在规定时间内提交对委员会雇员提出的问题或要求的回答。如果他认为合适，主任应举行会议。该会议（如果存在）应按照本章第 201.13 节的程序举行，但与其提交有关，当事人可在不迟于会议前 3 天向秘书提交证人证言。主任可要求证人到场，取证和监督宣誓。

第207.16节　[保留]

第207.17节　评核报告

在委员会初步裁定前，主任应向委员会提交评核报告。公开版本评核报告应在委员会初步裁定后向公众公开，并且，企业专有版本也应向据第207.7节被授权接收企业专有信息的人提供。

第207.18节　初步裁定通知

当委员会作出初步裁定时，秘书应将裁定副本和评核报告的公开版本送达申请人、调查的其他当事人和行政机关。秘书应在《联邦纪事》公布该裁定通知。如果委员会的裁定是否定的，或进口可忽略不计，调查应终止。如果委员会的裁定是肯定的，通知应宣布开始调查的最终阶段。

［1996年3月22日《联邦纪事》第61编第37832页］

第三分部分　最终裁定；短寿命周期产品

来源：1991 年 3 月 22 日《联邦纪事》第 56 编第 11928 页，除非另有说明。

第207.20节　初步裁定后的调查活动

（a）如果委员会的初步裁定是肯定的，在行政机关通知其据《关税法》第 703（b）节或第 733（b）节的初步裁定前，主任应继续调查活动。

（b）主任应向调查当事人发放调查最终阶段的问卷草稿供评议。希望评议问卷草稿的任何当事人，应在主任规定的时间书面向委员会提交评议。

［1996 年 3 月 22 日《联邦纪事》第 61 编第 37832 页］

第207.21节　最终阶段安排通知

（a）行政机关据《关税法》第 703（b）节或第 733（b）节的肯定初步裁定通知和行政机关据《关税法》第 705（b）节或第 735（b）节的肯定最终裁定通知，应被视为在该裁定的传递信被秘书收到日或该通知在《联邦纪事》公布日发生，以第一个发生者为准。

（b）收到行政机关据《关税法》第 703（b）节或第 733（b）节的肯定初步裁定通知后，或者，如果行政机关的初步裁定是否定的，收到行政机关据《关税法》第 705（a）节或第 735（a）节的肯定最终裁定通知后，委员会应在《联邦纪事》公布最终阶段安排通知。

（c）如果行政机关的初步裁定是否定的，在行政机关据《关税法》第 705（a）节或 735（a）节的最终裁定前，主任应继续开展其认为适当的调查活动。

（d）委员会收到行政机关其据《关税法》第 705（a）节或第 735（a）节的最终否定裁定通知后，相关的委员会调查应终止。

［1996 年 7 月 22 日《联邦纪事》第 61 编第 37832 页］

第207.22节　预先听证和最终评核报告

（a）预先听证评核报告。主任应在听证前，起草包含涉及调查主题事项信息的预先听证评核报告，并置于记录中。包含企业专有信息的评核报告版本，应置于非公开记录中，并向据第207.7节被授权接收企业专有信息的人提供，评核报告的非企业专业版本应被置于公开记录中。

（b）最终评核报告。在听证后，主任应修改预先听证评核报告，并在委员会的最终裁定前，将最终版本评核报告提交给委员会。最终评核报告旨在补充和改正预先听证评核报告包括的信息。公开版本的最终评核报告应向公众公开，企业专有版本也应向据第207.7节被授权接收企业专有信息的人提供。

［1991年3月21日《联邦纪事》第56编第11927页，被1995年1月3日《联邦纪事》第60编第22页修改；被1996年7月22日《联邦纪事》第61编第37832页重新指定］

第207.23节　预先听证摘要

是利害关系方的每一个当事人，应不迟于安排通知规定的听证会日前5个工作日向委员会提交预先听证摘要。预先听证摘要应被签名并应包括目录。预先听证摘要应简要提出当事人的理由，并应在可能的范围内参考记录，且包括当事人认为与委员会据《关税法》第705（b）节或第735（b）节裁定的主题事项有关的信息和辩论。不是利害关系方的任何人，可在规定的提交预先听证摘要的时间内，提交与调查有关信息的简要书面陈述。

［2005年2月22日《联邦纪事》第70编第8512页］

第207.24节　听证

（a）一般规定。在作出据《关税法》第705（b）节或第735（b）节的最终裁定前，委员会应举行与调查有关的听证会。

（b）程序。任何听证会，应在《联邦纪事》公布通知后举行。听证会不受《美国法典》第五编第二分编第五章或《美国法典》第五编第702节约束。每一个当事人应将其在听证会上的陈述，限定在其预先听证摘要包含的信息和论据，对第207.23节所述预先听证摘要包含信息和论据的分析，和在其提交预先听证摘要之后获得的信息上。除非听证会的部分是不公开的，在听证会上的陈述不应包括企业专有信息。尽管有本章第207.13（f）节，当事人可不迟于听证前3个工作日就其陈述向秘书提交证人证词。在答复第207.24（d）节要求而举行的不公开会议上提交证言的情况下，机密和非机密版本应按照第207.3节提交。不是当事人的任何人，可以对与调查有关的信息作出简要口头陈述。

（c）听证抄本—（1）一般规定。对举行的与委员会据本部分进行的调查有关的所有听证会或会议，应作出一字不差的抄本。

（2）修改抄本。在听证会结束后10天内，但无论如何在据第207.30（a）节披露信息日至少1天前，在听证会上作证的任何人可提交他向秘书作出证词抄本的拟议修改，不允许进行实质修改。如果秘书认为拟议修改没有改变所涉证词的实质，秘书应将拟议修改合并到修改后的抄本中。

（d）不公开会议。应调查当事人不迟于听证会日前7天提交的要求，该要求确定了要讨论的对象，说明了要求的时间数量，并为关于要被讨论的每一个事项需要不公开会议提供了理由，委员会可对据第207.7节未被授权接触企业专有信息以允许该当事人在其陈述过程中讨论企业专有信息的人，不公开听证会的一部分。如果任何当事人希望对不公开听证会的一部分要求进行评议，此类评议必须在提交摘要后两个工作日内提交。此外，在据《关税法》第705（b）节或第735（b）节进行的调查中举行的每一次听证会期间，在申请人和被告每一个小组公开陈述后，如果委员会认为合适，可对未被据第207.7节授权接触企业专有信息以允许委员就涉及企业专有信息的事项向当事人和/或其代表提出问题的人，不公开听证会。

［1996年7月22日《联邦纪事》第61编第37832页，被2005年2月22日《联邦纪事》第70编第8512页修改］

第207.25节　听证后摘要

任何当事人可在通知安排或主审官员在听证会上规定的时间内，提交关于在听证会上或听证会以后提出信息的听证后摘要。此类听证后摘要，不应超过 $8\frac{1}{2} \times 11$ 英寸信笺纸、双空格、单面15页文本材料。此外，主审官员可允许各人在规定的时间内提交对委员会在听证会上提出问题或要求的答复。

秘书不得接受不遵守本节的听证后摘要或答复提交。

［1996 年 7 月 22 日《联邦纪事》第 61 编第 37833 页］

第207.26节　非当事人的陈述

当事人以外的任何人，可在提交听证后摘要的规定时间内，提交与调查有关信息的简要书面陈述。

［1991 年 3 月 21 日《联邦纪事》第 56 编第 11928 页。1996 年 7 月 22 日《联邦纪事》第 61 编第 37832 页重新指定］

第207.27节　短寿命周期产品

（a）合格的国内实体可提交申请，为已是两个或以上肯定倾销裁定对象的短寿命周期产品确定产品类别。委员会应在提交申请后 30 天内确定其充分性。如果申请被裁定是充分的，委员会应发起诉讼以确定产品类别，并在《联邦纪事》公布发起通知。应利害关系方在发起通知公布后 15 天内提交的要求，委员会应举行应被转录的听证会。委员会关于申请人确定的短寿命周期商品所归入产品类别范围的裁定，应在不迟于提交申请后 90 天签发。

（b）委员会可主动且在任何时间修改在据本节第（a）段的诉讼中确定的产品类别范围。在此类修改前 90 天，委员会应在《联邦纪事》公布拟议修改通知。应利害关系方在公布拟议修改后 15 天内提交的要求，委员会应进行应被转录的听证。如果它在不迟于公布拟议修改通知后 60 天内提交，应接受关于拟议修改的书面呈递。

［1991 年 3 月 21 日《联邦纪事》第 56 编第 11928 页。1996 年 7 月 22 日《联邦纪事》第 61 编第 37832 页重新指定］

第207.28节　反规避

在据《关税法》第 781（e）(3) 节向行政机关提供意见前，委员会应在《联邦纪事》公布预期的该意见通知。任何人可在不迟于公布该通知后 14 天，就该通知中所述事项提交一份书面陈述。此类陈述，应包含不超过 $8\frac{1}{2} \times 11$ 英寸信笺纸、双空格、单面 50 页文本材料。委员会应通过通知规定它认为必要的附加陈述。

[1991 年 3 月 21 日《联邦纪事》第 56 编第 11928 页。1996 年 7 月 22 日《联邦纪事》第 61 编第 37832 页重新指定]

第207.29节　公布裁定通知

当委员会作出最终裁定时，秘书应向申请人、调查其他当事人和行政机关送达裁定副本和最终评核报告的非企业专有版本。秘书应在《联邦纪事》公布该裁定通知。

[1996 年 7 月 22 日《联邦纪事》第 61 编第 37833 页]

第207.30节　对信息的评议

（a）在据《关税法》第 705 节或第 735 节调查的任何最终阶段，委员会应规定它向调查所有当事人披露它取得的且当事人以前没有机会对其进行评议的所有信息的日期。是企业专有信息的任何信息，要向据第 207.7 节被授权取得此类信息的人披露。进行披露的日期，在提交据第 207.25 节的听证后摘要之后。

（b）当事人应有机会对在他们已经据第 207.25 节提交其听证后摘要后向他们披露的任何信息进行评议。评议应仅涉及此类信息，并且不应超过 $8\frac{1}{2}$ ×11 英寸信笺纸、双空格、单面 15 页文本资料。评议可通过参考记录的其他信息讨论此类信息的准确性、可信性或证据价值，在参考记录其他信息的情况下，评议应确定在记录中找到该信息的位置。当委员会规定将要据本节第（a）段披露信息时，委员会将规定必须提交此类评议的日期。在应进行评议的日期，记录应结束，除非涉及受《关税法》第 771（7）（G）（iii）节规则约束的调查和涉及第 207.3 节允许的评议中在企业专有信息处理方面的变化。

[1996 年 7 月 22 日《联邦纪事》第 61 编第 37833 页]

第四分部分　终止、中止和继续调查，对复审谈判协议的调查，复审未决裁定的调查

来源：1991 年 3 月 21 日《联邦纪事》第 56 编第 11929 页，除非另有说明。

第207.40节　调查的终止和中止

（a）在申请人撤回申请或行政机关据《关税法》第 303 节、第 705 节或第 735 节签发最终否定裁定或终止其调查后，委员会可通过在《联邦纪事》向调查的所有当事人发出通知而终止据第七编的调查。然而，在行政机关据《关税法》第 702（c）节、第 703（b）节、第 732（c）节或第 733（b）节作出裁定前，委员会不得根据申请人提出的撤回申请终止调查。

（b）收到行政机关据《关税法》第 704（b）或（c）节或第 734（b）、（c）或（1）节作出的中止调查通知后，秘书应签发委员会调查的中止通知。该中止不应阻碍主任进行他认为合适的、与中止调查的主题事项有关的其他调查活动。

（c）继续中止的调查—（1）目的。如果行政机关据《关税法》第 704（i）节或第 734（i）节确定继续中止的调查，并通知委员会其裁定，且在中止的调查没有终止的情况下，委员会应继续调查。

（2）程序。第三分部分列出的程序，应适用于据本节发起的所有调查。

［1991 年 3 月 21 日《联邦纪事》第 56 编第 11927 页，被 1995 年 1 月 3 日《联邦纪事》第 60 编第 22 页修改］

第207.41节　委员会对消除补贴进口或低于公平价值销售进口损害影响协议的复审

如果行政机关决定接受消除补贴进口或低于公平价值销售进口损害影响协议而中止调查，委员会应申请，应发起调查以确定中止调查对象的商品进口的损害影响是否因协议而完全消除。申请可由《关税法》第 771（9）节（C）、（D）、（E）、（F）或（G）段所述利害关系方的调查当事人提交。据本节的调查，应在其发起后 75 天内结束。

第207.42节　应要求继续的调查

收到行政机关其已收到要求据《关税法》第 704（g）节或第 734（g）节继续中止调查的建议后，委员会应继续调查。本部分第二和第三分部分列规定的程序，包括适用的时间限制，应适用于本规则内的所有继续调查。

第207.43节　［保留］

第207.44节　调查的合并

当合适时，委员会可以将据《关税法》第 704（g）节或第 734（g）节的继续调查与据《关税法》第 704（h）节或第 734（h）节的对消除损害协议复审的调查合并。

第207.45节　复审未决裁定的调查

（a）对复审的要求。任何人可向委员会提交据《关税法》第 751（b）节发起复审调查的要求。提出该要求的人，应立即将该要求副本送达复审所依据原始调查的当事人。所有要求应列出对足以使委员会有理由发起复审调查的情势变迁的说明。

（b）收到要求的通知。收到正确提交的、对复审调查的充分要求后，秘书应在《联邦纪事》公布已收到此类要求的通知，邀请对委员会是否应发起复审调查问题进行公开评议。各人应有从《联邦纪事》公布日起至少 30 天时间向委员会提交评议。

（c）调查的发起。在公开评议期结束后 30 天内，委员会应确定要求是否证明了情势变迁为复审提供了充分理由，并且，如果是，应发起复审调查。委员会也可主动发起复审调查。复审调查应通过在《联邦纪事》公布通知发起，并应在公布日后 120 天内结束。如果委员会确定要求没有证明情势变迁为复审提供了充分理由，应驳回要求，并在《联邦纪事》公布驳回通知，说明其理由。

（d）复审调查的进行。第 207 部分第三分部分规定的程序，适用于据本节发起的所有调查。

［1991 年 3 月 21 日《联邦纪事》第 56 编第 11929 页，被 1998 年 6 月 5 日《联邦纪事》第 63 编第 30607 页修改］

第207.46节　涉及某些反补贴税令的调查

（a）定义。就本节而言：

（1）"要求方" 指《关税法》第 771（9）（C）、（D）、（E）、（F）或（G）节所述利害关系方。

（2）"命令" 指据《关税法》第 303 节签发的、在该命令签发时据《关税法》第 303（a）（2）节的肯定实质损害裁定要求对其不适用的反补贴税令。

（3）"《世界贸易组织协定》" 指 1994 年 4 月 15 日达成的《建立世界贸易组织协定》。

（b）对复审的要求。要求方可在《关税法》第 753（a）（3）节确定的时间期限内，向委员会提交对据《关税法》第 753 节调查的要求。该要求应包含以下信息：

（1）对相关国内同类产品、生产如果废除命令可能因涉案产品进口而受到实质损害产品的美国产业和该产业的每一个成员的说明和身份证明。

（2）要求方可合理获得的关于被认为制造、生产、出口或进口涉案产品的所有已知企业的名称和地址。

（3）要求方可合理获得的证明本节第（b）（1）段所述产业可能因为废除命令后对象进口而受到实质损害的信息，包括：

（i）关于本节第（b）（1）段所述产业的产量、生产、销售、市场份额、存货、就业、工资、生产率、能力和开发与生产效果的信息。

（ii）关于涉案产品出口国目前和计划的生产能力、涉案产品的存货和该商品进口到美国以外国家存在壁垒的信息。

（4）关于行政机关就该命令签发的、涉及任何范围和反规避裁决的信息。

（c）调查的发起。（1）收到及时提交的、满足本节第（b）段要求的对第 753 节调查的要求后，秘书应在《联邦纪事》公布发起该调查的通知。

（2）在遵守本节第（c）(3) 段的情况下，第 753 节调查应在《联邦纪事》公布发起该调查通知后 1 年内结束。

（3）委员会可以用超过一年的时间，完成对调查的要求在《世界贸易组织协定》对美国生效日后一年内收到的第 753 节调查。然而，所有此类调查必须在该日后 4 年内结束。在确定是否延长第 753 节调查期时，委员会应与行政机关磋商。延长结束时间的依据，包括但不限于同时进行涉及相同或类似国内产业和国内同类产品的调查要求和有效管理委员会待处理案件数量的要求。

（d）调查的进行。本部分第一和第三分部分规定的程序，应适用于据本节发起的所有调查。

（e）没有提交对复审的要求。当没有正确提交对命令进行第 753 节调查的充分要求时，委员会应通知行政机关，已据《关税法》第 753（a）节对该命令作出了否定裁定。

（f）未决和中止的第 303 节调查。如果在一国成为《乌拉圭回合协定法》第 101（d)(12）节所指的《补贴与反补贴措施协定》缔约方日，存在关于发起调查时《关税法》第 303（a）(2）节的实质损害裁定要求对该国商品不适用的、正在进行中或中止的第 303 节反补贴税调查，委员会应据《关税法》第 753（c）节，就《关税法》第 704（i)(1)(B）节对其适用的未决调查和中止调查开始调查。

（g）要求同时进行第 751（c）节复审。（1）要求第 753 节复审的要求方，可同时要求委员会和行政机关对涉及相同或可比涉案产品的反补贴或反倾销税令进行《关税法》第 751（c）节的复审。

（2）如果与委员会磋商后，行政机关决定发起第 751（c）节复审，委员会应对涉及相同或可比涉案产品的命令进行据《关税法》第 751（c）节和第 753 节的合并复审。任何此类合并复审，应据本部分第一和第六分部分规定的适用规则进行。

（3）如果与委员会磋商后，行政机关决定不发起第751（c）节复审，委员会要据本节确定的程序考虑对第753节复审的要求。

［1995年1月3日《联邦纪事》第60编第23页，被1998年6月5日《联邦纪事》第63编第30607页修改］

第五分部分　司法审查

来源：1991 年 3 月 21 日《联邦纪事》第 56 编第 11930 页，除非另有说明。

第207.50节　司法审查

（a）一般规定。有资格受据《关税法》第 516A 节司法审查的人，可在美国国际贸易法院寻求审查。

（b）移送记录。如果委员会裁定据第 516A 节被上诉至美国国际贸易法院，第 207.2（f）节定义的委员会调查记录副本或所有项目的证明清单，应由秘书按照法院的规则向法院移送。

（c）诉讼文件的送达。在源于据《关税法》第 516A 节的案件中，委员会总法律顾问应是委员会送达诉讼文件的代理。

第207.51节　对否决据行政保护令披露某些企业专有信息申请的司法审查

（a）一般规定。有资格要求对委员会作出的不披露企业专有信息裁定据第 777（c）（2）节司法复审的人，可向美国国际贸易委员会申请指示委员会披露企业专有信息的命令。

（b）记录的移送。如果据第 777（c）（2）节寻求要求委员会披露企业专有信息的法院命令，秘书应在向委员会送达传票和起诉状后 20 天内，向法院移送密封的企业专有信息和记录的相关部分。

（c）记录的相关部分。记录的相关部分应由以下构成：

（1）向委员会提交的披露申请和提交的支持或反对该申请的文件；

（2）与委员会裁定有关的任何政府备忘录；和

（3）委员会对申请采取的措施。

（d）诉讼文件的送达。在源于据《关税法》第 777（c）(2）节的案件中，委员会总法律顾问应是委员会送达诉讼文件的代理。

第六分部分　五年复审

来源：1998 年 6 月 5 日《联邦纪事》第 63 编第 30608 页，除非另有说明。

第207.60节　定义

就本分部分而言，

（a）术语"五年复审"指据关税法第 751（c）节进行的五年复审。本章第 201 部分和本部分第一分部分涉及"调查"的规则，一般适用于五年复审，除非被本分部分更具体的适用规则取代。

（b）术语"加速复审"指委员会据关税法第 751（c）（3）（B）节进行的五年复审。

（c）术语"全面复审"指没有被委员会加速或据关税法第 751（c）（3）节终止的五年复审。

（d）术语"发起通知"指委员会应在《联邦纪事》公布要求利害关系方在发起五年复审后向委员会提交信息的发起五年复审通知。

第207.61节　对发起通知的答复

（a）何时必须提交信息。对发起通知的答复，应在不迟于发起通知在《联邦纪事》公布后 50 天内向委员会提交。

（b）向秘书提交的信息。发起通知应指示每一个利害关系方据本章第 201.6 节、第 201.8 节和第 207.3 节提交包含以下内容的文件：

（1）表明其愿意通过提供委员会要求的信息而参加复审的陈述；

（2）关于可能影响废除命令或中止受复审的调查的陈述；

（3）委员会可能在发起通知中规定的信息或产业数据。

（c）不能提供要求的信息。不能以要求的形式和方式提供发起通知所要求信息的任何利害关系方，应在通知签发后，立即通知委员会，对它不能够提交所要求信息的原因提供充分解释，并且说明它能够提供相当信息的替代形式。在避免向该方施加不合理责任所必需的范围内，委员会可修改其要求。

（d）利害关系方以外人的提交。不是利害关系方的任何人，可在满足本章第201.8节要求的情况下，不迟于《联邦纪事》公布发起通知后50天，向委员会提交与委员会复审有关的信息。

第207.62节　关于委员会复审充分性和性质的裁决

（a）充分性裁决的依据。委员会要评估合计利害关系方对涉及接受复审的每一个命令或中止协议的发起通知答复的充分性，并且，当委员会裁定发现多个国内同类产品时，以每一个国内同类产品为依据。

（b）致委员会的评议。（1）关于委员会是否应进行加速复审而致委员会的评议，可以由以下人提交：

（i）是五年复审当事人的任何利害关系方和已对发起通知做了答复的任何利害关系方；和

（ii）是五年复审当事人的利害关系方以外的任何当事人。

（2）评议应在发起通知规定的时间内提交。在被分组的复审中，每一个当事人仅对每一组提交一套评议。评议应不超过 $8^{1/2} \times 11$ 英寸信笺纸、双空格、单面 15 页文本材料。不应考虑包括新事实信息的评议。

（c）全面复审的安排通知。如果委员会确定利害关系方对发起通知的答复是充分的，或者确定应进行全面复审，与该复审有关的调查活动应继续进行。委员会应在《联邦纪事》公布与复审后续程序有关的安排通知。

（d）加速复审的程序。（1）如果委员会确定利害关系方对发起通知的答复是不充分的，它可以决定进行加速复审。在这种情况下，委员会应指示秘书签发通知，说明委员会已决定进行加速复审，并邀请本节第（d）（2）段所述复审当事人就委员会在复审中应作出什么裁定向秘书提交书面评议。必须提交此类评议的日期，要在秘书签发的通知中规定。不考虑包含新事实信息的评议。

（2）以下各方可提交本节第（d）（1）段所述评议：

（i）是五年复审当事人的任何利害关系方和已对发起通知提交了充分答复的任何利害关系方；和

（ii）是五年复审当事人的利害关系方以外的任何当事人。

（3）不是五年复审的当事人也不是利害关系方的任何人，可在规定的提交书面评议的时间内，提交与复审有关的简要书面陈述（该陈述不应包括任何新事实信息）。

（4）主任应在必须提交本节第（d）（1）段所述评议日前，起草一份包含关于复审主题事项信息的评核报告，并将其置于记录中。包含企业专有信息的评核报告版本应置于非公开记录中，并向据第 207.7 节被授权接收企业专有信息的人提供，非企业专有版本的评核报告应置于公开记录中。

（e）使用可获得的事实。委员会在加速复审中的裁定，要按照关税法第 776 节，以可获得的事实为依据。

［1998 年 6 月 5 日《联邦纪事》第 63 编第 30608 页，被 2003 年 6 月 3 日《联邦纪事》第 68 编第 32978 页修改。］

第207.63节　发放问卷草案

（a）在每一个全面复审中，主任应向当事人发放问卷草案供评议。

（b）希望对问卷草案进行评议的任何当事人，应在主任规定的时间内，书面向委员会提交评议。对收集新信息的所有要求，应在此时提交。如果不存在对该信息的迫切需要和在对问卷草案评议中不能够提供要求该信息的证明，委员会不考虑对收集新信息的后续要求。

第207.64节　评核报告

（a）预先听证评核报告。主任应在听证会前，起草包含关于五年复审主题事项信息的预先听证评核报告。包含企业专有信息的评核报告版本应置于非公开记录中，并向据第 207.7 节被授权接收企业专有信息的人披露，评核报告的非企业专有信息版本应置于公开记录中。

（b）最终评核报告。在听证会后，主任应修改预先听证评核报告，并在委员会裁定前向委员会提交最终版本评核报告。最终评核报告旨在补充和更正预先听证评核报告中包含的信息。最终评核报告的公开版本应向公众公开，企业专有版本应向据第 207.7 节被授权接收企业专有信息的人提供。

［1998 年 6 月 5 日《联邦纪事》第 63 编第 30608 页，被 2003 年 6 月 3 日

《联邦纪事》第 68 编第 32978 页修改〕

第207.65节　预先听证摘要

五年复审的每一个当事人，可在安排通知规定的日期向委员会提交预先听证摘要。预先听证摘要应签名，并应包括目录。预先听证摘要应简要提出当事人的理由，并应在可能的范围内参考记录，并包括当事人认为与委员会裁定的主题事项有关的信息和辩论。

第207.66节　听证会

（a）一般规定。在每一个全面复审中，委员会应举行听证会。应在安排通知中规定听证会的日期。

（b）程序。五年复审的听证会程序，要遵守第 207.24 节规定的最终阶段反倾销和反补贴税调查的程序。

第207.67节　听证后摘要和陈述

（a）各方的摘要。五年复审的任何当事人，可在安排通知或主审官员在听证会上规定的时间内，提交关于在听证会上或听证会之后提出信息的听证后摘要。此类听证后摘要，不应超过 $8^{1/2} \times 11$ 英寸信笺纸、双空格、单面 15 页文本材料。此外，主审官员可允许各人在规定的时间内，提交对委员会在听证会上提出问题或要求的答复。秘书不得接受不遵守本节提交的听证后摘要或答复。

（b）非当事人的陈述。当事人以外的任何人，可以在规定的提交听证后摘要的时间内，提交对与复审有关的信息的简要书面陈述。

第207.68节　关于信息的最终评议

（a）委员会应规定在提交听证后摘要后向五年复审的所有当事人披露它取得的且当事人以前没有机会对其进行评议信息的日期。是企业专有信息的任何此类信息，要向据第 207.7 节被授权接收企业专有信息的人提供。

（b）当事人应有机会对在他们已提交其据第 207.67 节的听证后摘要后向他们披露的任何信息进行评议。评议应仅涉及此类信息，并且不超过 $8^{1/2} \times 11$ 英寸信笺纸、双空格、单面的 15 页文本材料。评议可通过参考记录的其他信息讨论此类信息的准确性、可信性或证据价值，在参考记录其他信息的情况下，评议应确定在记录中找到该信息的位置。当委员会规定要据本节第（a）段披露信息的时间时，委员会要规定必须提交此类评议的日期。在应进行评议的日期截止前不应公开记录，除非涉及第 207.3 节允许的评议中在企业专有信息方括号处理方面的变化。

第207.69节　裁定的公布

当委员会作出结束五年复审的裁定时，秘书应将裁定副本和（当适用时）最终评核报告的非企业专有版本，送达复审的所有当事人和行政机关。秘书应在《联邦纪事》公布该裁定通知。

第七分部分　实施北美自由贸易协定条例

授权:《1930 年关税法》第 777（d）节〔《美国法典》第 19 编第 1677f（d）节;《北美自由贸易协定实施法》第 402（g）节、第 405 节（107 Stat. 2057, Pub. L. 103‒182, 1993 年 12 月 8 日）〕

来源:1994 年 2 月 3 日《联邦纪事》第 59 编第 5097 页，除非另有说明。

第207.90节　范围

本分部分规定了实施《北美自由贸易协定实施法》(《美国法典》第 19 编第 1516a 节和第 1677f 节）第四编修正后的据《1930 年关税法》的《北美自由贸易协定》第 1904 条的程序与规则。这些规则由《北美自由贸易协定实施法》第 402（g）节和《美国法典》第 19 编第 1335 节批准。

第207.91节　定义

本分部分所使用的:

"行政法法官"指根据《美国法典》第 5 编第 210（f）节指定的、按照《美国法典》第 5 编第 554 节进行据本部分诉讼的美国政府雇员。

"协定"指加拿大、美利坚合众国和墨西哥合众国（墨西哥）达成的《北美自由贸易协定》;或者,对从协定生效日正在进行的在加拿大和美国之间的两国专家小组诉讼,或在被美国或加拿大撤销协定后,在美国和加拿大之间可能进行的任何两国专家小组诉讼,指从 1989 年 1 月 1 日起生效的由加拿大政府和美利坚合众国政府达成的《美国—加拿大自由贸易协定》;

"第 1904 条规则"指美利坚合众国、加拿大和墨西哥通过的第 1904 条两国专家小组复审程序规则,或者,当据协定适用时,指美国政府和加拿大据修改后的《美国—加拿大自由贸易协定》通过的第 1904 条两国专家小组复审程序规则;

"加拿大部长"指秘书处加拿大部门的部长，包括代表部长的被授权的任何人；

"被指控方"指被委员会指控实施了据《美国法典》第 19 编第 1677f（f）（3）节禁止行为的人；

"办事人员"指授权申请人雇佣或聘用并受其指导和管理的律师助手、秘书或法律职员。

"委员会"指美国国际贸易委员会；

"委员会秘书"指美国国际贸易委员会的秘书；

"申诉"指第 1904 条规则所指的申诉；

"律师"指第 1904 条规则第 3 条或特别申诉委员会规则诉讼律师定义所述的人，和在专家小组复审中计划提交适时申诉或到场通知的利害关系方律师；

"送达日"指文件邮寄或亲自交付的那一天；

"天"指自然日，但如果最后期限是周末或美国联邦假日，它应被推迟到下一个工作日；

"特别申诉委员会"指据协定第 1904.13 条附件组建、复审专家小组决定或专家小组行为的委员会；

"特别申诉委员会规则"指美国、加拿大和墨西哥通过的第 1904 条特别申诉委员会程序规则，或者，当适用时，指美利坚合众国和加拿大据修改后的《美国—加拿大自由贸易协定》通过的第 1904 条特别申诉委员会程序规则；

"最终裁定"，指据协定第 1911 条的"最终裁定"；

"自由贸易区国家"指《美国法典》第 19 编第 1516a（f）（10）节定义的"自由贸易区国家"；

"调查律师"指不公平进口调查处指定参加据《联邦条例汇编》第 19 编第 207.100 节及以下节调查和诉讼的律师；

"墨西哥部长"指秘书处墨西哥部门的部长，包括被授权代表部长的任何人。

"《北美自由贸易协定法》"指《北美自由贸易协定实施法》，Pub.L.103-182（1993 年 12 月 8 日）；

"到场通知"指第 1904 条规则和特别申诉委员会规则规定的到场通知。

"专家小组复审"指对据协定第 19 章最终裁定的复审，包括特别申诉委

员会进行的复审;

"当事人",为《联邦条例汇编》第 19 编第 207.100 节至第 207.120 节之目的,指调查律师或者被指控方;

"人",为《联邦条例汇编》第 19 编第 207.100 节至第 207.120 节之目的,指个人、合伙企业、公司、协会组织和其他实体;

"特权信息",指《美国法典》第 19 编第 1677f(f)(1)(A)节第 2 句的规则包括的所有信息;

"专业人士"指被律师雇佣或指导和管理的会计师、经济学家、工程师或其他非法律专家;

"禁止行为"指违反保护令、引诱违反保护令或故意接收它构成违反保护令的信息;

"专有信息"指《联邦条例汇编》第 19 编第 201.6(a)节定义的机密企业信息;

"保护令"指委员会签发的行政保护令;

"相关自由贸易区部长"指协定第 1908 条所指的部长;

"秘书处"指据协定第 2002 条组建的秘书处,并包括位于加拿大、美国和墨西哥的秘书处部门。

"送达地址"指一人的诉讼律师的传真号码(如果存在)和地址,或者,当一人没有被律师代理时,一人在专家小组复审要求、申诉或到场通知中给出的传真号码(如果存在)和地址,据该地址,该人能够被送达,或者,当一人提交变化了的送达地址时,该文件中的传真号码(如果存在)和被列为送达地址的地址。

"送达清单"指委员会秘书据《联邦条例汇编》第 19 编第 201.11(d)节维护的在导致据专家小组复审的最终裁定的行政诉讼中的人的清单;

"美国部长"指秘书处美国部门部长,并包括被授权代表部长的任何人;

除本分部分另有规定外,第 1904 条规则和特别申诉委员会规则规定的定义,适用于本分部分和据本分部分签发的任何保护令。

第207.92节　开始最终裁定复审的程序

(a)开始司法审查意图的通知。意图开始司法审查的通知,应包括《联邦条例汇编》第 19 编第 356 部分商务部条例规定的信息,并采取该条例规定的形式、方式和样式，包括送达要求。

（b）对专家小组复审的要求。对专家小组复审的要求，应包括《联邦条例汇编》第 19 编第 356 部分商务部条例规定的信息，并采取该条例规定的形式、方式和样式，包括送达要求。

第207.93节　在专家小组和委员会诉讼中保护专有信息

（a）对保护令的要求。据《美国法典》第 19 编第 1677f（f）（1）节接触专有信息的要求，应向委员会秘书提出。

（b）接收据保护令的专有信息的被授权人。以下人，可被委员会授权接收专有信息，如果他们遵守这些条例和委员会向他们施加的其他条件：

（1）两国专家小组或特别申诉委员会成员，成员的任何助手，法院书记员和译员；

（2）律师和专业人士，且该律师或专业人士不针对代表的人或知晓专有信息而取得竞争优势的任何其他人，制定据美国钢铁公司诉美国案（730 F. 2d 1465（Fed. Cir.1984））定义的竞争决策。

（3）由本节（b）(1)、(2)、(5) 或 (6) 段所述、已被签发保护令的人雇佣或聘用或受其指导和管理的办事人员，如果该办事人员：

（i）不参与诉讼参加人或通过知晓寻求的专有信息而确定竞争优势的任何人的竞争决策制定或竞争决策制定的支持功能；

（ii）已同意要受雇佣或聘用他的人的保护令申请条款约束；

（4）秘书处的美国、加拿大和墨西哥部门的部长和其职员成员；

（5）美国贸易代表通知委员会秘书需要使用企业专有信息以作出关于召集特别申诉委员会的美国政府任何官员和雇员；和

（6）加拿大贸易部和墨西哥商业与产业发展部（视案情需要）通知委员会秘书需要使用企业专有信息以作出关于召集特别申诉委员会的加拿大政府或墨西哥政府的任何官员和雇员；和

（7）代表调查机关和委员会的律师，以及向其提供支持的其他职员。

（c）据保护令使用专有信息的程序——（1）必须提交申请据保护令披露的人。为被允许使用专家小组复审裁定行政记录中的专有信息，本节（b）(1)、(2)、(4)、(5)、(6) 或第（c）(5)(i) 段所述的所有人，应提交对保护令的申请。

（2）对据保护令披露的申请内容。（i）委员会秘书应提供为提交对据包含本规则条款的保护令对披露的要求采纳表格形式。委员会秘书应向美国部长提供表格副本供本节（b）（1）、（4）、（5）和（6）段所述的人使用。其他申请人可在位于哥伦比亚特区华盛顿西南区东大街 500 号（邮政编码 20436）的委员会秘书办公室取得表格。

（ii）该表格应要求申请人提交个人宣誓陈述，除委员会秘书可能要求的其他条件外，说明申请人将：

（A）不披露据保护令取得的任何专有信息，并不向以下人以外的任何人提供：

（1）参加专有信息是行政记录的一部分的特定专家小组审查的委员会职员；

（2）提供信息的人；

（3）被授权接触据委员会保护令的相同专有信息的人；和

（4）已被签发保护令的据本节（b）（1）、（2）、（5）和（6）段所述的人雇佣或聘用和受其指导和管理的办事人员，如果该办事人员已签署协议并注明日期，应要求向委员会提供，要受雇佣或聘用他的人的保护令申请规定的条款约束（授权申请人应对该表格的保存和准确性负责，并应被视为对该人遵守行政保护令负责）；

（B）不为据协定第 1904 条的特定诉讼以外目的使用据行政保护令披露的任何专有信息和不提供该信息；

（C）在专家小组审查结束或委员会裁定秘书可能确定的其他时间，向委员会退回据保护令披露的所有文件和据保护令披露的包含专有信息的所有其他资料（例如，摘要、注释或图表），或向委员会秘书证明已销毁了这些文件，本节第（b）（1）段所述的可以将此类文件和其他资料退回美国部长例外。美国部长可为官方文件保存每一份文书的单一文件副本。

（D）按照保护令的需要，更新保护令申请中的信息；并且

（E）承诺该人受《美国法典》第 19 编第 1677f（f）节和本分部分以及涉及专有信息披露承诺的加拿大和墨西哥法律相关规则约束。

（3）申请的时机。对本节第（b）（1）段或（b）（2）段所述任何人的申请，可在对专家小组审查要求的通知后向秘书处提交。本节（b）（4）段所述的人，应在确定美国、加拿大或墨西哥秘书处官方责任后立即提交。对本节

第（b）（5）或（b）（6）段所述任何人的申请，在美国贸易代表、加拿大贸易部长或墨西哥商业和产业发展部长（视案情需要）已通知委员会秘书该人要求使用后提交。

（4）申请的提交和送达—（i）本节第（b）（1）段所述人的申请。本节（b）（1）段所述人，应向哥伦比亚特区华盛顿西北区宾夕法尼亚大街和第 14 号街（邮政编码 20230）美国商务部第 2061 房间《北美自由贸易协定》秘书处美国部长提交表格的完整正本。美国部长随后应向委员会秘书提交申请正本和 3 份副本。

（ii）本节（b）（2）段所述人的申请—（A）提交。本节第（b）（2）段所述的人在代表参加人在专家小组审查中提交申诉状或到场通知的同时，应向委员会秘书提交表格（《北美自由贸易协定》行政保护令表 C）的完整正本和 3 份副本，向美国部长提交 4 份副本。

（B）送达。如果申请人在提交专家小组审查到场通知最后期限前提交，申请人应同时向送达清单上的每一个人送达申请副本。如果申请人在提交专家小组审查到场通知最后期限后提交，申请人应按照第 1904 条规则和特别申诉委员会规则，向专家小组审查中的每一个参加人送达。对某人的送达，可以通过向该人的送达地址提交副本实现；通过使用传真传送、加速信使送达、加速邮寄送达向该人的送达地址发送副本实现；通过专人送达实现。

（iii）本节第（b）（4）段所述人的申请。本节第（b）（4）段所述人，应向委员会秘书提交保护令申请的正本和 3 份副本。

（iv）本节第（b）（5）段所述人的申请。本节第（b）（5）段所述人，应向委员会秘书提交正本和 3 份副本，向美国部长提交 4 份副本。

（v）本节第（b）（6）段所述人的申请。本节第（b）（6）段所述人，应向相关自由贸易区部长提交保护令申请的完整正本。相关自由贸易区部长随后应向委员会秘书提交正本和 3 份副本。

（5）据在行政诉讼中签发的保护令保留接触专有信息的人。（i）如果律师或专业人士在行政诉讼中已被批准接触据保护令的专有信息，该保护令包含管辖在专家小组审查中继续接触该信息的规则，并且该律师或专业人士在第一次向秘书处提交审查要求后超过 15 天保留专有信息，在该日或以后接触的律师或专业人士或办事人员，要立即受委员会秘书在该日保存的、包含关于与其有关违反制裁规则的《北美自由贸易协定》行政保护令 C 文件条款和条件约束。

（ⅱ）第本节（c）（5）（ⅰ）段所述的任何人，代表其所代表的参加人在专家小组审查中提交申诉和到场通知的同时，应：

（A）提交表格（《北美自由贸易协定》行政保护令表C）的完整正本，并向委员会秘书提交3份副本；和

（B）向美国部长提交完整的《北美自由贸易协定》行政保护令表C的4份副本。

（ⅲ）本节第（c）（5）（ⅰ）段所述任何人，必须在专家小组审查开始时提交对保护令的新申请。

（d）签发保护令——（1）本节第（b）（1）、（4）、（5）和（6）段所述申请人。批准本节第（b）（1）、（4）、（5）或（6）段所述人的申请后，委员会秘书应签发保护令，允许披露专有信息。据《美国—加拿大自由贸易协定》发起的两国专家小组诉讼的、委员会秘书已对其签发保护令的任何成员，必需连署它并将连署命令的一份副本退回美国部长。据本节第（b）（1）段的任何其他申请人，必须向美国部长提交命令副本。

（2）本节第（b）（2）段所述申请人。（ⅰ）在要求被批准前10天，委员会不应对第（b）（2）段所述人提交的申请作出裁决，除非有加快裁决的强有力理由。任何人可在申请提交日后7天内提交对申请的异议，说明委员会不予批准的具体理由。该异议的一份副本，应向申请人和被送达申请的所有人送达。要考虑对异议的任何答复，如果它在委员会秘书作出决定前提交和送达。异议和答复的送达，应按照本节第（b）（4）（ⅱ）（B）段进行。

（ⅱ）否决申请。委员会秘书可在收到申请后14天内，通过送达通知申请人决定及其理由的信而否决申请。该信应通知申请人向委员会申诉的权利。任何申诉，必须在委员会秘书的信送达后5天内提出。

（ⅲ）对否决申请的申诉。对否决申请的申诉，必须向哥伦比亚特区华盛顿西北区东大街500号（邮政编码20436）美国国际贸易委员会主席提出。申诉必须按照本节第（c）（4）（ⅱ）（B）段送达。委员会应在向委员会秘书提交申请日后30天内，作出批准或否决申诉的最终决定。

（ⅳ）批准申请。如果委员会秘书没有据本节第（d）（2）（ⅱ）段否决申请，委员会应在收到申请后第14天，签发保护令，允许向申请人披露专有信息。

（ⅴ）提交保护令。如果对本节第（b）（2）段所述人签发保护令，该人应立即向美国部长提交保护令的一份副本。

（e）保留保护令；送达清单。委员会秘书应在公开文件中保留被批准的申请副本（包括对它的任何更新）和据本节签发的保护令（包括按照本节第（b）（6）（ii）段提交的保护令）。秘书应建立被批准在审查中接收专有信息人的清单，包括其申请已被批准的当事人

（f）提交对已批准申请的修改。已据本节被签发了保护令的任何人，应：

（1）如果本节第（b）（1）段所述的人，向美国部长提交对保护令申请的任何修改，他应向委员会秘书提交正本和 3 份副本；

（2）如果本节第（b）（2）段所述的人，向委员会秘书提交对申请进行任何修改的正本和 3 份副本，向美国部长提交 4 份副本；或

（3）如果任何其他人，向委员会秘书提交对申请进行任何修改的正本和 3 份副本。

（g）对保护令的修改或废除。（1）任何人可向委员会秘书提交因为变化的事实或法律条件或因为公共利益原因，修改或废除据本节签发的保护令的要求。该要求应说明期望的改变，并包括任何支持材料和辩论。提交要求的人应将该要求的副本送达被签发保护令的人。

（2）任何人可在提交要求后 20 天内提交答复，除非委员会签发通知，另有规定。在考虑要求及对要求的任何答复后，委员会应采取适当措施。

（3）如果据本节提交的要求指控某人违反了保护令条款，委员会可将该要求视为据本分部分第 207.101 节的违反报告。

（4）委员会可主动修改或废除保护令。

（5）如果委员会废除、修改或修正了某人的保护令，它应向该人、美国部长和所有参与者提供废除、修改或修正通知副本。

［1994 年 2 月 3 日《联邦纪事》第 59 编第 5097 页，被 2005 年 2 月 22 日《联邦纪事》第 70 编第 8512 页修改］

第207.94节　在专家小组和委员会诉讼中保护特权信息

如果专家小组或特别申诉委员会决定，根据美国法律，要求委员会据保护令批准接触委员会已确定特权的信息，专家小组或特别申诉委员会已指示委员会向其披露信息的任何个人，和在据《联邦条例汇编》第 19 编 207.93（b）节有资格接收专有信息的任何个人，可向委员会提交保护令申请。收到

此类申请后，委员会秘书应向委员会确认专家小组或特别申诉委员会要求委员会据《美国法典》第19编第1677f（f）（1）节向规定的人披露该信息。在该确认后24小时，委员会秘书应签发保护令，向受与《联邦条例汇编》第19编第207.93（c）（2）节的条款和条件相当的条款和条件约束的任何被授权人披露此类信息。

对违反专家小组和委员会诉讼中签发的保护令规则实施制裁的程序

第207.100节　制裁

（a）据本分部分被裁定实施了禁止行为的、被《美国法典》第19编第1677f（f）（4）节从本条例中排除的人以外的人，可以受以下一种或多种制裁：

（1）每项违规的民事罚款不超过100000美元；连续不断的违规行为中，每一天构成一个单独的违规行为；

（2）在公布违反保护令裁定后的指定时间内，禁止以任何身份在委员会执业，并可酌情包括该人士的合伙人、联营公司、雇主及雇员在内的人士；

（3）拒绝进一步接触被违反的保护令所包括的专有或特权信息，或拒绝进一步在委员会将来的诉讼中接触专有信息；

（4）委员会的官方申斥；

（5）在律师、会计师或其他专业人士的情况下，将构成禁止行为依据的事实移交有关专业协会或许可机构的道德委员会或其他自律组织；

（6）当合适时，将构成违反依据的事实移交美国贸易代表和其指定的人，以及其他政府机构；和

（7）委员会认为适当的任何其他行政制裁。

（b）本节第（a）（2）段所述的每一个合伙人、合作人、雇主和雇员，有资格享有本分部分列出的所有行政权力。

（c）就本分部分而言，故意接受导致违反保护令的信息，包括但不限于知道或应当知道他无权阅读或分发该信息的人阅读或未被授权分发保护令所包括的信息。

第207.101节　报告禁止行为和开始调查

（a）拥有说明已实施了禁止行为信息的任何人，应立即向委员会秘书报告与其有关的所有相关事实。

（b）收到后，委员会秘书应记录信息，分配调查号码，并将他收到的所有信息移交给不公平进口调查处。

（c）不公平进口调查处应尽可能迅速进行调查，以确定是否存在合理的依据相信一人或多人已实施了禁止行为。不公平进口调查处可在任何时间要求委员会指定一名行政法法官监督调查。

（d）在结束调查时，不公平进口调查处应评估可获得的信息是否足以提供合理的理由，相信一人或多人已实施了禁止行为。

第207.102节　诉讼的发起

（a）结束调查后，

（1）如果不公平进口调查处确定没有合理理由相信一人或多人已实施了禁止行为，不公平进口调查处应：

（i）向委员会提交报告；并且

（ii）除非委员会另有指示，案卷不应公开并退回委员会秘书。

（2）如果不公平进口调查处确定有合理理由相信一人或多人已实施了禁止行为，不公平进口调查处应：

（i）向委员会就通知其专有信息可能受到危害的当事人名单及通知内容提出建议；

（ii）就是否发起制裁诉讼和采取其他适当的措施向委员会提交报告和建议。

（b）委员会可就发起制裁诉讼作出任何适当的裁定，包括拒绝、批准或批准并修改不公平进口调查处提出的任何建议。

（c）如果委员会确定签发指控信是合适的，委员会应指定一名行政法法官监督诉讼，并且，委员会秘书应通过签发《联邦条例汇编》第19编第207.103节的指控信而据本节发起诉讼。

（d）如果委员会确定发起诉讼是合适的，但被指控的当事人超越了委员会的职权并在其他自由贸易区国家的管辖范围之内，或因为其他原因，其他自由贸易区国家的授权机构是发起诉讼的更合适机关，委员会应采取必要的措施，签发一封信，要求其他自由贸易区国家授权机构据适用法律对指控的禁止行为发起诉讼。

（e）委员会可以就关于指控的禁止行为和有关依据事实通知其提交的专有信息已指控被披露的人作出任何裁定。委员会在这个问题上的裁定，并不妨碍行政法法官在诉讼的任何时间就向受到损害的当事人发出通知是否合适作出二次裁定。

（f）如果委员会确定不适合签发指控信或将事实提交其他自由贸易区国家的授权机构，案卷不应公开并退回委员会秘书，除非委员会有其他指示。

（g）调查的所有方面应保密，不公平进口调查处认为为收集相关信息和保护专有信息提交人的利益所必需时例外，或者委员会有其他命令时例外。除委员会另有命令，委员会秘书应在法律许可的范围内，以秘密状态维护所有结束调查的案卷，并应在案件结束后一年内，销毁包含没有对其发起诉讼的禁止行为指控的所有书面证据。

第207.103节　指控信

（a）指控信的内容。委员会应按照《联邦条例汇编》第19编第207.106节的规定，向每一个被指控方送达指控信副本和对过渡措施的任何附加请求，指控信应包括：

（1）关于禁止行为的指控；

（2）对可能对禁止行为实施的制裁清单的对本分部分第207.100节的援引；

（3）诉讼已被发起和APA听证会将由行政法法官主持的陈述；

（4）被指控方或其律师可要求签发适当的行政保护令以取得指控所依据信息的陈述；

（5）被指控方有权利为陈述之目的、由被指控方负担费用而雇佣律师的陈述；和

（6）被指控方有权利在本分部分第207.104节所述答复中要求在可行的范围内诉讼保密的陈述。

（b）送达指控信。（1）指控信应使用双信封送达。内信封应说明它只能由收件人开启。应通过以下方法之一送达指控信：

（i）通过挂号或保证邮件邮寄到当事人最新已知永久地址致被指控方的副本；

（ii）个人送达；或

（iii）据联邦民事程序规则第 4 条规则可接受的任何其他方法；

（2）送达应由进行送达的人签名的送达证明证实。

（c）指控信的保密性。在行政法法官据本分部分第 207.15 节达成命令前，指控信应保密且仅向必要的委员会职员和被指控方披露。

（d）修改指控信。（1）在发起诉讼后的任何时间，调查律师可要求准予修改或撤回指控信。

（2）如果行政法法官确定应修改指控信以包括附加当事人，法官应签发建议裁定。委员会应审查建议裁定，并签发批准或否决修改指控信以包括附加当事人要求的裁定。

（3）应请求，行政法法官可以避免损害公共利益和已被指控的当事人的权利所必需的条件为依据说明的正当理由，批准修改指控信。

（4）任何修改后的指控信，应以本节第（a）和（b）段规定的形式和方式，送达所有被指控方。

第207.104节　对指控信的答复

（a）提交时间。收到指控信后 20 天内，被指控方可提出答复，除非行政法法官有其他命令。

（b）形式和内容。每一个答复应由被指控方或其正式授权的职员、律师或代理签名并宣誓，注明姓名、地址和电话号码。每一个被指控方应对指控信的每一个指控进行答复，并可对构成辩护的每一个依据的事实做简要陈述。应对指控信指控的每一个事实作出具体承认或否认，或者，如果被指控方不了解任何此类事实，应有一个此类陈述。

（c）对机密性的要求。答复应包含关于被指控方是否据本分部分第 207.105 节，在可行的范围内，寻求命令以保护诉讼全部或部分机密性的陈述。

第207.105节　机密性

（a）保护专有和特权信息。行政法法官认为为起草被指控方的辩护所必需，被指控方律师在这些诉讼中可被批准接触其披露是诉讼对象的专有信息或特权信息。任何此类使用，应遵守符合本分部分规则的保护令。

（b）诉讼的机密性。应任何被指控方据本分部分第207.106节的要求，行政法法官要签发适当的机密性命令。该命令要在法律允许的范围内，规定涉及与实施禁止行为有关指控信息的机密性，尽可能符合公共政策考虑和在实施制裁诉讼中当事人的需要。该命令要规定据本规则的所有诉讼在命令的条款内保持机密，但在讨论该诉讼被包括到委员会公开最终决定中的范围内例外。没有据该决定披露的任何机密信息，仍然受到保护。

第207.106节　过渡措施

（a）在诉讼发起后的任何时间，行政法法官应请求或出于他自己的意愿，可签发建议裁定，废除所指控的被违反的保护令，披露被保持机密的关于诉讼的信息或采取其他适当的过渡措施。

（b）在签发建议过渡制裁的裁定前，行政法法官应给予被提议对其实施制裁的当事人反对制裁的机会。行政法法官通常应不超过提交后20天决定据本节的任何请求。

（c）委员会应在签发后20天内或它可能命令的其他时间，对关于实施过渡措施的任何建议裁定进行审查。委员会可实施任何适当的过渡制裁。

（d）行政法法官可建议委员会修改或废除过渡措施。委员会应在其签发后10天或委员会可能命令的其他时间对该建议作出裁决。

（e）在正在进行的专家小组审查中，委员会秘书应立即通知秘书处废除或修改未决保护令的任何过渡措施。委员会秘书也应立即通知秘书处对过渡措施的任何废除或修改。

第207.107节　请求

（a）提交和处理。（1）签发指控信后和行政法法官审理诉讼尚有未决部分时，关于该部分诉讼的所有请求，应向行政法法官提出。

（2）当委员会审理的诉讼的部分未决时，关于该部分诉讼的所有请求，应向委员会提出。所有书面请求应向委员会秘书提交并送达所有当事人。

（b）内容。所有书面请求应说明具体的命令、裁决或期望的措施及其理由。

（c）答复。对请求的任何答复，应在送达请求后10天内或行政法法官或委员会可能指定的更长或更短的时间内提交。提议方应无权答复，除非行政法法官或委员会允许。

（d）送达。在据本分部分的制裁诉讼中提出的所有请求、答复、回复、摘要、申请和其他文件，应由提交文件的当事人送达每一个其他当事人。应向当事人的律师送达，除非行政法法官或委员会另有命令。

第207.108节 初步会议

在对指控信提交答复后可行的时间内，行政法法官应指示当事人律师或其他代表在初步会议上与他会面，除非行政法法官或委员会确定此类会议是不必要的。在该会议上，行政法法官应考虑签发此类诉讼所必需的命令。此类命令，在根据这些条例适当的情况下，可能包括建立披露安排或签发命令（如果被要求），以规定保持据本分部分第207.105（b）节诉讼的机密性。

第207.109节 披露

（a）披露方法。所有当事人，可据行政法法官命令的条款和限制，取得披露。披露可以采取以下一种或多种方法：

（1）对口头审查或书面问题宣誓作证；

（2）书面质询；

（3）为检查和其他目的出示书证或物证；和

（4）要求自认。

（b）制裁。如果当事人或当事人的职员或代理没有遵守披露命令，行政法法官可采取他认为合理和适当的措施，包括签发证据性制裁或视被告不应诉。

（c）非当事人官员或美国或其他自由贸易区国家政府雇员的宣誓作证。

（1）委员会官员或雇员宣誓作证。希望提取委员会官员或雇员（非不公平进口调查处或行政法法官处成员）的证词，或取得该官员或雇员保管、控制和拥有的非特权书证或其他有形证据的当事人，应提交书面请求，要求行政法法官建议委员会指示该官员或雇员作证或出示要求的材料。

（2）其他美国机构或其他自由贸易区国家政府官员或雇员的宣誓作证。希望提取其他机构或其他自由贸易区国家政府官员或雇员的证词，或取得该官员或雇员保管、控制和拥有的非特权书证或其他有形证据的当事人，应提交书面请求，要求行政法法官建议委员会寻求该官员或雇员的证词或出示要求的资料。

第207.110节　传票

（a）申请签发传票。除本分部分第207.109（c）节规定外，签发要求某人到场并宣誓或宣誓作证或在听证会上作证的传票申请，必须向行政法法官提出。申请应采取书面形式，并应尽可能准确说明要被提供的资料，证明资料的相关性和传票范围的合理性。申请应由行政法法官作出裁决。

（b）传票的执行。请求执行传票，应向行政法法官提出。考虑请求和对请求的任何答复后，行政法法官应建议委员会执行或不执行传票。行政法法官的建议应为此提供依据，并应涉及执行行政传票所必需的每一个标准。考虑行政法法官的建议后，委员会应确定发起执行诉讼是否适当。

（c）以《信息自由法》为依据申请传票。行政法法官或委员会不受理以《信息自由法》（《美国法典》第5编第552节）为依据对出示证物传票的申请。

第207.111节　预先听证会议

行政法法官可指示当事人的律师或其他代表在会面时谈及以下任何或所有问题：

（a）问题的简化和澄清；

（b）听证范围；

（c）对事实或文件内容和真实性的规定和认可；

（d）披露证人姓名和交换将在听证过程中被引入的文件或其他有形证据；和

（e）可能有助于有序和加速处理诉讼的其他事项。

第207.112节　听证会

（a）听证会的目的和安排。在据本分部分发起的每一个诉讼中，应提供行政法法官主持的听证会机会。此类听证会的目的是接收证据和听取辩论，以确定被指控方是否实施了被禁止的行为，以及什么制裁是合适的。听证会应合理地加速进行，并在可行的范围内，应在一个地点举行，持续到结束，除非行政法法官另有命令。

（b）联合诉讼或合并。在行政法法官的自由裁量范围内，行政法法官可命令联合或合并据本分部分第 207.12 节发起的诉讼。

（c）遵守行政程序法。行政法法官应举行符合《美国法典》第 5 编第 554 节要求的听证会。

第207.113节　记录

（a）记录的定义。记录应由以下构成：

（1）指控信和答复，请求和答复，以及准确向委员会秘书提交的其他文件和证据；

（2）行政法法官的所有命令、通知和建议或初步裁定；

（3）委员会的命令、通知和任何最终裁定；

（4）听证抄本和在听证会上被认可的证据；和

（5）被行政法法官确认需记录的所有其他项目。

（b）记录的证明。记录应通过行政法法官提交初步裁定向委员会确认。

第207.114节　初步裁定

（a）提交初步裁定的时间。（1）除委员会可能另有命令外，在签发指控信后 90 天内，行政法法官应向委员会提交记录，并应向委员会提交关于每一个被指控方是否实施了禁止行为和关于适当制裁的初步裁定。

（2）行政法法官可在说明正当理由后要求委员会延长签发初步裁定的时间限制。

（b）初步裁定的内容。初步裁定应包括以下内容：

（1）作出所有事实裁定和法律结论的宣判及其理由；和

（2）初步裁定应成为委员会裁定，除非当事人据第 207.115 节提交对裁定审查的申请，或委员会据本分部分第 207.116 节主动命令对初步裁定或其中的某些问题进行审查的陈述。

（c）举证责任。被指控方实施了被禁止行为的裁决，应有明确和令人信服的证据支持。

（d）初步裁定的效力。在送达初步裁定后第 45 天，初步裁定应成为委员会的裁定，除非委员会在该期间内据本分部分第 207.115 节或第 207.116 节对初步裁定或其中的某些问题进行审查，或通过命令改变了初步裁定的生效日期。如果初步裁定成为委员会的裁定，委员会秘书应就此通知当事人。

第207.115节　审查申请

（a）申请和答复。（1）任何当事人可通过向委员会秘书提交审查申请而要求委员会对初步裁定审查，但已不应诉的当事人不得就该当事人不应诉的任何问题申请审查。

（2）希望获得据《美国法典》第 19 编第 1677f（f）(5) 节司法审查的任何人，必须按照本条例规定的关于审查申请的程序，首先寻求委员会审查。

（3）对审查的任何申请，必须在向被指控方送达初步裁定后 14 天内提交。申请应：

（i）确定寻求审查的当事人；

（ii）说明据以寻求审查的问题，包括关于审查是否涉及实施禁止行为的初步裁定，或关于制裁的初步裁定的陈述；

（iii）列出对为考虑所述问题所必需的相关法律或重要事实的简明陈述；和

（iv）提交说明审查是必要的或适当的原因的简明辩论。

（4）在据本节提交的审查申请中没有提出的任何问题，将被视为已被放弃，并将被委员会忽略。

（5）任何当事人可以在送达申请后 7 天内提交对申请的答复，但已不应诉的当事人不得就该当事人不应诉的任何问题提交答复。

（b）批准或否决审查。（1）委员会应在向当事人送达初步裁定后 45 天内或在委员会可能命令的其他时间，确定是否全部或部分批准审查。

（2）委员会是否批准审查申请的决定，应以申请和对申请的答复为依据，无须考虑口头辩论或进一步书面呈递，除非委员会有其他命令。

（3）当至少一位参加投票的委员投票命令审查时，委员会应批准对初步裁定或其中的某些问题审查的申请。在其通知中，委员会应确定审查的范围和要被考虑的问题，并且，如果委员会认为适当，制定提交摘要和口头辩论的规则。委员会已批准申请的通知，应由委员会秘书送达所有当事人。

第207.116节　委员会主动审查

在送达初步裁定后 45 天内，委员会应委员要求，应主动命令对初步裁定或其中的某些问题进行审查。

第207.117节　委员会审查

关于审查，当事人不可对在审查通知没有规定的任何问题提交辩论；并且，委员会可全部或部分确认、推翻、修改、搁置行政法法官的初步裁定或为进一步诉讼而发回重审。委员会可以诉讼记录为依据，作出裁决或结论。

第207.118节　总法律顾问在向委员会提供建议方面的作用

当签发指控信时，如果指控信所述禁止行为涉及与未决专家小组审查有关的已签发的保护令，并且总法律顾问参加专家小组审查，就关于据本分部分提起的诉讼向委员会提供建议而言，第 337 节调查的总法律顾问助理应作为代理总法律顾问。其他委员会律师，不得就在该律师参加的专家小组审查期间签发的保护令而就据本分部分的诉讼向委员会提出建议。

第207.119节　重新考虑

（a）对重新考虑的请求。在送达委员会决定后 14 天内，任何当事人可向委员会提交重新考虑的请求，说明希望的救济和支持的理由。据本节提交的任何请求，必须限定在裁定提出的新问题或此后要被命令采取的措施，且提议方以前没有机会对此提交辩论。

（b）对重新考虑请求的处理。委员会应批准或否决对重新考虑的请求。除非委员会要求，不接受对重新考虑要求的答复，但如无该要求，对重新要求的请求，不会得到批准。如果批准了对重新考虑的请求，委员会可以确认、取消或修改其裁定，包括据此命令采取的任何措施。当合适时，委员会可命令行政法法官提取额外证据。

第207.120节　公布制裁

如果委员会的最终决定是存在禁止行为，并实施公开制裁，要在《联邦纪事》公布决定通知，并提交给秘书处。该公布不迟于签发最终决定或重新考虑的任何要求被拒绝后14天。委员会秘书也应将委员会决定送达委员会认为适当的美国部门和机构、加拿大和墨西哥政府。

美国商务部条例（《联邦条例汇编》第19编第351和354部分）

第351部分　反倾销和反补贴税

授权:《美国法典》第5编第301节;《美国法典》第19编第1202节注释;《美国法典》第19编第1303节注释;《美国法典》第19编第1671节及以下章节;和《美国法典》第19编第3538节。

来源:1997年5月19日《联邦纪事》第62编第27379页,除非另有说明。

第一分部分　范围和定义

第351.101节　范围

(a)一般规定。本部分包含了适用于据关税法第七编(《美国法典》第19编第1671节及以下章节)的反倾销和反补贴税诉讼,以及关于受《1979年贸易协定法》第702节(《美国法典》第19编第1202节注释)配额税率约束的奶酪裁定的程序和规则。本部分反映了《乌拉圭回合协定法》(Pub. L. 103–465)第Ⅰ、Ⅱ和Ⅳ编进行的法律修改,它们分别将《建立世界贸易组织协定》随附的以下协定的规则贯彻到美国法律中:《关于实施〈1994年关税与贸易总协定第6条〉的协定》《补贴和反补贴措施协定》和《农业协定》。

(b)涉及不需要实质损害裁定进口的反补贴税调查。根据关税法第701(c)节,该法律的某些规则不适用于涉及来自非补贴协定国家和不需要委员会实质损害裁定国家进口的反补贴税诉讼。所以,本部分涉及委员会的某些规则,可能不适用于该诉讼。

(c)对政府进口的适用。在关税法第771(20)节批准的范围内,美国政府机构进口的商品或供其使用的进口商品,要受据本部分征收反补贴税或反倾销税管辖。

第351.102节 定义

（a）概述。关税法包含了很多适用于反倾销和反补贴税诉讼的术语。如果本节或本部分其他节没有对术语定义，读者应查阅关税法的相关条款。本节：

（1）解释了关税法使用但没有解释的术语；

（2）解释了本部分使用但关税法没有使用的术语；和

（3）对关税法解释术语的意义做了进一步说明。

（b）定义。

关税法。"关税法"指修改后的《1930年关税法》。

行政复审。"行政复审"指据关税法第751（a）（1）节的复审。

关联人；关联方。"关联人"和"关联方"与关税法第771（33）节给出的意义相同。在确定是否存在关税法第771（33）节范围内的控制另一人时，除了其他以外，部长要考虑以下因素：公司或家庭集团；特许或合资协议；发行债券；和密切供应者关系。部长不以这些因素为依据裁定存在控制，除非该关系可能影响关于涉案产品或外国同类产品生产、定价或成本的决定。在确定是否存在控制时，部长要考虑关系的临时方面；通常，临时状况不足以作为控制的证据。

累计依据。"累计依据"指主要以外国政府提供的信息为依据，计算国家范围的补贴率。

周年月。"周年月"指公布命令或中止调查日周年的历月。

APO。"APO"指关税法第777（c）（1）节所述行政保护令。

申请人。"申请人"指申请使用受行政保护令保护的企业专有信息的利害关系方代表。

第4条/第7条复审。"第4条/第7条复审"指据关税法第751（g）（2）节的复审。

第8条违反复审。"第8条违反复审"指据关税法第751（g）（1）节的复审。

授权申请人。"授权申请人"指部长授权接收据关税法第771（c）（1）节的行政保护令保护的企业专有信息的申请人。

情势变迁复审。"情势变迁复审"指据关税法第751（b）节的复审。

生产过程中消耗的。"生产过程中消耗的"投入是在生产过程中使用的物理结合的投入物、能源、燃料和油以及在用以获得产品过程中所消耗的催化剂。

累积间接税。"累积间接税"指在一生产阶段应税货物或服务用于下一生产阶段的情况下，在缺乏后续计税机制时征收的多级税。

海关。"海关"指美国海关和美国国土安全部的边境保护。

商务部。"商务部"指美国商务部。

间接税。"间接税"指对工资、利润、利息、租赁、特许使用费和所有其他形式收入的征税，和对不动产所有权或社会福利费的征税。

国内利害关系方。"国内利害关系方"指关税法第771（9）节（C）、（D）、（E）、（F）或（G）小段所述的利害关系方。

加速反倾销复审。"加速反倾销复审"指据关税法第736（c）节的复审。

加速定期废止复审。"加速定期废止复审"指当被告利害关系方对据关税法第751（c）（3）（B）节和第351.218（e）（1）（ii）节的发起通知提供了不充分答复时商务部进行的加速定期废止复审。

出口保险。"出口保险"包括但不限于对出口产品成本增加、客户不付款、通货膨胀或汇率风险的保险。

事实信息。"事实信息"指：

（1）原始和补充问卷答复；

（2）支持指控的数据或事实陈述；

（3）其他数据或事实陈述；和

（4）书面证据。

公平价值。"公平价值"是在反倾销调查中使用的术语，是对正常价值的估值。

公司。就第五分部分（可抵消补贴的确定和衡量）而言，"公司"指指控的可抵消补贴的接受人，包括任何个人、公司、合伙企业、企业、合资企业、协会、组织或任何其他实体。

全面定期废止复审。"全面定期废止复审"指当国内利害关系方和被告利害关系方都对据关税法第751（c）（3）（B）节和第351.218（e）（1）（i）节与第351.218（e）（1）（ii）节的发起通知提供了充分答复时商务部进行的全面复审。

政府提供的。"政府提供的"是可抵消补贴行为或措施的缩写。使用"政府提供的"术语无意排除政府可能以关税法第 771（5）（B）（ⅲ）节所述方式（间接财政资助）间接提供可抵消补贴的可能性。

进口费用。"进口费用"指对进口征收的除间接税以外的关税、税或其他财政收费。

进口商。"进口商"指涉案产品的进口人或其代理人。

间接税。"间接税"指销售税、消费税、营业税、增值税、特许税、印花税、转让税、存货税、设备税、国境税，或直接税或进口税以外的任何其他税。

（29）利益相关方，以递交 APO（表格 ITA-367）为目标情况下，"利益相关方"包括：

（ⅰ）所涉商品的国外制造商、生产商或出口商，

（ⅱ）所涉商品的美国进口商，

（ⅲ）以所涉商品的生产商、出口商或进口商为主体会员的贸易或商品协会

（ⅳ）所涉商品生产、制造或出口国家的政府，

（ⅴ）美国国内类似商品的制造商、生产商或批发商，

（ⅵ）美国国内制造、生产或批发类似产品的工人团体或经认证才认可的工会，

（ⅶ）美国国内生产、制造本批发类似国内产品为会员的贸易产品协会

（ⅷ）以本法 771（a）条（C）、（D）或（E）款所述国内类似产品利益相关方为主体会员的和

（ⅸ）本法第 771（a）（G）条所指的联盟才和产品协会。

调查。根据关税法和本部分，在反倾销或反补贴税调查和诉讼之间，存在区别。"调查"是始于发起调查通知公布日且终于以下通知或命令中最早者公布日的诉讼的一部分：

（1）终止调查通知；

（2）废除调查通知；

（3）有终止诉讼效力的否定裁定通知；或

（4）命令。

借款。"借款"指借款或发行债券的其他形式，例如，债券。

长期借款。"长期借款"指偿付期限超过一年的借款。

新出口商复审。"新出口商复审"指据关税法第 751（a）（2）节的复审。

命令。"命令"指部长据关税法第 303 节、第 706 节或第 736 节签发的命令或据 1921 年反倾销法的决定。

正常贸易过程。"正常贸易过程"与关税法第 771（15）节的意义相同。部长可认为销售或交易在正常贸易过程之外，如果部长经评估确定所涉销售为特有，确定该销售或交易对所涉市场有特殊特征。部长可能认为销售在正常贸易过程外的例子，是涉及低质量商品或根据非正常产品规格生产的商品、以异常价格或非正常高的利润销售的商品、根据非正常的销售条款销售的商品或以非独立价格销售给关联方商品的销售或交易。

诉讼当事人。"诉讼当事人"指通过对事实信息的书面陈述或书面辩论，积极参加诉讼某个环节的任何当事人。参加诉讼的前一个环节，并不影响任何利害关系方在后续环节中的"诉讼当事人"身份。

人。"人"包括任何利害关系方以及适当的任何其他个人、企业或实体。

价格调整。"价格调整"指反映在购买者净费用中对涉案产品或外国同类产品要价的任何变化，例如，折扣、部分退款和销售后的价格调整。

前阶段间接税。"前阶段间接税"指向在制造产品中直接或间接使用的物品或服务征收的间接税。

诉讼。"诉讼"始于据关税法第 702（b）节或第 732（b）节提交申请日或在据关税法第 702（a）节或第 732（a）节自行发起的调查中公布发起通知日，并且终于公布以下事项的最早通知日：

（1）驳回申请；

（2）撤销发起；

（3）终止调查；

（4）有终止诉讼效力的否定裁定；

（5）废除命令；或

（6）终止已中止的调查。

比率。"比率"指单独的加权平均倾销幅度、单独的可抵消补贴率、国家范围补贴率或适用的所有其他比率。

被告利害关系方。"被告利害关系方"指关税法第 771（9）节第（A）或（B）小段所述利害关系方。

销售。"销售"包括销售合同和等同于销售的租赁。

部长。"部长"指商务部长或其授权的人。部长已授权主管进口局的助理部长据关税法第七编和本部分作出裁定。

第 753 节复审。"第 753 节复审"指据关税法第 753 节的复审。

第 762 节复审。"第 762 节复审"指据关税法第 762 节的复审。

诉讼环节。

（1）一般规定。反倾销或反补贴税诉讼由一个或多个环节构成。"诉讼环节"指可据关税法第 516A 节审查的诉讼部分。

（2）举例。反倾销或反补贴税调查或对命令或中止调查的复审，或据第 351.225 节的范围调查，每一个都构成诉讼环节。

短期贷款。"短期贷款"指偿付期限为一年或以下的贷款。

定期废止复审。"定期废止复审"指据关税法第 751（c）节的复审。

中止清关。"中止清关"指部长据关税法第七编、本部分的规定或关税法第 516A（g）（5）（C）节，或在涉及部长据关税法第七编或本部分规则采取或不采取措施的诉讼中美国法院，命令的中止清关。

第三国。就第四分部分而言，"第三国"指出口国和美国以外的国家。根据关税法第 773（a）节和第四分部分，在某些情况下，部长可以对第三国的销售为依据确定正常价值。

URAA。"URAA"指《乌拉圭回合协定法》。

［1997 年 5 月 19 日《联邦纪事》第 62 编第 27379 页，被 1998 年 3 月 20 日《联邦纪事》63 编第 13520 页和 1998 年 11 月 25 日《联邦纪事》第 63 编第 65407 页修改］

第351.103节　中心记录室和行政保护令室

（a）进口局中心记录室维护美国商务部 1117 室的公共文件室（地址：哥伦比亚特区，华盛顿，西北区，宾夕法尼亚大街和 14 号街，邮政编码 20230）。公开文件室工作时间是工作日上午 8:30 至下午 5:00。除了其他事项以外，中心记录室负责维护每一个反倾销和反补贴税诉讼的官方和正式记录（见第 351.104 节），补贴图书馆（见关税法第 775（2）节和第 777（a）（1）节）。

（b）进口局保护令和诉讼室（APO／诉讼室）

位于美国商务部（地址：哥伦比亚特区华盛顿西北区，宾夕法尼亚大街 14 号街道，邮编：20230）1870 室。APO／诉讼室办公时间为上午 8：30 至下午5：00。除其他事项外，APO/诉讼办公室负责接收利益相关方提交的文件，签发行政保护令（APO），维护如本节(d)段所述的APO服务清单和公共服务清单，发布APO下商业专有信息，以及进行APO违规调查。APO/诉讼室也是主张据第351.105节和第351.304节对信息进行企业专有处理和提交适当公开版本问题的联系点。

（c）向商务部提交文件。虽然当事人可自由向商务部官员提交文件副本，部长将不考虑接收文件，除非它向进口管理局的APO／诉讼办公室(1870)提交，并且附上收到的日期和时间。

（d）服务清单。APO／诉讼室维护并提供诉讼每一环节的公共服务清单。申请范围裁定的服务清单规定位于第351.225（n）节。

（1）除了请愿人在调查中提交请愿书，要列入特定部分的公共服务清单之外，每个利益相关方必须提交一份出庭信。出庭信必须标明利益相关方的名称，以及该方作为利益相关方的资格。可能的情况下，还须标明在诉讼程序中代表利益相关方的公司名称。出庭信可作为APO权限申请的说明信。如果该方代表未提出APO要求下访问商业专有信息的请求，则该出庭信必须与向商务部提交的任何其他文件分开提交。如果利益相关方是该法（the Act）第77（9）节（A）、（E）、（F）或（G）项所界定的联盟或协会，则该出庭信必须标明该联盟或协会的所有成员。

（2）任何要求在诉讼程序阶段列入公共服务清单的利益相关方必须指定专人负责接收诉讼程序阶段的文件服务。

［2008年1月22日，《联邦纪事》第63编条24401页］

第351.104节　诉讼记录

（a）官方记录。（1）一般规定。部长应在中心记录室维护每一个反倾销和反补贴诉讼的官方记录。部长要把在诉讼过程中制作的、向其提交的或其取得的、与诉讼有关的所有事实信息、书面答辩意见或其他材料，包括在官方记录中。官方记录包括关于诉讼的政府备忘录、单方面会议备忘录、决议在《联邦纪事》公布的通知和听证记录。官方记录包括公开、企业专有、特许和保密资料。就关税法第516A（b）（2）节而言，该记录是诉讼每一个环节的记录。

（2）退回的资料。（i）部长在作出本部分的任何裁定时，不使用部长已退回给提交人的事实信息、书面辩论或其他资料。

（ii）官方记录要包括退回文件的副本，仅为确定和记录将该文件退回提交人的依据之目的，如果该文件因为以下原因被退回：

（A）虽然是及时的，但包括不合时宜地提交新事实信息（见第351.301（b）节）；

（B）提交人提出了对事实信息予以企业专有处理的不一致要求（见第351.304节）；

（C）部长拒绝了对事实信息予以企业专有处理的要求（见第351.304节）；

（D）提交人不允许据行政保护令披露企业专有信息（见第351.304节）。

（iii）官方记录不包括部长因不合时宜提交而退回提交人的任何文件，或任何未被要求的问卷答复，除非该答复是据第351.204（d）节被接受的自愿答复（见第351.302（d）节）。

（b）公开记录。部长在中心记录室维护每一个诉讼的公开文件。记录包括在官方记录（见本节（a）段）中包含的部长据第351.105（b）节确定是公开信息的所有资料，部长确定可以向公众披露的政府备忘录或备忘录的一部分，和所有裁定、通知和听证记录的公开版本。公开记录在中心记录室开放，供公众查阅和复制。对提供文件复制，部长收取适当的费用。

（c）记录的保护。除部长命令或法律要求的外，不得从商务部删除记录或记录的一部分。

第351.105节　公开、企业专有、特许和机密信息

（a）概述。在反倾销或反补贴税诉讼中有四类信息：公开、企业专有、特许和机密。一般来说，公开信息是可以向公众披露的信息，但企业专有信息仅向据行政保护令的授权申请人披露（如果不是全部的话）。特许和机密信息不得披露，即使依据行政保护令。本节对这四种信息做了说明。

（b）公开信息。部长通常确定以下信息是公开信息：

（1）提交人已公开或使公众可获得的事实信息；

（2）没有被提交人指定为企业专有的事实信息；

（3）虽然被提交人指定为企业专有，但在形式上与特定人的活动无联系或无法用于确定特定人的活动，或部长确定不是无法指定为企业专有的信息；

（4）可以公开获得的某一国家的法律、条例、决议、命令和其他官方文件，包括其英译本；和

（5）与诉讼有关但没有被指定为企业专有的书面辩论。

（c）企业专有信息。如果提交人指定，部长通常认为以下事实信息是企业专有信息：

（1）与产品性质或生产工序有关的企业或贸易秘密；

（2）生产成本（但不是生产部件本身，除非特定部件是商业秘密）；

（3）分销成本（但不是分销渠道）；

（4）销售条款（但不是向公众报价的销售条款）；

（5）单笔销售、可能销售或其他出价的价格［但不是价格的组成部分，例如，交通，如果以公开价目表、销售日期、产品说明（而非本节第（c）（1）段所述的企业或贸易秘密）或订单号为依据］；

（6）特定客户、分销商或供应商的名称（不是销售目的地或客户、分销商或供应商的商号，除非该目的地或商号会暴露名称）；

（7）在反倾销诉讼中，单笔销售倾销差价的准确数额；

（8）在反补贴税诉讼中，适用于来自所涉调查或审查的每一个项目的人，或该人收到收益的准确数额（不是对该项目运作的描述，或数额，如果包括在官方公开陈述或文件或出版物中，或为据该项目的每一个人计算的从价可抵消补贴率）；

（9）从其处取得企业专有信息的特定人的姓名；

（10）与申请有关的国内生产商或工人的地位；和

（11）向公众披露将会对提交人的竞争地位造成实质损害的任何其他特定企业信息。

（d）特许信息。如果以关于特许信息的法律原则为依据，部长确定信息不向公众或诉讼的利害关系方披露，部长将认为该信息是特许信息。特许信息免于向公众或利害关系方代表披露。

（e）机密信息。机密信息是据1982年4月2日第12356号行政命令（《联邦纪事》第47编第14874页和第15557页，1982年《联邦条例汇编》第3卷，第166页）或其适当的后续命令是机密的信息。分类信息不得向公众或相关利益方泄露。

第351.106节　微不足道的净可抵消补贴和不予考虑的加权平均倾销幅度

（a）概述。在实施《乌拉圭回合协定法》前，商务部有一惯用的、司法认可的惯例，忽略微不足道的净可抵消补贴或加权平均倾销幅度。《乌拉圭回合协定法》将用于反倾销或反补贴税诉讼的特殊微不足道标准编入关税法。本节涉及在反倾销或反补贴税诉讼中微不足道标准的使用。

（b）调查—（1）一般规定。在调查中作出初步或最终反倾销或反补贴税裁定时（见关税法第703（b）节、第733（b）节、第705（a）节和第735（a）节），部长要使用关税法第703（b）（4）节或第733（b）（3）节规定的微不足道标准（以适用者为准）。

（2）过渡规则。（i）如果：

（A）部长继续中止的调查（见关税法第704（i）（1）（B）节或第734（i）（1）（B）节）；并且

（B）该调查在1995年1月1日前发起，则

（ii）部长要使用在发起该调查时有效的微不足道标准。

（c）复审和其他裁定—（1）一般规定。在作出调查中的初步或最终反倾销或反补贴税裁定以外的任何裁定时（见本节第（b）段），部长要把低于0.5％从价税或相当从量税的任何加权平均倾销幅度或可抵消补贴率视为微不足道的。

（2）反倾销税的税额。部长将指示海关对在相关复审期间部长据第351.212（b）（1）节对其计算低于0.5％从价税率或相当从量税率的任何人的涉案产品的所有进口清关，不考虑反倾销税。

第351.107节　非生产出口商的押金率；涉及非市场经济国家反倾销诉讼的比率

（a）概述。本节适用于出口商不是涉案产品生产商的情况下确定押金率，在报关单证没有指明涉案产品生产商的情况下选择适当的押金率，和在涉及非市场经济国家进口的反倾销诉讼中计算倾销幅度。

（b）非生产出口商的押金率—（1）使用组合比率—（i）一般规定。在涉案产品由不是商品生产商的公司向美国出口的情况下，部长可对出口商及其

供应生产商的每一个组合确定一个"组合"押金率。

（ii）举例。一个非生产出口商（出口商 A）向美国出口由生产商 X、Y 和 Z 生产的涉案产品。在这种情况下，部长可为出口商 A/ 生产商 X、出口商 A/ 生产商 Y 和出口商 A/ 生产商 Z 确定押金率。

（2）新供应商。在涉案产品由不是商品生产商的公司向美国出口的情况下，如果部长以前没有据本节第（b）(1)(i) 段为所涉出口商和生产商确定组合押金率或为所涉出口商确定非组合比率，部长要使用为该生产商确定的押金率。如果部长以前没有为该生产商确定押金率，部长要视案情需要，使用关税法第 705（c）(5) 节或第 735（c）(5) 节所述的"所有其他税率"。

（c）没有确定生产商—（1）一般规定。在报关单证没有确定涉案产品生产商的情况下，如果部长以前没有为该出口商确定非组合比率，部长可以指示海关使用以下押金率中的较高者：

（i）据本节第（b）(1)(i) 段为出口商确定的任何组合押金率中最高者；

（ii）为任何生产商确定的最高押金率，但部长据本节第（b）(1)(i) 段为其确定涉及出口商的组合比率的生产商除外；或者

（iii）视案情需要，关税法第 705（c）(5) 节或关税法第 735（c）(5) 节所述"所有其他税率"。

（2）[保留]

（d）涉及非市场经济国家的反倾销诉讼中的比率。在涉及来自非市场经济国家进口的反倾销诉讼中，"比率"可以是适用于所有出口商和生产商的单一倾销幅度。

第二分部分　反倾销和反补贴税程序

第351.201节　自行发起

（a）概述。反倾销和反补贴税调查，可以因国内利害关系方提交申请发起，或部长自行发起。本节包含了部长自行发起调查时，部长要采取措施的规则。

（b）一般规定。当部长据关税法第702（a）节或第732（a）节自行发起调查时，部长要在《联邦纪事》公布"发起反倾销（反补贴）调查"通知。此外，部长在发起调查时要通知委员会，并且，向直接参加诉讼的委员会雇员提供部长发起所依据的信息和委员会可能认为与其损害裁定有关的信息。

（c）持续倾销监测。在可行的范围内，部长要加速进行因为监测据关税法第732（a）（2）节设立的项目而发起的反倾销调查。

第351.202节　申请要求

（a）概述。部长通常以国内利害关系方提交的申请为依据发起反倾销和反补贴税调查。本节包含了关于申请内容、提交要求、通知外国政府、与部长的预先发起联系和帮助小企业起草申请的规则。建议申请人也参考委员会规则相关申请内容，现行规则是《联邦条例汇编》第19编第207.11节。

（b）申请内容。要求实施反倾销或反补贴税的申请，在申请人可合理获得的范围内，必须包括以下内容：

（1）申请人和申请人代表的任何人的姓名、地址和电话号码；

（2）申请人代表的产业名称，包括该产业中所有其他已知人的姓名、地址和电话号码；

（3）关于产业支持申请程度的信息，包括：

（i）国内同类产品美国生产的总数量和价值；

（ⅱ）申请人和确定的每一个国内生产商生产的国内同类产品的数量和价值；

（4）说明申请人是否据关税法第 337 节（《美国法典》第 19 编第 1337 节，第 1671a 节）、《1974 年贸易法》第 201 节或第 301 节（《美国法典》第 19 编第 2251 节或第 2411 节）、《1962 年贸易扩大法》第 232 节（《美国法典》第 19 编第 1862 节），提交对涉案产品进口救济的陈述；

（5）涉案产品的详细描述，包括商品的技术特征和用途，及其现行的美国关税分类编码；

（6）涉案产品生产或制造国的名称，并且，如果涉案产品从制造或生产国以外国家进口，进口商品的任何中间国名称；

（7）（ⅰ）在反倾销诉讼中：

（A）申请人认为低于公平价值销售涉案产品的每一个人的名称和地址，和在最近 12 个月期间内，每一个人占对美国总出口的份额（如果数量众多，至少提供以公开可获得的信息为依据，单个人占出口 2％或以上的人的信息）；

（B）与计算涉案产品的出口价格和推定出口价格与外国同类产品的正常价值有关的所有事实信息（特别是书面证据）（如果不能够提供关于外国销售或成本的信息，提供关于在美国生产成本的信息，要进行调整以反映在涉案产品生产国的生产成本）；

（C）如果商品来自部长已确定的非市场经济国家，与使用第 351.408 节所述方法计算正常价值有关的事实信息；或

（ⅱ）在反补贴税诉讼中：

（A）申请人认为从可抵消补贴中受益和向美国出口涉案产品的每一个人的名称和地址，和每一个人在最近 12 个月期间内占向美国总出口的比例（如果数量过多，至少提供以公开可获得的信息为依据，单个人占出口 2％或以上的人的信息）；

（B）指控的可抵消补贴和与指控的可抵消补贴有关的事实信息（尤其是书面证据），包括据以提供补贴的任何法律、条例或决议，支付方式，和向涉案产品的出口商或生产商提供补贴的价值；

（C）如果申请人指控据关税法第 771A 节的上游补贴，关于以下内容的事实信息：

（1）受影响国家当局向上游供应商提供的出口补贴以外的可抵消补贴；

（2）可抵消补贴给涉案产品带来的竞争利益；和

（3）可抵消补贴对涉案产品生产成本的重要影响；

（8）在最近两年或申请人认为其他更有代表性的最近期间，涉案产品进口的数量和价值，或者，如果在两年期间内没有进口涉案产品，关于其为进口而销售的可能性；

（9）申请人认为进口或可能进口涉案产品的每一个人的姓名、地址和电话号码；

（10）关于实质损害、实质损害威胁或实质阻碍和因果关系的事实信息；

（11）如果申请人指控据关税法第 703（e）（1）节或第 733（e）（1）节和第 351.206 节的"紧急情况"，关于以下各项的信息：

（i）涉案产品进口是否可能实质损害据关税法第 706（a）节或第 736（a）节签发的任何命令的救济效果；

（ii）在相对较短时期内涉案产品的大量进口；

（iii）（A）在反倾销诉讼中：

（1）倾销的历史；或者

（2）进口商对出口商正在以低于公平价值销售涉案产品和因为该销售将造成实质损害的了解；或者

（B）在反补贴税诉讼中，可抵消补贴是否不符合补贴协定；和

（12）申请人依赖的任何其他事实信息。

（c）同时提交和确认。申请人必须在同一天向委员会和部长提交申请副本，并且，在向部长提交申请时作出这样的确认。必须按照第 351.303（g）节的规定，对申请中的事实信息进行确认。其他提交要求在第 351.303 节规定。

（d）信息的企业专有状况。部长要把申请人对其要求企业专有处理且满足了第 351.304 节要求的任何事实信息视为企业专有。

（e）修改申请。部长可以允许及时修改申请。申请人必须在同一天向委员会和部长提交修改，并向部长确认如此提交了申请。如果修改由新的指控构成，新指控的最后期限受第 351.301 节管辖。

（f）通知出口国代表。收到申请后，部长要向申请列明的任何出口国政府驻哥伦比亚特区华盛顿的代表递交公开版本申请（见第 351.304（c）节）。

（g）基于背离官方出口信贷国际义务的申请。在据关税法第 702（b）（3）节所述申请的案件中，申请人必须向财政部长及部长和委员会提交申请副本，

并且，必须在向部长提交申请时作出该确认。

（h）对小企业的援助；附加信息。（1）部长要向关税法第 339 节定义的合格小企业提供技术援助，以使其能够起草和提交申请。如果部长确定申请（如果提交）不能够满足关税法第 702（c）（1）（A）节和第 732（c）（1）（A）节的要求（以适用者为准），部长可以拒绝援助（见第 351.203 节）。

（2）对关于申请的额外信息，可以与美国商务部 3039 房间国际贸易署进口管理局政策与分析主任联系，地址：哥伦比亚特区，华盛顿，西北区，宾夕法尼亚大道，第 14 号街，邮政编码 20230；电话（202）482-1768。

（i）预先发起联系—（1）一般规定。在部长作出是否发起调查的决定以前的期间，部长认为提交应诉通知不构成关税法 702（b）（4）（B）节或第 732（b）（3）（B）节的联系。

（ii）在反补贴税诉讼中与外国政府磋商。在反补贴税诉讼中，部长要邀请申请列明的任何外国政府就申请磋商。（本节第（a）段的信息收集要求，已被管理和预算办公室据 0625-0105 号控制代码（control number）批准）

第351.203节　确定申请的充分性

（a）概述。当据第 351.202 节提交申请时，在发起反倾销或反补贴税诉讼前，部长必须确定该申请满足了相关法定要求。本节规定了关于确定申请充分性（包括申请为国内产业支持的确定性）、作出裁定的最后期限和一旦部长作出裁定而采取措施的规则。

（b）确定充分性—（1）一般规定。通常，不迟于提交申请后 20 天，部长以其容易获得的资料为依据，审查申请提供证据的准确性和足够性，并确定是否据关税法 702（c）（1）（A）节或第 732（c）（1）（A）节（以适用者为准）发起调查。

（2）要求投票表决时的延长。如果要求部长投票表决或据关税法第 702（c）（4）（D）节或第 732（c）（4）（D）节确定对申请的支持，部长在例外情况下，可因收集和分析要求的信息所必要的时间数量而延长 20 天期限。无论何种情况，提交申请和确定是否发起调查之间的期间，不得超过 40 天。

（c）发起通知和分发申请—（1）发起通知。如果部长据关税法第 702（c）（1）（A）节或第 732（c）（1）（A）节的发起裁定是肯定的，部长要发起调查并在《联邦纪事》公布《发起反倾销（反补贴）调查》通知。在发起调查时，部长要通知委员会，并向直接参加调查的委员会雇员提供部长发起所依据的信息和委员会可能认为与其损害裁定有关的信息。

（2）分发申请。在发起调查后最早可行的时间，部长要向涉案产品的所有已知出口商（包括销售供出口美国的生产商）提供公开版本申请书。如果部长确定所涉出口商数量过大，不向所有已知出口商提供公开版本，部长可以向出口商贸易联盟提供公开版本，或者，作为替代，可以通过据第351.202（f）节向出口国政府递交申请公开版本而考虑已满足了前一句的要求。

（d）申请的不充分性。如果部长据关税法第702（c）（1）（A）节或第732（c）（1）（A）节的发起裁定是否定的，部长要驳回申请，终止诉讼，书面通知申请人该裁定的原因，并在《联邦纪事》公布《驳回反倾销（反补贴）申请》通知。

（e）确定产业支持。在据关税法第702（c）（4）节或第732（c）（4）节确定产业对申请的支持时，以下规则适用：

（1）衡量产量。部长通常衡量部长规定的12个月期间的产量，并且，以数量或价值为依据衡量产量。当诉讼当事人确定，按照部长的规定，相关期间的产量数据不可用时，可以参考部长确定显示产量水平的替代数据确定产量水平。

（2）视立场为企业专有信息。经要求，部长可将国内生产商或工人关于申请的立场和由生产商或工人提供的任何产量信息，视为第351.105（c）（10）节的企业专有信息。

（3）工人表示的立场。部长认为工人和管理层对申请的立场具有同等重要性。部长要按照雇用工人和管理层公司同类产品的产量，赋予工人和管理层的立场一个单一的权重。如果公司管理层表示的立场与该公司工人的立场完全相反，部长不应以公司的产量来决定是否支持申请。

（4）不予考虑的某些意见。（i）部长不考虑反对申请的国内生产商的意见，如果该生产商与关税法第771（4）（B）（ii）节的外国生产商或外国出口商有关联，除非该国内生产商向部长证明，其作为国内生产商的利益将因为实施反倾销税令或反补贴税令（视案情需要）而受到不利影响；并且

（ii）部长可以不考虑关税法第771（4）（B）（ii）节是涉案产品的进口商或与该进口商有关联的国内生产商的意见。

（5）征求产业意见。在据关税法第702（c）（4）（D）（i）节或第732（c）（4）（D）（i）节征求产业意见时，部长要把关税法第771节第（9）（D）段和

第（9）(E) 段所述联盟、工人集团和贸易或商业协会包括在内。

（f）当申请涉及已被废除的命令所包括的相同商品时的时间限制。据关税法第702（c）(1)(C) 节或第732（c）(1)(C) 节，并且在涉及对其废除以前的命令或终止已中止调查的涉案产品的加速调查中，部长认为"第751（d）节"包含一个前身规定。

第351.204节　时间限制和被审查的人；
自愿应诉人；排除

（a）概述。因为关税法没有规定部长应在反倾销或反补贴税调查中审查的准确时间期间，本节规定了关于调查期间（POI）的规则。此外，本节包含了关于选择被审查的人、对没有被选择单独审查的自愿应诉人的处理和排除部长最终确定没有倾销或没有收到补贴的人的规则。

（b）调查期间—（1）反倾销调查。在反倾销调查中，部长通常审查在从提交申请或部长自行发起调查所在月份前一个月开始的四个最近结束的会计季度（或者，在涉及进口自非市场经济国家商品的调查中，两个最近结束的会计季度）期间销售的商品。然而，部长可以审查在部长确定合适的任何额外或替代期间销售的商品。

（2）反补贴税调查。在反补贴税调查中，部长通常依赖与所涉政府和出口商或生产商最近结束的会计年度有关的信息。如果出口商或生产商有不同的会计年度，部长通常依赖与最近结束的自然年度有关的信息。如果调查据关税法第777A（e）(2)(B) 节在累计基础上进行，部长通常依据与所涉政府最近结束的会计年度有关的信息。然而，部长可以依据适当的任何额外或替代期间的信息。

（c）审查的出口商和生产商—（1）一般规定。在调查中，部长要试图为涉案产品的每一个已知出口商或生产商，确定单独的加权平均倾销幅度或单独的可抵消补贴率。然而，如果出口商或生产商和申请人同意，部长可以拒绝审查特定的出口商或生产商。

（2）有限调查。尽管有本节第（c）(1) 段，部长可以通过使用关税法第777A 节第（a）、(c) 和 (e) 小节所述方法限制调查。

（d）自愿应诉人—（1）一般规定。如果部长据关税法第777A（c）(2) 节或第777A（e）(2)(A) 节限制单独审查的生产商或出口商的数量，部长要按照关税法第 782（a）节审查自愿应诉人（最初被选择单独审查的出口商或生产商以外的出口商或生产商）。

（2）接受自愿应诉人。部长要在可行的时间内，确定是否单独审查自愿应诉人。据第（d）（1）小段被接受的单独审查的自愿应诉人，要受与部长据关税法第 777A（c）（2）节或第 777A（e）（2）（A）节最初选择单独审查的出口商或生产商相同的要求约束，包括关税法第 782（a）节的要求，并且，当适用时，据关税法第 776 节和第 351.308 节使用可获得的事实。

（3）从所有其他税率中排除自愿应诉人的税率。在据关税法第 705（c）（5）节或第 735（c）（5）节计算所有其他税率时，部长要排除为自愿应诉人计算的加权平均倾销幅度或可抵消补贴率。

（4）自愿应诉人请求。利益相关方请示作为自愿应诉人，必须在首次提交材料的第一页注明"自愿应诉人请求"字样。

（e）排除—（1）一般规定。部长要从据关税法第 705（a）节或第 735（a）节的肯定最终裁定或据关税法第 706（a）节或第 736（a）节的命令中，排除零或微不足道的单独加权平均倾销幅度或单独净可抵消补贴率的任何出口商或生产商。

（2）初步裁定。在据关税法第 703（b）节或第 733（b）节的肯定初步裁定中，确定适用零或微不足道的单独加权平均倾销幅度或单独净可抵消补贴率的出口商或生产商，不能够从初步裁定或调查中被排除。然而，该出口商或生产商不受据关税法第 703（d）节或第 733（d）节的临时措施约束。

（3）排除非生产出口商—（i）一般规定。在出口商不是涉案产品生产商的情况下，部长通常排除在调查期间供应出口商的生产商生产的涉案产品上。

（ii）举例。在调查过程中，出口商 A 向美国出口由生产商 X 生产的涉案产品。以对出口商 A 的审查为依据，部长确定这些出口的倾销幅度是微不足道的，并且，部长排除了出口商 A。通常，排除出口商 A，将限定在由生产商 X 生产的涉案产品上。如果出口商 A 开始出口由生产商 Y 生产的涉案产品，该商品将受反倾销税令约束（如果有的话）。

（4）在累计基础上进行的反补贴税调查和要求从反补贴税令中排除。当部长以据关税法第 777A（e）（2）（B）的累计为依据进行反补贴税调查时，部长要在可行的范围内考虑和调查对排除的要求。希望从命令中排除的出口商或生产商必须提交：

（i）调查期间它收到了零或微不足道净可抵消补贴的证明；

（ii）如果收到了可抵消补贴，证明在调查期间收到的可抵消补贴的数额是微不足道的计算；

（iii）如果出口商不是涉案产品的生产商，这些人在调查期间收到了零或微不足道净可抵消补贴的证明；和

（iv）来自受影响国家政府在调查期间没有向出口商（或出口商的供应商）或生产商提供超过微不足道净可抵消补贴的证明。

第351.205节 初步裁定

（a）概述。在反倾销或反补贴税调查中，初步裁定构成如果部长初步确定已发生了倾销或可抵消补贴而部长可以提供救济的第一个时间点。该救济（有时候称"临时措施"）通常采取保证要求的形式，以确保在最终实施反倾销或反补贴税时支付。无论部长的初步裁定是否定的还是肯定的，调查都继续。本节包含了关于初步裁定最后期限、延迟初步裁定、初步裁定通知和肯定初步裁定效果的规则。

（b）初步裁定的最后期限。据关税法第703（b）节或第733（b）节的初步裁定的最后期限是：

（1）在反倾销调查中，通常不迟于部长发起调查日后140天（在反补贴税调查中，65天）[见关税法第703（b）（1）节或第733（b）（1）（A）节]。

（2）在反倾销调查中，不迟于部长发起调查日后190天（在反补贴税调查中，130天），如果部长应申请人的要求或部长确定调查非常复杂而延期作出初步裁定[见关税法第703（c）（1）节或第733（c）（1）节]。

（3）在反补贴税调查中，不迟于开始诉讼日后250天，如果部长因为上游补贴指控而延期作出初步裁定（合计310天，如果部长也应申请人的要求或部长确定调查非常复杂而推迟作出初步裁定）[见关税法第703（c）（1）节和第703（g）（1）节]。

（4）当核查被放弃时，在反倾销调查中和在反补贴税调查中在加速基础上在发起后90天内[见关税法第703（b）（3）节或第733（b）（2）节]。

（5）在加速基础上的反补贴税调查中，并在部长发起调查日后65天内，如果申请中的唯一指控是背离了官方出口信贷的国际义务[见关税法第702（b）（3）节和第703（b）（2）节]。

（6）在反补贴税调查中，不迟于部长发起调查日后60天，如果调查中的

唯一补贴是部长收到的来自美国贸易代表关于违反补贴协定第 8 条通知的补贴〔见关税法第 703（b）（5）节〕；并且

（7）在反倾销调查中，在关税法第 733（b）（1）（B）节规定的最后期限内，如果调查涉及短寿命周期产品〔见关税法第 733（b）（1）（B）节和第 739 节〕。

（c）初步裁定的内容和公布通知。初步裁定要包括据关税法第 703（e）（1）节或第 733（e）（1）节关于紧急情况的初步决定（如果适用）。部长要在《联邦纪事》公布《肯定（否定）初步反倾销（反补贴税）裁定》通知，包括税率（如果有的话）和符合第 351.309 节对辩论的邀请。

（d）肯定初步裁定的效果。如果初步裁定是肯定的，部长要采取关税法第 703（d）节或第 733（d）节（以适用者为准）所述措施。在据关税法第 703（d）（3）节或第 733（d）（3）节向委员会提供信息时，部长要向委员会和直接参加诉讼的委员会雇员提供部长初步裁定依据的信息和委员会可能认为与其裁定损害有关的信息。

（e）应申请人要求而延期。申请人必须在计划的初步裁定时间前 25 天或更多时间提交延期作出初步裁定的要求〔见关税法第 703（c）（1）（A）节或第 733（c）（1）（A）节〕，并必须说明该要求的原因。部长要批准该要求，除非部长发现有说服力的理由拒绝该要求。

（f）延期通知。（1）如果部长因申请人要求或因为调查非常复杂而决定延期作出初步裁定，部长应在不迟于初步裁定的计划日期前 20 天通知诉讼的所有当事人，并在《联邦纪事》公布《初步反倾销（反补贴税）裁定延期》通知，并说明延期的理由〔见关税法第 703（c）（2）节或第 733（c）（2）节〕。

（2）如果部长因上游补贴指控而决定延期作出初步裁定，部长应在不迟于初步裁定的计划日前，通知诉讼的所有当事人，并在《联邦纪事》公布《可抵消补贴税初步裁定延期》通知，且说明延期的理由。

第351.206节　紧急情况

（a）概述。通常，反倾销或反补贴税仅对部长第一次实施临时措施日（通常是在《联邦纪事》公布肯定初步裁定通知的日期）或之后的商品进口实施。然而，如果部长确定存在"紧急情况"，可对实施临时措施前总计 90 天的涉案产品进口追溯实施。本节包含了关于紧急情况指控和裁决的实质规则。

（b）一般规定。如果申请人向部长提交了关于紧急情况的书面指控，随附支持该指控的合理可获得的事实信息，在部长最终裁定前21天或更多天，或在自行发起的调查中出于部长自己的意愿，部长要作出关税法第705（a）（2）节或第735（a）（3）节（以适用者为准）定义的紧急情况是否存在的裁决。

（c）初步裁决。（1）如果申请人在部长最终裁定的计划日期前30天或更多天提交了紧急情况指控，部长要以可获得的信息为依据，作出是否有合理的依据相信或怀疑关税法第703（e）（1）节或第733（e）（1）节（以适用者为准）定义的紧急情况存在的初步裁决。

（2）部长要在以下时间签发初步裁决：

（i）不迟于初步裁定，如果指控在初步裁定的计划日期前20天或更多天提交；或者

（ii）申请人提交指控后30天内，如果该指控在迟于初步裁定的计划日期前20天提交。部长要通知委员会，并在《联邦纪事》公布初步裁决；或者

（iii）如果根据本节第（i）段，为确定紧急情况是否存在而审查的期间早于正常期间，部长要在发起调查后尽可能早的时间内签发初步裁决，但通常不迟于提交申请后45天。部长要通知委员会，并在《联邦纪事》公布初步裁决。

（d）中止清关。如果部长作出了肯定紧急情况初步裁决，关于追溯中止清关的关税法第703（e）（2）节或第733（e）（2）节（以适用者为准）适用。

（e）最终裁决。对在部长最终裁决的计划日期前21天或更多天提交的任何紧急情况指控，部长应作出关于紧急情况的最终裁决，并据关税法第705（c）（4）节或第735（c）（4）节（以适用者为准）采取适当的措施。

（f）在自行发起调查中的裁决。在自行发起的调查中，部长应就紧急情况作出初步和最终裁决，而不考虑本节第（c）和（e）段的时间限制。

（g）关于紧急情况的信息。部长可以要求海关专员在加速基础上编辑关于涉案产品入关的信息，如果在发起调查后的任何时间，部长就紧急情况的可能存在作出关税法第702（e）节或第732（e）（以适用者为准）所述裁决。

（h）大量进口。（1）在据关税法第705（a）（2）（B）节或第735（a）（3）（B）节确定涉案产品的进口是否是大量的时，部长通常审查：

（i）进口的数量和价值；

（ⅱ）季节性倾向；和

（ⅲ）进口占国内消费的份额。

（2）一般来说，除非在"相对较短的期间"［见本节第（ⅰ）段］内进口量比直接可比的以前期间内增加了至少15%，部长认为进口不是大量的。

（ⅰ）相对较短的期间。根据关税法第705（a）（2）（B）节或第735（a）（3）（B）节，部长通常认为"相对较短的期间"是始于诉讼开始日且持续至少三个月的期间。然而，如果部长认为进口商，或出口商或生产商在始于诉讼开始以前的某些时间有理由相信诉讼是可能的，则部长可以考虑从该较早时间开始不少于三个月的期间。

［1997年5月19日《联邦纪事》第62编第27379页，被1999年9月8日《联邦纪事》第64编第48707页修改］

第351.207节　终止调查

（a）概述。"终止"是指结束没有签发命令的反倾销或反补贴税诉讼的术语。关税法确定了据以终止调查的多样性机制，本节涉及其中的多项内容。对据关税法第751节终止已中止调查的规则，见第351.222节。

（b）撤回申请；自行发起调查—（1）一般规定。部长可以据关税法第704（a）（1）（A）节或第734（a）（1）（A）节（撤回申请）或关税法第704（k）节或第734（k）节（自行发起调查）终止调查，只要部长确定终止符合公共利益。如果部长确定终止调查，部长要在《联邦纪事》发布《终止反倾销（反补贴税）调查》通知，及在合适时，公布形成撤回和终止依据的与申请人的任何联系的副本。［关于在后续调查中对在已撤回申请的调查中收集信息的处理，见关税法第704（a）（1）（B）节或第734（a）（1）（B）节。］

（2）以接受数量限制协议为依据撤回申请。除了本节第（b）（1）段要求外，如果终止以接受限制向美国进口涉案产品数量的承诺或其他种类的协议为依据，部长要使用涉及公共利益和与消费产业和生产商和工人磋商的关税法第704（a）（2）节或第734（a）（2）节（以适用者为准）规则。

（c）利益空缺。部长可以利益空缺为依据终止调查［见关税法第782（h）（1）节］。当部长据本段终止调查时，部长要公布本节第（b）（1）段所述通知。

（d）否定裁定。部长的否定最终裁定或委员会的否定初步或最终裁定在

《联邦纪事》公布时，调查自动终止。

（e）结束中止清关。当调查终止时，如果部长以前命令中止清关，部长要命令中止在本节第（b）段所指的终止通知公布日或本节第（d）段所指的否定裁定公布日结束，并指示海关解除任何押金或担保。

第351.208节　中止调查

（a）概述。除征税外，关税法也允许部长通过接受中止协议（在世界贸易组织协定中称"承诺"）而中止反倾销或反补贴税调查。简要来说，在中止协议中，出口商和生产商或外国政府同意修改其行为，以消除倾销或补贴或其造成的损害。如果部长接受了中止协议，部长要"中止"调查并在此之后监督对协议的遵守。本节包含了达成中止协议的规则和中止调查的程序。

（b）一般规定。部长可以据关税法第 704 节或第 734 节和本节中止调查。

（c）"几乎全部"的定义。据关税法第 704 节或第 734 节，占商品"几乎全部"的出口商，指在部长衡量倾销或可抵消补贴的期间或部长认为有代表性的此类其他期间，占涉案产品数量或价值至少 85% 的出口商和生产商。

（d）监督。在监督据关税法第 704（c）节、第 734（c）节或第 734（1）节的中止协议（消除损害影响或限制进口数量的协议）时，部长没有义务在持续基础上确定涉案产品的美国价格或国内同类产品的价格。

（e）在过渡期间不增加出口。部长不接受据关税法第 704（b）（2）节或关税法第 734（b）（1）节的中止协议（停止出口），除非该协议保证在该协议规定的过渡期间，出口的涉案产品的数量不超过在部长认为有代表性的可比期间内出口的涉案产品数量。

（f）中止调查的程序—（1）提交拟定的中止协议—（i）一般规定。适当的出口商和生产商，或在涉及非市场经济国家的反倾销调查或反补贴税调查中，政府，必须在以下时间内向部长提交拟定的中止协议：

（A）在反倾销调查中，签发初步裁定日后 15 天；或

（B）在反补贴税调查中，签发初步裁定日后 7 天。

（ii）最终裁定的延期。在反倾销调查中，当提交拟定的中止协议时，或在涉及非市场经济国家的调查中，政府，可以要求延迟作出据关税法第 735（a）（2）节的最终裁定［见第 351.201（e）节］。但反补贴税调查中的最终裁定据关税法第 703（g）（2）节或第 705（a）（1）节延期时［见第 351.210（b）

（3）节和第 351.210（i）节]，适用于反补贴税调查的本节第（f）（1）（i）、（f）（2）（i）、（f）（3）和（g）（1）段的时间限制，要予以推迟，以与在该段中适用于反倾销调查的时间限制一致。

（iii）区域产业裁定的特殊规则。如果委员会在其据关税法第 705（b）节或第 735（b）节的最终肯定裁定中作出了区域产业裁定，但在其据关税法第 703（a）节或第 733（a）节的初步肯定裁定中没有作出该区域产业裁定，出口商和生产商，或在涉及非市场经济国家的反倾销调查中的政府，必须在《联邦纪事》公布反倾销或反补贴税令后 15 天内，向部长提交拟定的中止协议。

（2）通知和磋商。在实施关税法第 704 节或第 734 节（以适用者为准）的要求时，部长要采取以下措施：

（i）一般规定。在以下时间内，部长应通知诉讼的所有当事人拟定的中止协议，并向申请人提供部长临时接受的中止协议副本（该协议必须包含监督遵守程序和该协议与关税法第 704 节或第 734 节一致的陈述）：

（A）在反倾销调查中，签发初步裁定日后 30 天；或

（B）在反补贴税调查中，签发初步裁定日后 15 天；或者

（ii）区域产业裁定的特殊规则。如果委员会在其据关税法第 705（b）节或第 735（b）节的最终肯定裁定中作出了区域产业裁定，但在其据关税法第 703（a）节或第 733（a）节的初步肯定裁定中没有作出区域产业裁定，部长要在提交据本节第（f）（1）（iii）段的拟定中止协议 15 天内，通知诉讼的所有当事人拟定的中止协议，并向申请人提供部长临时接受的协议副本（该协议必须包含监督遵守程序和该协议与关税法第 704 节或第 734 节的要求一致的陈述）；并且

（iii）磋商。部长应与申请人就拟定的中止调查协议进行磋商。

（3）评议的机会。部长应在以下时间内，就拟定的中止调查，向关税法第 777（h）节所述所有利害关系方、涉案产品的产业用户和有代表性的消费者组织和美国政府机构，提供提交书面辩论和事实信息的机会：

（i）在反倾销调查中，初步裁定签发日后 50 天；

（ii）在反补贴税调查中，初步裁定签发日后 35 天；或者

（iii）在本节第（f）（1）（iii）段所述区域产业案件中，命令签发日后 35 天。

（g）接受中止协议。（1）部长可以在以下时间内接受中止调查的协议：

（i）在反倾销调查中，初步裁定签发日后60天；

（ii）在反补贴税调查中，初步裁定签发日后45天；或

（iii）在本节（f）（1）（iii）节所述的区域产业案件中，命令签发日后45天。

（2）如果部长接受中止调查的协议，部长应采取关税法第704（f）节、第704（m）（3）节、第734（f）节或第734（1）（3）节（以适用者为准）所述措施，并在《联邦纪事》公布《中止反倾销（反补贴税）调查》通知，包括协议文本。如果部长还没有公布肯定初步裁定，部长要包括该通知。在接受协议时，部长可以依赖部长在作出肯定初步裁定时或以后所得出的事实或法律结论。

（h）继续调查。向部长提出据关税法第704（g）节或第734（g）节继续调查的要求，必须采取书面形式。此外，该要求必须同时提交委员会，并且，在向部长提交要求时，申请人必须作出这样的确认。

（2）如果部长和委员会在被继续的调查中作出肯定最终裁定，符合部长最终裁定事实和法律结论的中止协议保持有效。如果部长或委员会作出了否定最终裁定，该协议失去效力。

（i）超过许可数量的进口。（1）部长可以指示海关不接受超过据关税法第704节或第734节中止协议许可的任何数量［包括在过渡期间许可的任何数量（见本节第（e）段）］的涉案产品为消费而入关或从仓库提取。

（2）超过中止协议许可数量（包括在过渡期间许可的任何数量）的进口，可以在海关监督下出口或销毁，但如果该协议依据关税法第704（c）（3）节或第734（1）节（限制进口数量），经部长批准，超量的商品，可以通过将其存放在自由贸易区或为仓储报关而为将来进口保存。

第351.209节　违反中止协议

（a）概述。中止协议保持有效，直到所涉调查被终止（见第351.207节和第351.222节）。然而，如果部长发现已违反了中止协议或中止协议不再符合关税法的要求，部长可以废除或修改该协议。本节包含关于废除和修改中止协议的规则。

（b）中间裁定。如果部长确定签署者已违反了中止协议，部长可以无需向利害关系方提供评议机会而：

（1）对在以下日期或之后为消费而进口或从仓库提取的涉案产品的所有进口，按照关税法第 704（i）（1）（A）节或第 734（i）（1）（A）节（以适用者为准），命令中止清关：

（i）公布废除协议通知日前 90 天；或

（ii）其销售或出口违反了协议的商品为消费而第一次入关或从仓库提取日；

（2）如果调查据关税法第 704（g）节或第 734（g）节没有结束，继续调查，如同部长已在公布废除通知日作出肯定初步裁定，并通过指示海关对据本节（b）（1）段中止的涉案产品的每一次入关，以在肯定初步裁定中确定的比率要求押金或担保而实施临时措施。

（3）如果调查据关税法第 704（g）节或第 734（g）节完成，签发反倾销令或反补贴税令（以适用者为准），并且，对受据本节第（b）（1）段中止清关约束的所有进口，指示海关对据本节中止的商品进口，以在肯定最终裁定中确定的税率要求押金或担保。

（4）通知是诉讼当事人的所有人和委员会，并且，如果部长确定该违反是故意的，通知海关专员；并且

（5）在《联邦纪事》公布《反倾销（反补贴税）令（恢复反倾销（反补贴税）调查）；废除中止协议》通知。

（c）通知后的裁定和评议。（1）如果部长有理由相信签署者已违反了中止协议或协议不再满足关税法第 704（d）（1）节或第 734（d）节的要求，但部长没有充分的信息以确定签署者已违反了该协议［见本节第（b）段］，部长要在《联邦纪事》公布《邀请评议反倾销（反补贴税）中止协议》通知。

（2）公布邀请评议通知且考虑了收到的评议后，部长应：

（i）确定任何签署者是否违反了中止协议；或者

（ii）确定中止协议是否不再符合关税法第 704（d）（1）节或第 734（d）节的要求。

（3）如果部长确定签署者已违反了中止协议，部长要采取本节第（b）（1）至（b）（5）段所述措施。

（4）如果部长确定中止协议已不再满足关税法第 704（d）（1）节或第 734（d）节的要求，部长应：

（i）采取本节第（b）（1）至（b）（5）段所述适当措施；但据本节第（b）（1）（ii）段，部长要命令对在以下较晚日期或以后为消费而进口或从仓库提

取货物的涉案产品的所有进口中止清关：

（A）公布中止清关通知日前90天；或

（B）其销售或进口不满足关税法第704（d）(1)节要求的商品为消费而第一次入关或从仓库提取日。

（ii）通过接受据关税法第704（b）节或第734（b）节修改的中止协议（不论部长是否接受据该节的中止协议）而继续中止调查，在部长接受修改后的协议时，该协议满足关税法第704（d）(1)节或第734（d）节的适用要求，并在《联邦纪事》公布《修改中止反倾销（反补贴）调查协议》通知；或者

（iii）通过接受据关税法第704（c）节、第734（c）节或第734（1）节修改的中止协议（不论部长是否接受据该节的原始协议）而继续中止调查，在部长接受修改后的协议时，该协议满足关税法第704（d）(1)节或第734（d）节的适用要求，并在《联邦纪事》公布《修改中止反倾销（反补贴税）调查协议》通知。如果部长以据关税法第704（c）节、第734（c）节或第734（1）节接受的修改后协议为依据继续中止调查，部长要命令中止清关开始。该中止不会结束，直到委员会完成据关税法第704（h）节或第734（h）节对修改后协议的任何要求的复审。如果委员会在公布修改通知日后20天内没有收到复审要求，部长要命令中止清关在该公布日后第21天结束，并指示海关解除任何押金或担保。如果委员会进行据关税法第704（h）节或第734（h）节的复审，关税法第704（h）(2)和（3）节和第734（h）(2)和（3）节的规则适用。

（5）如果部长决定既不考虑违反的中止协议，也不修改该协议，部长应在《联邦纪事》公布据本节第（c）(2)段决定的通知，包括对该决定依据的事实和法律结论的陈述。

（d）附加签署者。如果部长确定中止协议不再完全消除据关税法第704（c）(1)节或第734（c）(1)节的涉案产品向美国出口的损害性影响，或者签字的出口商不再占几乎全部涉案产品，部长可以修改中止协议以包括附加签字出口商。

（e）"违反"的定义。在本节中，"违反"指签署者的行为或懈怠造成的不遵守中止协议的条款，但在部长的自由裁量权范围内，非有意的或无关紧要的行为或懈怠例外。

第351.210节　最终裁定

（a）概述。在反倾销或反补贴税调查中，"最终裁定"是部长就倾销或可抵消补贴是否正在发生作出的最后决定。如果部长的最终裁定是肯定的，在大多数情况下，委员会要签发最终损害裁定（在某些反补贴税调查中例外）。如果部长的初步裁定是否定的，但最终裁定是肯定的，部长要实施临时措施。如果部长的最终裁定是否定的，该诉讼（包括委员会的损害调查）终止。本部分包含了关于最终裁定期限和延期、最终裁定内容和最终裁定效果的规则。

（b）最终裁定的最后期限。据关税法第705（a）（1）节或第735（a）（1）节最终裁定的最后期限是：

（1）通常，不迟于部长的初步裁定日后75天［见关税法第705（a）（1）节或第735（a）（1）节］

（2）在反倾销调查中，不迟于公布初步裁定日后135天，如果部长应以下人的申请推迟最终裁定：

（i）申请人，如果初步裁定是否定的［见关税法第735（a）（2）（B）节］；或者

（ii）占涉案产品出口相当比率的出口商或生产商，如果初步裁定是肯定的［见关税法第735（a）（2）（A）节］；

（3）在反补贴税调查中，不迟于初步裁定后165天，如果在初步裁定后，部长决定调查上游补贴指控并确定需要额外时间来调查该指控［见关税法第703（g）（2）节］；或者

（4）在反补贴税调查中，与最终反倾销裁定日期相同的日期，如果：

（i）在部长同时对（来自相同或其他国家的）涉案产品发起反倾销和反补贴税调查的情况下，申请人要求最终反补贴税裁定的日期推迟到最终反倾销裁定的日期；和

（ii）如果最终反补贴税初步裁定在较晚日期不合适，因为推迟源于据关税法第703（g）节的上游补贴［见关税法第705（a）（1）节］。

（c）最终裁定的内容和公布通知。最终裁定要包括（如果合适）针对关税法第705（a）（2）节或第735（a）（3）节（以适用者为准）规定的紧急情况的最终裁决。部长要在《联邦纪事》公布《肯定（否定）最终反倾销（反补贴税）裁定》通知，包括税率（如果有的话）。

（d）肯定最终裁定的效果。如果最终裁定是肯定的，部长要采取关税法

第705（c）（1）节或第735（c）（1）节（以适用者为准）所述措施。此外，在涉及来自非补贴协定国家涉案产品的反补贴税调查中，部长要指示海关对在公布关税法第706（a）节的命令日或之后涉案产品的每一次为消费而入关或从仓库提取，要求关税法第706（a）（3）节的押金。

（e）推迟最终反倾销裁定的要求——（1）一般规定。据关税法第735（a）（2）节推迟最终反倾销裁定的要求[见本节第（b）（2）段]，必须在最终裁定的计划日期内，以书面形式提交。部长要批准该要求，除非部长发现有正当理由拒绝该要求。

（2）出口商的要求。在占涉案产品出口相当比例的出口商提交据本节（e）（1）段要求的情况下[见关税法第735（a）（2）（A）节]，部长不批准该要求，除非这些出口商也提交了关税法第733（d）节最后一句所述的要求（将临时措施的期限从4个月延长为不超过6个月）。

（f）延迟关于复审上游补贴的决定。尽管有本节第（b）（3）段的规定，如果申请人提出书面要求，并且初步反补贴税裁定是肯定的，部长可以取代推迟最终裁定而延迟关于上游补贴的决定，直到对反补贴税令的第一次行政复审的结论（如果有的话）[见关税法第703（g）（2）（B）（i）节]。

（g）推迟通知。如果部长据本节第（b）（2）、（b）（3）或（b）（4）段推迟了最终裁定，部长要立即通知诉讼的所有当事人该推迟，并在《联邦纪事》公布《推迟最终反倾销（反补贴税）裁定》通知，说明该推迟的理由。

（h）在反补贴税调查中终止已中止的清关。如果部长推迟最终反补贴税裁定，部长要在不迟于初步裁定公布日后120天，结束在初步裁定中命令的任何中止清关，不重新开始，除非和直到部长公布反补贴税令。

（i）推迟最终反补贴税的裁定以便同时调查。申请人推迟最终反补贴税裁定至最终反倾销裁定日的要求，必须在公布初步反补贴税裁定日后5天内以书面形式提交[见关税法第705（a）（1）节和本节第（b）（4）段]。

（j）委员会使用信息。如果最终裁定是肯定的，部长将向委员会和直接参加诉讼的委员会雇员提供部长最终裁定依据的信息和委员会可能认为与其损害裁定有关的信息[见关税法第705（c）（1）（A）节或第735（c）（1）（A）节]。

（k）否定最终裁定的效果。在《联邦纪事》公布部长或委员会的否定最终裁定时，调查终止，并且，部长要采取关税法第705（c）（2）或关税法第735（c）（2）节（以适用者为准）所述措施。

第351.211节　反倾销税令和反补贴税令

（a）概述。当部长和委员会（在某些反补贴税调查中例外）都作出最终肯定裁定时，部长签发命令。签发命令，结束诉讼的调查阶段。一般来说，签发命令后，进口商不可以再提交债券作为反倾销或反补贴税的保证，但相反必须缴纳估算税款的押金。命令保持有效，直到它被废除。本节包含了关于通常签发命令的规则和委员会确定区域产业存在时命令的特殊规则。

（b）一般规定。不迟于收到委员会据关税法第705（b）节或第735（b）节的肯定最终损害裁定通知后7天，或者，在涉及来自不需要损害审查国家的涉案产品的反补贴税诉讼中［见第351.101（b）节］，随同时公布部长的肯定最终反补贴税裁定通知，部长要在《联邦纪事》公布《反倾销令》或《反补贴税令》通知：

（1）指示海关按照部长在结束据第351.213（b）节（行政复审）、第351.214（b）节（新出口商复审）或第351.215（b）节（加速行政复审）要求的每一个复审作出的指示，或者如果没有要求复审，按照据第351.212（c）节的估算指示，估算涉案产品的反倾销税或反补贴税（以适用者为准）；

（2）指示海关按照部长最终裁定包括的税率，要求估算反倾销或反补贴税押金；并且

（3）命令对在委员会的最终裁定公布前涉案产品为消费而进口或从仓库提取的所有入关的中止清关结束，并且，指示海关解除对这些进口的押金或担保，如果在其最终裁定中，委员会裁决实质损害威胁或对产业建立的实质阻碍，除非委员会在其最终裁定中也裁决如无据关税法第703（d）（2）节或第733（d）（2）节命令的中止清关，它将裁决实质损害［见关税法第706（b）节或第736（b）节］。

第351.212节　估算反倾销和反补贴税；临时措施押金上限；多付和少付款利息

（a）概述。与其他国家的体系不同，美国使用"追溯"估算体系。根据该体系，反倾销或反补贴税的最终责任，在商品进口后确定。一般来说，估算税的数额，在对涉及不连续期间命令的复审中确定。如果没有要求复审，税以已完成的最近一次复审确定，或者，如果复审没有完成，以在商品入关

时适用的押金率确定。本节包含了关于税款估算、临时措施押金上限和多付或少付估算税利息的规则。

（b）作为复审结果的反倾销和反补贴税估算——（1）反倾销税。如果部长据第 351.213 节（行政复审）、第 351.224 节（新发货商复审）或第 351.215 节（加速行政复审）对反倾销令进行了复审，部长通常为复审所涉及的涉案产品的每一个进口商计算估算率。部长通常用涉案产品确定的倾销差价除以该商品为关税目的的入关价值来计算估算率。部长要指示海关通过将估算率适用于商品的入关价值而估算反倾销税。

（2）反补贴税。如果部长据第 351.213 节（行政复审）或第 351.214 节（新发货商复审）对反补贴税令进行了复审，部长通常指示海关通过将在复审最终结果中包括的税率适用于商品的入关价值而估算反补贴税。

（c）如果没有要求复审，自动估算反倾销和反补贴税。（1）如果部长没有收到开展行政复审的申请（见第 351.213 节第（b）(1)、(b)(2) 或 (b)(3) 段），部长可以不经额外通知而指示海关：

（i）视案情需要，对第 351.213（e）节所述涉案产品，以与在为消费而入关或从仓库提取时对该商品要求的估算反倾销税或反补贴税的押金或担保相同的比率，估算反倾销税或反补贴税；并且

（ii）继续征收以前命令的押金。

（2）如果部长收到了对命令进行复审的及时要求（见第 351.213 节第（b）(1)、(b)(2) 或 (b)(3) 段），部长要指示海关估算反倾销税或反补贴税，并按照本节第（c）(1) 段规定，对要求没有涉及的商品继续征收押金。

（3）本节第（c）(1) 和 (c)(2) 段的自动估算规则，不适用于新出口商复审（见第 351.214 节）或加速反倾销复审（见第 351.215 节）调查的涉案产品。

（d）临时措施押金上限。本段适用于在公布委员会肯定最终损害裁定通知之前，或在涉及来自不需要损害审查国家的反补贴税诉讼中，部长的肯定最终反补贴税裁定通知日之前，为消费而入关或从仓库提取的涉案产品。如果通过使用在部长的肯定初步或肯定最终反倾销或反补贴税裁定中包括的税率（"临时税"）估算的税额，与通过使用本节第（b）(1) 和 (b)(2) 段的估算率（"最终税"）估算的税额不同，部长要指示海关在临时税低于最终税的范围内，忽略该差异，并且如果临时税超过最终税，以估算税率估算反倾销或反补贴税。

（e）多付款和少付款的利息。根据关税法第 778 节，部长要指示海关在公布命令日或之后，对每一次进口，计算从为进口要求押金日到进口清关日的利息。

（f）区域产业案件的特殊规则——（1）一般规定。如果委员会在其最终损害裁定中裁决据关税法第 771（4）（C）节的区域产业，部长可以指示不对特定出口商或生产商的涉案产品估算税款，如果部长确定：

（i）在商务部调查期间，出口商或生产商没有在所涉区域出口涉案产品供销售；

（ii）出口商或生产商保证将来只要反倾销或反补贴税令有效，他们就不在所涉区域出口涉案产品供销售；并且

（iii）在商务部的调查期间或以后，出口商或生产商的涉案产品没有进入该区域以外的美国，并销售到该区域。

（2）从关税估算中取得排除的程序——（i）要求排除。寻求从据本节第（f）（1）段的税款估算中排除出口商或生产商，必须遵守第 351.213 节和第 351.214 节的规则，要求行政复审或新出口商复审，以确定所涉出口商或生产商的涉案产品是否应从据本节（f）（1）段的税款估算中排除。提出要求的生产商或出口商可以要求复审限定在是否满足了本节（f）（1）段要求的裁定。复审的要求必须随附：

（A）出口商或生产商的证明，证明在商务部调查期间或以后，它没有在所涉区域出口涉案产品供销售，并且，只要反倾销或反补贴税令有效，他们将来不这样做；并且

（B）来自涉案产品出口商或生产商的美国进口商的证明，证明在商务部调查期间或以后，出口商或生产商的涉案产品没有进入所涉区域以外的美国，并在该区域销售。

（ii）有限复审。如果部长以包括据本节第（f）（2）（i）段的从税款估算中排除要求的复审要求为依据，发起行政复审或新出口商复审，部长（如果被要求）可以将复审限定在据本节第（f）（1）段是否批准从税款估算中排除的裁定。

（3）批准排除。如果在行政复审或新出口商复审最终结果中，部长确定满足了本节第（f）（1）段的要求，部长要指示海关对所涉出口商或生产商的涉案产品进口清关，而不考虑反倾销或反补贴税（以适用者为准）。

（4）没有批准排除。如果在行政复审或新出口商复审最终结果中，部长

确定没有满足（f）（1）段的要求，部长

（i）应向海关签发据本节第（b）段的估算指示；或者

（ii）如果复审限定在关于是否应批准从税款估算中排除的裁定，部长要指示海关按照本节第（f）（1）或（f）（2）段（以适用者为准）估算税款（如果没有要求复审，自动估算）。

第351.213节　据关税法第751（a）（1）节对命令和中止协议的行政复审

（a）概述。正如第351.212（a）节指出的，美国使用"追溯"评估体系，根据该体系，反倾销和反补贴税的最终责任在商品进口以后确定。虽然税款责任可以在其他类型复审的情况下确定，但最常用的程序是据关税法第751（a）（1）节的行政复审。本节包含了关于要求行政复审和进行此类复审的规则。

（b）要求行政复审。（1）每年，在公布反倾销或反补贴税令周年月期间，国内利害关系方或关税法第771（9）（B）节所述利害关系方（外国政府），可以书面要求部长据关税法第751（a）（1）节对命令（调查或以前的行政复审在累计基础上进行的反补贴税令除外）所包括的特定出口商或生产商进行复审，且说明原因。

（2）在同一月间，命令（调查或以前的行政复审在累计基础上进行的反补贴税令除外）所包括的生产商或出口商，可以书面要求部长仅对该人进行行政复审。

（3）在同一月间，商品的进口商可以书面要求部长仅对该进口商进口的涉案产品的出口商或生产商（调查或以前的行政复审在累计基础上进行的反补贴税令除外）进行行政复审。

（4）每年，在公布中止调查的周年月期间，利害关系方可以书面要求部长对中止调查所依据协议所包括的所有生产商或出口商进行行政复审。

（c）推迟行政复审－（1）一般规定。部长可以全部或部分推迟一年发起行政复审，如果：

（i）对行政复审的要求随附部长全部或部分推迟复审的要求；和

（ii）以下人不反对推迟：要求推迟的出口商或生产商，该出口商或生产商涉案产品的进口商，国内利害关系方和反补贴税诉讼中的外国政府。

（2）对推迟异议的时间表。对据本节第（c）（1）（ii）段推迟发起行政复审的异议，必须在要求行政复审周年月结束后15天内提交。

（3）程序和最后期限。如果部长推迟发起行政复审，部长要在《联邦纪事》公布推迟通知。部长要在下一个周年月后的第一个月发起行政复审，并且，签发复审初步结果［见本节第（h）（1）段］和提交事实信息［见第351.302（b）（2）节］的最后期限，从下个周年月的最后一天开始。

（d）废除行政复审—（1）撤销复审要求。部长可以全部或部分废除据本节的行政复审，如果要求复审的当事人在公布发起要求的复审通知日后90天内撤回该要求。部长可以延迟时间限制，如果部长确定这样做是合理的。

（2）自行发起复审。部长可以废除部长自行发起的行政复审。

（3）没有出口。部长可以就特定出口商或生产商全部或部分废除行政复审，如果部长确定在复审所涉及的期间没有涉案产品的进口、出口或销售。

（4）废除通知。如果部长废除行政复审（全部或部分），部长要在《联邦纪事》公布《废除反倾销（反补贴税）行政复审》通知或者《部分废除反倾销（反补贴税）行政复审》通知（如果合适）。

（e）复审期间—（1）反倾销诉讼。（i）除本节第（e）（1）（ii）段的规定外，据本节的行政复审通常包括最近行政复审周年月前12个月间涉案产品的进口、出口或销售。

（ii）对在公布中止调查命令后第一个周年月间收到的要求，据本节的行政复审包括从据本部分的中止清关或中止调查日到第一个周年月前一个月末期间的进口、出口或销售。

（2）反补贴税诉讼。（i）除本节第（e）（2）（ii）段另有规定外，据本节的行政复审通常包括在最近结束的日历年间涉案产品的进口或出口。如果复审在累计基础上进行，部长通常要补充政府最近完成的财政年度间涉案产品的进口或出口。

（ii）对在命令发布或中止调查后第一个周年月收到的申请，本节项下的行政复审可包括本节第（e）（2）（i）项所涉及的从根据本节采取的暂停清关或中止调查到最新日历年或财年期间的调查或出口。

（f）自愿应诉人。在行政复审中，部长要按照关税法第782（a）节和第351.204（d）节，审查自愿应诉人。

（g）程序。部长要按照第351.221节开展据本节的复审。

（h）时间限制—（1）一般规定。部长要在被要求行政复审的命令或中止协议周年月最后一天后 245 天内签发复审初步结果［见第 351.221（b）（4）节］，并在《联邦纪事》公布初步结果通知日后 120 天内签发复审最终结果［见第 351.221（b）（5）节］。

（2）例外。如果部长确定在本节第（h）（1）段规定的时间内完成复审不可行，部长可以将 245 天期限延长至 365 天，将 120 天期限延长至 180 天。如果部长没有延长签发初步结果的时间，部长可以将签发最终结果的时间从 120 天延长至 300 天。

（i）可能的取消或修改中止协议。如果在行政复审中部长确定或有理由相信签署者已违反了中止协议或该协议已不再满足关税法第 704 节或第 734 节（以适用者为准）的要求，部长要采取据关税法第 704（i）节或第 734（i）节和第 351.209 节的适当措施。当采取据第 351.209 节的措施时，部长可以中止本节（h）段的时间限制。

（j）吸收反倾销税。（1）在包括据第 351.211 节的反倾销令或据第 351.218（d）节的裁定（定期废止复审）的第一个和第二个或第三和第四个周年之间的所有和部分期间的任何行政复审中，如果国内利害关系方在公布发起复审通知日后 30 天内提出要求，部长要确定反倾销税是否被受复审的出口商或生产商吸收，如果涉案产品通过与该出口商或生产商有关联的进口商在美国销售。要求必须包括被要求调查的出口商或生产商的名称。

（2）对关税法第 751（c）（6）节定义的过渡命令，部长要对在 1996 年或 1998 年发起的任何行政复审使用本节第（j）（1）段。

（3）在据本节第（j）（1）段确定反倾销税是否已被吸收时，部长要审查在被要求进行吸收调查的行政复审中计算的反倾销税。

（4）部长要通知委员会部长的裁定，如果：

（i）在除本节第（j）（2）段对其适用的行政复审案件中，行政复审包括在命令第三和第四个周年月之间的全部或部分期间；或者

（ii）在本节第（j）（2）段对其适用的行政复审案件中，部长在 1998 年发起行政复审。

（k）在累计基础上进行的反补贴税令行政复审—（1）要求零税率。当部长据关税法第 777A（e）（2）（B）节在累计基础上进行反补贴税令行政复审时，部长要考虑和复审在可行范围内对单独估算和令押金率的要求。申请零税率的出口商或生产商必须提交：

（i）出口商或生产商的证明，证明在复审期间它收到了零或微不足道的净可抵消补贴；

（ii）如果出口商或生产商收到了可抵消补贴，证明在复审期间该净可抵消补贴的数额是微不足道的；

（iii）如果出口商不是涉案产品的生产商，来自涉案产品的供应商和生产商的证明，证明这些人在复审期间收到了零或微不足道的净可抵消补贴；和

（iv）来自受影响国家政府的证明，证明该政府在复审期间没有向出口商（或出口商的供应商）或生产商提供超过微不足道的净可抵消补贴。

（2）国家范围补贴率的使用。在据本节第（k）（1）段确定的估算和零押金率例外的情况下，如果在据本节对反补贴税令行政复审的最终结果中，部长据关税法第777A（e）（2）（B）节计算了单一国家范围补贴率，就押金而言，该比率将取代在所涉反补贴税诉讼中以前确定的所有比率。

（l）在区域产业案件中从估算中排除。在区域产业案件中，涉及从反倾销或反补贴税估算中排除的程序，见第351.212（f）节。

第351.214节　据关税法第751（a）（2）（B）节的新出口商复审

（a）概述。《乌拉圭回合协定法》建立了一个新程序，根据该程序，所谓的"新出口商"可以在加速基础上取得单独的倾销幅度或可抵消补贴率。一般来说，新出口商是在调查期间没有向美国出口且与在调查期间向美国出口的出口商或生产商没有关联。本节包含了关于要求新出口商复审和进行此类复审程序的规则。此外，本节包含了关于在某些反补贴税诉讼中未被调查的出口商要求加速复审和进行该复审程序的规则。

（b）新出口商复审的要求——（1）销售或出口要求。在受关税法第751（a）（2）（B）节和本节约束的情况下，出口商或生产商可以要求新出口商复审，如果它向美国出口或为出口而销售涉案产品。

（2）要求的内容。新出口商复审要求，必须包含以下内容：

（i）如果要求复审的人同时是商品的出口商和生产商，要求复审的人在调查期间没有向美国出口涉案产品（或者，在区域产业的案件中，没有在所涉区域为销售而出口涉案产品）的证明；

（ii）如果要求复审的人是涉案产品的出口商而不是其生产商：

（A）本节第（b）（2）（i）段所述证明；和

（B）来自生产或向要求复审的人供应涉案产品的人的证明，证明在调查期间，该生产商或供应商没有向美国出口涉案产品（或者，在区域产业的案件中，没有在所涉区域为销售而出口涉案产品）；

（iii）（A）在发起调查后，该出口商或生产商与在调查期间向美国出口涉案产品的出口商或生产商（或者，在区域产业的案件中，在所涉区域出口涉案产品供销售的出口商或生产商），包括在调查中没有被单独审查的那些出口商或生产商，没有关联的证明；

（B）在涉及来自非市场经济国家进口的反倾销诉讼中，该出口商或生产商的出口活动不受中央政府控制的证明；

（iv）确定以下内容的证据：

（A）提出要求的出口商或生产商第一次为消费而进口或从仓库提取涉案产品的日期，或者，如果出口商或生产商不能够确定第一次进入日期，出口商或生产商第一次向美国运输涉案产品供出口的日期；

（B）该运输和后续运输的数量；和

（C）在美国第一次销售给非关联客户的日期；和

（v）在对反补贴税令复审的案件中，出口商或生产商已通知出口国政府对商务部的问卷做充分答复的证明。

（c）要求复审的最后期限。出口商或生产商可以在本节（b）（2）（iv）（A）段所述日期一年内，要求新出口商复审。

（d）新出口商复审的时间—（1）一般规定。部长要在周年月或半年周年月后第一个自然月发起据本节的新出口商复审，如果对复审的要求是在周年月或半年周年月末（以适用者为准）结束的 6 个月期间提出。

（2）半年周年月。半年周年月是周年月后 6 个月的自然月。

（3）举例。命令在 1 月公布。周年月是 1 月，半年周年月是 7 月。如果部长在 2 月至 7 月间的任何时间收到了新出口商复审要求，部长应在 8 月发起新出口商复审。如果部长在 8 月至 1 月间的任何时间收到了新出口商复审要求，部长应在 2 月发起新出口商复审。

（e）中止清关；缴纳保证或担保。当不发起据本节的新出口商复审时，部长要指示海关对来自相关出口商或生产商的涉案产品的所有未清关的商品中止清关，并经进口商选择，直到复审结束，允许缴纳保证或担保以替代涉案产品每一次入关的押金。

（f）废除新出口商复审—（1）撤回对复审的要求。部长可以全部或部分废除据本节的新出口商复审，如果要求复审的当事人在不迟于发起要求的复审通知公布日后60天撤回其要求。

（2）没有进口和对非关联方的销售。部长可以全部或部分废除新出口商复审，如果部长确定：

（i）从本节第（g）段所指的正常复审期间结束开始，在美国没有涉案产品进口和对非关联客户的销售；和

（ii）延长正常的复审期间，以包括涉案产品在美国的进口和对非关联客户的销售，可能阻止在本节第（i）段规定的时间期限内结束复审。

（3）废除通知。如果部长废除了新出口商复审（全部或部分），部长要在《联邦纪事》公布《废除反倾销（反补贴税）新出口商复审》，或《部分废除反倾销（反补贴税）新出口商复审》。

（g）复审期间—（1）反倾销诉讼—（i）一般规定。除本节第（g）(1)(ii)段的规定外，在反倾销诉讼中，据本节的新出口商复审通常包括在以下期间的适当进口、出口或销售：

（A）如果新出口商复审在周年月后第一个月发起，周年月以前紧接的12个月期间；

（B）如果新出口商复审在半年周年月以后第一个月发起，复审期间是在半年周年月以前紧接的6个月期间。

（ii）例外。（A）如果部长在第一个周年月以后第一个月发起据本节的新出口商复审，该复审通常涉及从据本部分中止清关日到第一个周年月以前第一个月结束期间的适当进口、出口或销售。

（B）如果部长在第一个半年周年月后的第一个月内发起新出口商复审，该复审通常包括从据本部分的中止清关日到第一个半年周年月以前的第一个月结束期间的适当进口、出口或销售。

（2）反补贴税诉讼。在反补贴税诉讼中，据本节的新出口商复审期间，与第351.213（e）(2)节规定的行政复审的期间相同。

（h）程序。部长要按照第351.221节进行据本节的新出口商复审。

（i）时间限制—（1）一般规定。除非据本节的时间限制被放弃，部长要在发起新出口商复审日后180天内签发初步复审结果［见第351.221（b）(4)节］，并且，在签发初步结果日后90天内签发最终复审结果［见第351.221（b）(5)节］。

（2）例外。如果部长确定新出口商复审异常复杂，部长可以将180天期限延长至300天，并将90天期限延长至150天。

（j）多个复审。尽管有本分部分的任何其他规定，如果据第351.213节（行政复审）、第351.214节（新出口商复审）、第351.215节（加速反倾销复审）或第351.216节（情势变迁复审）的复审（或对复审的要求）包括受据本节的复审（或对复审的要求）约束的出口商或生产商的商品，在与出口商或生产商磋商后，部长可以

（1）全部或部分撤销据本分部分进行的复审；

（2）拒绝全部或部分发起据本分部分的复审；或者

（3）当提出要求的当事人书面同意放弃据本节第（i）段的时间限制时，进行同时复审，在该案中，本节的所有其他规则继续对出口商或生产商适用。

（k）在反补贴税诉讼中对未被调查的出口商加速复审—（1）对复审的要求。如果在反补贴税调查中，部长将出口商或生产商的数量限定在据关税法第777A（e）（2）（A）节的单独审查，没有被部长选择做单独审查或没有被部长为自愿应诉人接受［见第351.204（d）节］的出口商，可以要求据本第（k）段的复审。出口商必须在《联邦纪事》公布反补贴税令日30天内，提交对复审的要求。要求必须随附以下证明：

（i）申请者在调查期间向美国出口涉案产品；

（ii）申请者与部长在调查中单独审查的出口商或生产商没有关联；和

（iii）申请者已通知出口国政府，要求政府对商务部的问卷作出充分的答复。

（2）发起复审—（i）一般规定。部长要在据本节第（k）（1）段应提出复审要求的月份后的月发起复审。

（ii）举例。部长在1月15日公布了反补贴税令。出口商必须在2月14日前提交复审要求。部长要在3月发起复审。

（3）进行复审。部长要按照本节适用于新出口商复审的规则，进行复审，遵守以下例外：

（i）复审期间是部长在导致公布反补贴税令的调查中使用的调查期间［见第351.204（b）（2）节］；

（ii）部长不允许提交担保或保证来代替据本节第（e）段的押金；

（iii）据本第（k）段的复审最终结果不是估算反补贴税的依据；并且

（iv）部长可以从所述反补贴税令中排除部长对其确定零或微不足道的单

独净可抵消补贴率的任何出口商［见第 351.204（e）（1）节］，只要部长已核实了排除所依据的信息。

（1）在区域产业案件中从估算中排除。在区域产业案件中，涉及从反倾销或反补贴税估算中排除要求的程序，见第 351.212（f）节。

第351.215节　加速反倾销复审和代替据关税法第736（c）节估算税的担保

（a）概述。在调查中被单独审查的出口商和生产商通常不能够取得入关复审，直到被要求行政复审的时候才行。此外，当反倾销令公布时，进口商通常必须开始对涉案产品入关缴纳估算反倾销税押金。然而，关税法第736（c）节确立了一个特殊的程序，根据该程序，如果满足了几个标准，出口商或生产商可以要求加速复审，并且可以在有限的时间内继续提交担保而非押金。本节包含了关于要求加速反倾销复审的规则和适用于此类复审的程序。

（b）一般规定。如果部长确定了满足关税法第736（c）（1）节的标准，那么部长：

（1）可以允许对不超过公布反倾销令后90天提交担保或其他保证来代替据关税法第736（a）（3）节要求的估算反倾销税押金；和

（2）要发起加速反倾销复审。在作出此类裁定前，部长要按照关税法第736（c）（4）节公开企业专有信息，并向利害关系方提供提交书面评议的机会。

（c）程序。部长要根据第351.221节和本节加速反倾销复审。

第351.216节　据关税法第751（b）节的情势变迁复审

（a）概述。关税法第751（b）节规定了"情势变迁"复审。本节包含关于要求情势变迁复审的规则和进行此类复审的程序。

（b）情势变迁复审要求。在任何时间，利害关系方可以据关税法第751（b）节要求对命令或中止调查进行情势变迁复审。在提交要求后45天内，部长要确定是否发起情势变迁复审。

（c）对情势变迁复审的限制。在公布最终裁定通知或中止调查后 24 个月内，除非部长认为存在正当理由，否则部长不对调查中的最终裁定（见关税法第 705（a）节或第 735（a）节）或中止调查（见关税法第 704 节或第 734节）进行复审。

（d）程序。如果部长确定存在复审的情势变迁，部长要按照第 351.221节，进行情势变迁复审。

（e）时间限制。部长要在发起情势变迁复审后 270 天内签发复审最终结果（见第 351.221（b）（5）节），如果诉讼的所有当事人同意复审结果，时间在 45 天内。

第351.217节　据关税法第751（g）节对补贴执行程序实施结果的复审

（a）概述。关税法第 751（g）规定了将据世界贸易组织反补贴协定与和补贴有关的争端结果合并到在正在进行的反补贴税诉讼的机制中。当美国已在世界贸易组织成功地质疑了外国补贴的"不可诉"（例如，非可抵消）情况，或美国已成功地质疑了被禁止的或可诉的补贴，部长可以进行复审，以确定成功的结果（如果有的话）对现存的反补贴税令或中止调查的效果。本节包含关于发起和进行据关税法第 751（g）节复审的规则。

（b）违反补贴协定第 8 条。如果：

（1）部长收到贸易代表违反补贴协定第 8 条的通知；

（2）部长有理由相信受现存反补贴税令或中止调查约束的商品从被发现违反第 8 条的补贴或补贴项目中受益；并且

（3）没有正在进行中的行政复审，部长要对命令或中止调查发起第 8 条的违反复审，以确定涉案产品是否从已被裁决违反补贴协定第 8 条的补贴或补贴项目中受益。

（c）撤销补贴或实施反措施。如果贸易代表通知部长，根据补贴协定第 4条或第 7 条：

（1）（i）（A）美国已实施了反措施；并且

（B）该反措施是以反补贴税令对象的商品进口在美国的影响为依据；或者

（ii）一个世界贸易组织成员国已撤销了对受反补贴税令约束的商品提供的可抵消补贴，则

（2）部长要发起对命令的第 4 条 / 第 7 条复审，以确定是否应调整缴纳的估算税数额或是否应废除命令。

（d）程序。部长要按照第 351.221 节进行据本节的第 8 条违反复审或第 4 条 / 第 7 条复审。

（e）加速复审。部长要在加速基础上进行据本节的复审。

第351.218节　据关税法第751（c）节的定期废止复审

（a）概述。《乌拉圭回合协定法》在关税法第 751（c）节增加了一个新的程序，通常称之为"定期废止复审"。一般来说，不迟于每 5 年，部长必须确定如果废除命令或终止已中止的调查，倾销或可抵消补贴是否可能继续或再度出现。委员会必须进行类似的复审，以确定如无命令或中止调查，损害是否可能继续或再度出现。如果部长和委员会据第 751（c）节的裁定都是肯定的，命令（或中止的调查）仍然有效。如果其中一个裁定是否定的，该命令要被废除（或终止已中止的调查）。本节包含了关于定期废止复审程序的规则。

（b）一般规定。部长要据第 751（c）节对每一个反倾销和反补贴税令以及中止的调查进行定期废止复审，并据关税法第 752（b）节或第 752（c）节（以适用者为准），确定废除反倾销或反补贴税令或终止已中止的调查，是否导致倾销或可抵消补贴继续或再度出现。

（c）发起复审通知；早先发起—（1）原始定期废止复审。不迟于命令或中止的调查第 5 年结束之日前 30 天（见关税法第 751（c）（1）节），部长要公布发起定期废止复审通知（见关税法第 751（c）（2）节）。

（2）后续定期废止复审。在据本节第（c）（1）段发起的定期废止复审后继续的命令或中止调查的案件中，不迟于委员会继续命令或中止调查的最后裁定日的第 5 周年前 30 天，部长要发布发起定期废止复审的通知（见关税法第 751（c）（2）节）。

（3）提前发起。如果国内利害关系方向部长证明提前发起将提高行政效率，部长可以在比本节第（c）（1）和（2）段所述日期更早的日期公布发起的通知。然而，如果部长决定申请提前发起的国内利害关系方是据关税法第 771（4）（B）节和第 351.203（e）（4）节的关联方或进口商，部长可拒绝提前发起。

（4）过渡命令。部长将按照关税法第 751（c）（6）节，发起关税法第 751（c）（6）（C）节定义的过渡命令定期废止复审。

（d）参加定期废止复审—（1）国内利害关系方参加意向通知—（i）提交参加意向通知。当国内利害关系方有意参加定期废止复审时，利害关系方必须在不迟于《联邦纪事》公布发起通知后 15 天，向部长提交参加定期废止复审的申请书。

（ii）有意参加通知的内容。有意参加定期废止复审的每一个通知必须包括说明该国内利害关系方有意参加定期废止复审的陈述和以下信息：

（A）有意参加定期废止复审的国内利害关系方（及其成员，如果适用）的名称、地址和电话号码和该利害关系方身份的法定依据［据关税法第 771（9）节］。

（B）说明国内生产商是否具有以下情况的陈述：

（1）是否与据关税法 771（4）（B）节的外国生产商或外国出口商有关联；或

（2）是否是涉案产品的进口商或与据关税法 771（4）（B）节的进口商有关联；

（C）法律顾问或其他代表的姓名、地址和电话号码（如果有的话）；

（D）受定期废止复审约束的涉案产品和国家；

（E）《联邦纪事》发起通知的援引和日期。

（iii）国内利害关系方没有提交参加定期废止复审的申请书。（A）没有提交有意参加定期废止复审通知的利害关系方，将被视为不愿参加定期废止复审，并且部长在复审过程中将不接受和考虑来自该方的任何未被要求的陈述。

（B）如果没有国内利害关系方提交有意参加定期废止复审的通知，部长将：

（1）确定没有国内利害关系方对据关税法 751（c）（3）（A）节发起的通知做答复；

（2）通常在不迟于《联邦纪事》公布发起通知后 20 天，书面通知国际贸易委员会该事实；并且

（3）不迟于《联邦纪事》公布发起通知后 90 天，签发最终裁定，废除命令或终止已中止的调查［见第 351.221（c）（5）（ii）节和第 351.222（i）节］。

（2）被告利害关系方放弃对发起通知的答复。（i）提交放弃陈述。被告

利害关系方可以在不迟于《联邦纪事》公布发起通知后 30 天，通过向商务部提交放弃陈述而放弃参加商务部据关税法 751（c）（4）节的定期废止复审。如果被告利害关系方放弃参加商务部的定期废止复审，部长在复审过程中不接受和考虑来自该方的任何未被要求的陈述。放弃参加商务部的定期废止复审，不影响当事人参加国际贸易委员会举行的定期废止复审的机会。

（ii）放弃陈述的内容。每一个放弃的陈述必须包括被告利害关系方放弃参加商务部的定期废止复审的陈述和以下信息：

（A）放弃参加商务部定期废止复审的被告利害关系方的名称、地址和电话号码；

（B）法律顾问或其他代表的姓名、地址和电话号码（如果有的话）；

（C）受定期废止复审约束的涉案产品和国家；和

（D）《联邦纪事》发起通知的援引和日期。

（iv）在反补贴税定期废止复审中外国政府放弃参加。当外国政府放弃参加据本节（d）（2）（i）段或第（d）（2）（iii）段的反补贴税定期废止复审时，部长将：

（A）确定被告利害关系方已对据关税法 751（c）（3）（B）节发起的通知提供了不充分的答复；

（B）通知国际贸易委员会，并进行加速定期废止复审，且根据本节第（e）（1）（ii）（C）段签发复审最终结果；并且

（C）据第 351.308（f）节，复审最终结果以可获得的事实为依据。

（3）对发起通知的实质答复。（i）对发起的通知作出实质答复的时间限制。据本节提交的对发起通知的完整实质答复，必须在不迟于《联邦纪事》公布发起通知后 30 天向商务部提交。

（ii）在对发起通知的实质答复中，要求所有利害关系方提交的信息。除本节第（d）（3）（v）（A）段的规定外，有意参加定期废止复审的每一个利害关系方必须向商务部提交包含以下内容的陈述：

（A）有意参加定期废止复审的利害关系方（及其成员，如果适用）的名称、地址和电话号码和该利害关系方身份的法定依据［据关税法第 771（9）节］；

（B）法律顾问或其他代表的姓名、地址和电话号码（如果有的话）；

（C）受定期废止复审约束的涉案产品和国家；

（D）《联邦纪事》发起通知的援引和日期；

（E）说明利害关系方通过提供商务部要求的信息而参加复审意愿的陈述，该陈述必须包括该方历史上参加商务部进行的与涉案产品有关的诉讼任何环节的摘要；

（F）关于废除复审中的命令或终止已中止的调查可能影响的陈述，该陈述必须包含支持该陈述的任何事实信息、论据和理由；

（G）关于如果部长废除命令或终止已中止的调查可能出现的倾销幅度和可抵消补贴率和商务部应为特定利害关系方选择的事实信息、论据和理由；

（H）商务部关于税款吸收裁决的摘引（如果有的话），包括对列出商务部裁决通知《联邦纪事》的援引；和

（I）对任何相关范围澄清或规则的说明，包括在涉及涉案产品的诉讼中商务部签发的规避裁定或情势变迁裁定。

（iii）在对发起通知的实质答复中要求被告利害关系方提供的附加信息。除本节第（d）（3）（v）（A）段的规定外，有意参加定期废止复审的每一个被告利害关系方的呈递，也必须包含以下信息：

（A）来自调查和每一个后续完成的行政复审的该方的单独加权平均倾销幅度或可抵消补贴率（以适用者为准），包括最终幅度或比率（以适用者为准），当该幅度或比率因最终结果和最终法院命令而改变时；

（B）在公布发起通知年前五个日历年（或会计年度，如果更合适）的每一年，该方向美国出口涉案产品的数量和价值（通常在FOB基础上）；

（C）在公布发起通知年前的自然年（或者会计年度，如果更合适），该方向美国出口涉案产品的数量和价值（通常在FOB基础上）；

（D）在公布发起通知年前五个日历年（或者会计年度，如果更合适）的每一年，在数量基础上（或者在价值基础上，如果更合适），该方占［关税法第771（25）节定义的］向美国总出口的涉案产品百分比；和

（E）在最近三年，包括公布发起通知年，该方在从公布发起通知月前的两个会计季度内向美国出口涉案产品的数量和价值（通常在FOB基础上）。

（iv）在对发起通知实质答复中利害关系方提交的可选信息。（A）说明正当理由。利害关系方可以提交信息或证据，说明部长考虑据关税法第752（b）（2）节（反补贴税）或第752（c）（2）节（反倾销税）节和本部分第（e）（2）（ii）节其他因素的正当理由。此类信息或证据必须在据本部分第（d）（3）节当事人对发起通知的实质答复中提交。

（B）其他信息。利害关系方据本部分第（d）（3）节的实质答复，也可以

包括该方希望部长考虑的任何其他相关信息或论据。

（v）反补贴税定期废止复审发起通知的实质答复中要求外国政府提交的信息。（A）一般规定。有意参加反补贴税定期废止复审的受反补贴税定期废止复审（见关税法第771（9）（B）节）约束的外国政府，必须据本部分第（d）（3）（i）段向商务部提交包含本部分第（d）（3）（ii）（A）至（E）段要求的信息。

（B）在涉及以累计为基础进行调查的命令的反补贴税定期废止复审中，要求外国政府提交的附加信息。受涉及在累计基础上进行调查的反补贴税定期废止复审约束国家的外国政府的呈递，也必须包含：

（1）据本节第（d）（3）（ii）（F）段、第（d）（3）（ii）（G）段和第（d）（3）（ii）（I）段要求的信息；

（2）来自调查和每一次后续结束的行政复审的反补贴税率，包括该税率因最终结果和最终法院命令而改变的最终税率；和

（3）在公布发起通知年前的五个自然年（或者会计年度，如果更合适）中的每一年，涉案产品向美国出口的数量和价值（通常在FOB基础上）。

（vi）产业用户和消费者的实质答复。关税法第777（h）节定义的有意参加定期废止复审的涉案产品产业用户或有代表性的消费者组织，必须按照本节第（d）（3）（i）段向商务部提交包含本节第（d）（3）（ii）（A）至（D）段要求信息的呈递，并且可以提交据本节第（d）（3）（ii）段至（d）（3）（iv）段的其他有关信息。

（4）辩驳对发起通知的实质答复。据本节第（d）（3）段对发起通知提交实质答复的任何利害关系方，可以在不迟于向商务部提交实质答复后5天，对任何其他利害关系方就发起通知的实质答复提交辩驳。除第351.309（e）节的规定外，部长通常不接受或考虑提交辩驳时间结束后来自当事人的任何附加信息，除非部长确定进行据本节第（e）（2）段的充分复审后要求当事人提交附加信息。

（e）进行定期废止复审。（1）对发起通知答复的充分性。（i）国内利害关系方答复的充分性。（A）一般规定。部长在逐个案件基础上作出其对答复充分性的裁定；然而，当它收到了至少一个国内利害关系方据本节第（d）（3）段的完整实质答复时，部长通常确定国内利害关系方已对发起通知提供了充分答复。

（B）忽略国内利害关系方的答复。在作出其关于据本节第（e）（1）（i）

（A）段国内利害关系方答复的充分性裁定时，部长可以忽略来自以下国内生产商的答复：

（1）与关税法第 771（4）（B）节的外国生产商或外国出口商有关联；或者

（2）是涉案产品的进口商或与关税法 771（4）（B）节的进口商有关联［见本节第（d）（1）（ii）（B）段］。

（C）国内利害关系方的不充分答复。当部长确定据本节第（e）（1）（i）（A）段或第（e）（1）（i）（B）段忽略国内利害关系方的答复，且其他国内利害关系方没有据本节第（d）（3）段提交对发起通知的完整实质答复时，部长将：

（1）确定没有国内利害关系方据关税法第 751（c）（3）（A）节对发起通知答复；

（2）通常在不迟于《联邦纪事》公布发起通知 40 天书面通知委员会该事实；和

（3）不迟于《联邦纪事》公布发起通知后 90 天，签发最终裁定，废除命令或终止已中止的调查［见第 351.221（c）（5）（ii）节和第 351.222（i）节］。

（ii）被告利害关系方答复的充分性。（A）一般规定。部长要在逐个案件基础上作出其答复充分性的裁定；然而，当它收到在发起通知公布年前 5 个自然年间平均涉案产品向美国总出口数量（或价值，如果合适）超过 50% 的被告利害关系方据本节第（d）（3）段的完整实质答复时，部长通常确定被告利害关系方已对发起通知提供了充分答复。

（B）在反补贴税定期废止复审中，外国政府没有对发起通知提交实质答复。如果外国政府没有对据本节第（d）（3）（v）段对反补贴税定期废止复审发起通知提交完整的实质答复或据本节第（d）（2）（i）段放弃参加反补贴税定期废止复审，部长将：

（1）确定被告利害关系方已对据关税法 751（c）（3）（B）节的发起通知提供了不充分答复；

（2）通知国际贸易委员会并加速定期废止复审，且按照本节第（e）（1）（ii）（C）段签发复审最终结果；并且

（3）复审最终结果以据第 351.308（f）节的可获得事实为依据。

（C）被告利害关系方的不充分答复。如果部长据本节第（d）（2）（iv）段、第（e）（1）（ii）（A）段或第（e）（1）（ii）（B）段确定被告利害关系方对发起通知提供了不充分答复，部长：

（1）通常在不迟于《联邦纪事》公布发起通知后 50 天书面通知国际贸易委员会该情况；

（2）通常加速定期废止复审，并且不迟于《联邦纪事》公布发起通知后 120 天，按照第 351.308（f）节以可获得事实为依据签发复审最终结果［见第 751（c）(3)(B) 节和第 351.221（c）(5)(ii) 节］。

（2）对国内和被告利害关系方充分答复的全面定期废止复审。(i) 一般规定。通常，只有当商务部收到了国内利害关系方据本节第（e)(1)(i)(A) 段和被告利害关系方据本节第（e)(1)(ii)(A) 段的针对发起通知的充分答复时，商务部才进行全面定期废止复审。即使商务部进行全面定期废止复审，只有在极其特殊的情况下，部长才依据在其以前的裁定中计算和公布的反补贴税率或倾销幅度以外的反补贴税率或倾销幅度，并且在定期废止复审的情况下，部长决不为新出口商计算净可抵消补贴或倾销幅度。

（ii）［保留］

（iii）考虑关税法第 752（b)(2) 节（反补贴税）或第 752（c)(2) 节（反倾销）的其他因素。部长要考虑关税法第 752（b)(2) 节（反补贴税）或第 752（c)(2) 节（反倾销）的其他因素，如果部长确定存在考虑此类其他因素的正当理由。通常，只有在部长据本节第（e)(2)(i) 节进行全面定期废止复审时，部长才考虑此类其他因素。

（f）时间限制。(1) 全面定期废止复审初步结果。在全面定期废止复审中，商务部通常在不迟于《联邦纪事》公布发起通知后 110 天签发其初步结果。

（2）核查。(i) 一般规定。通常，只有在全面定期废止复审［见第关税法第 782（i)(2) 节和第 351.307（b)(1)(iii) 节］中和需要时，商务部才对其最终裁定所依据的事实信息进行核实。通常，只有在其初步结果中，商务部确定废除命令或终止已中止的调查（以适用者为准）不可能导致可抵消补贴或倾销［见关税法第 752（b）节和第 752（c）节］（以适用者为准）继续或再度出现时，商务部的初步结果不是以在调查或后续复审中确定的反补贴税率或倾销幅度（以适用者为准）为依据时，商务部才进行核查。

（ii）核查的时间。商务部通常在《联邦纪事》公布发起通知后大约 120 天，进行据本节第（f)(2)(i) 段和第 351.307 节的核查。

（3）全面定期废止复审最终结果和通知国际贸易委员会。(i) 复审最终结果的时机和通知国际贸易委员会。通常，商务部在不迟于《联邦纪事》发布发起通知后 240 天，签发其在全面定期废止复审中的最终结果，并通知国际贸易委员会其复审结果（见关税法第 751（c）（5）（A）节）。

（ii）时间限制的延长。如果部长据关税法第 751（c）（5）（C）节确定全面定期废止复审异常复杂，部长可以延长签发最终结果的时间段，延长时间段不超过 90 天（见关税法第 751（c）（5）（B）节）。

（4）通知继续命令或已中止的调查；通知废除命令或终止已中止的调查。除非另有本节（d）（1）（iii）（3）段和第 351.222（i）（1）（i）的规定，否则商务部通常在不迟于《联邦纪事》公布国际贸易委员会结束定期废止复审的裁定日后 7 天，签发其继续命令或已中止的调查，或废除命令或终止已中止调查（以适用者为准）的裁定。商务部随即在《联邦纪事》公布其裁定通知。

［1997 年 5 月 19 日《联邦纪事》第 62 编第 27379 页，被 1998 年 3 月 29 日《联邦纪事》第 63 编第 13520 页修改；2005 年 10 月 28 日《联邦纪事》第 70 编第 62064 页］

第351.219节　对与据关税法第753节的调查有关的反补贴税令的复审

（a）概述。关税法第 753 节是据关税法第 303 节签发而不需要委员会的损害裁定的反补贴税令的过渡规则。根据补贴协定，一国不可以在没有作出进口对国内产业造成损害的裁定之前对来自另一世界贸易组织成员的进口强加反补贴税。第 753 节对与据第 303 节的那些"无损害"命令有关的损害测试，规定了适用于来自世界贸易组织成员商品的机制。本节包含了与国内利害关系方要求第 753 节调查有关的规则和在复审反补贴税令和向委员会提供关于可抵消补贴数量和性质的建议时要遵守的程序。

（b）通知国内利害关系方。要求委员会据关税法第 753 节调查的机会出现后，部长要尽可能立即直接通知国内利害关系方。

（c）第 753 节复审的发起和进行。当部长认为应当向委员会提供关于可抵消补贴的数量或性质的信息必要时（见关税法第 753（b）（2）节），部长可以对所涉反补贴税令发起第 753 节复审。部长要按照第 351.221 进行第 753 节复审。

第351.220节　据关税法第762节在总统指示下的反补贴税复审

在总统或其授权人的指示下，部长要进行据关税法第762（a）（1）节的复审，以确定可抵消补贴是否正向受据关税法第704（a）（2）节或第704（c）（3）节接受的谅解协议书或其他种类的数量限制协议约束的商品提供。部长要按照第351.221节开展据本节的复审。如果部长据本节的复审最终结果和委员会据关税法第762（a）（2）节的复审最终结果都是肯定的，部长要签发反补贴税令，并按照关税法第762（b）节命令中止清关。

第351.221节　复审程序

（a）概述。复审的程序与调查要遵守的程序类似。本节详细说明了一般适用于复审的程序和某些类型的复审所特有的程序。

（b）一般规定。收到对复审的及时要求后，或当合适时出于部长自己的意愿，部长将：

（1）及时在《联邦纪事》公布发起复审通知；

（2）在公布发起复审通知以前或之后，向适当的利害关系方或其他人（或者，如果适当，利害关系方或其他人的样本）发放要求为复审提供事实信息的问卷；

（3）如果合适，进行据第351.307节的核查；

（4）签发以可获得信息为依据的复审初步结果，并在《联邦纪事》公布通知，包括以下内容：

（i）确定的税率，如果复审涉及税率裁定；和

（ii）对符合第351.309节辩论的邀请。

（5）签发复审最终结果，并在《联邦纪事》公布复审最终结果通知，如果复审涉及确定税率，该结果要包括确定的税率；

（6）如果复审涉及关于估算税数额的裁定，在公布最终结果通知后，立即指示海关对复审所涉产品估算反倾销税或反补贴税（以适用者为准），除第351.106（c）节就微不足道税率另有规定外；并且

（7）如果复审涉及修改估算反倾销税或反补贴税押金率，指示海关对以后的进口以修改后的比率征收押金。

（c）特殊规则。（1）行政复审和新出口商复审。在据关税法第 751（a）（1）节和第 351.213 节的行政复审和据关税法第 751（a）（2）（B）节和第 351.214 节的新出口商复审中，部长

（i）要在不迟于每年或半年（视案情需要）后第 1 个月份的最后一天，公布发起复审通知；

（ii）通常在不迟于公布发起通知后 30 天，发放问卷。

（2）加速反倾销复审。在据关税法第 736（c）节和第 351.215 节的加速反倾销复审中，部长

（i）要在发起复审通知中包括对符合第 351.309 节论据的邀请，以及部长允许提交担保或其他保证来代替估算反倾销税押金；

（ii）要指示海关在公布发起调查通知日或之后和到不迟于公布命令后 90 天对涉案产品为消费而进口或从仓库提取的每一次入关，接受担保，代替据关税法第 736（a）（3）节的估算反倾销税押金；并且

（iii）不签发复审初步结果。

（3）情势变迁复审。在据关税法第 751（b）节和第 351.216 节的情势变迁复审中，部长：

（i）在复审初步结果和复审最终结果中包括对部长以初步或最终结果为依据提议的任何措施的说明；

（ii）可以在一个通知中合并发起复审和复审初步结果通知，如果部长确定加速措施有正当理由；和

（iii）可以不签发据本节第（b）（2）段的问卷。

（4）第 8 条违反复审和第 4 条 / 第 7 条复审。在据关税法第 751（g）节和第 351.217 节的第 8 条违反复审或第 4 条 / 第 7 条复审中，部长：

（i）要在发起复审通知中包括对符合第 351.309 节辩论的邀请，并在部长发起复审时通知诉讼的所有当事人；

（ii）不签发复审初步结果；并且

（iii）在复审最终结果中，要说明应调整的缴纳的估算税数额（如果有的话），以及在第 4 条 / 第 7 条的复审中，部长以最终结果为依据采取的任何措施，包括废除。

（5）定期废止复审。在据关税法第 751（c）节和第 351.218 节的定期废止复审中：

（i）发起定期废止复审的通知要包括对第 351.218（d）节所述信息的

要求。

（ⅱ）部长可以不经签发复审初步裁定而签发据关税法第 751（c）小节第（3）或（4）段的复审最终结果，如果满足了这些段的条件。

（6）第 753 节复审。在据关税法第 753 节和第 351.219 节的第 753 节复审中，部长：

（ⅰ）要在发起复审通知中包括对符合第 351.309 节辩论的邀请，并在部长发起复审时通知诉讼的所有当事人；并且

（ⅱ）可以拒绝签发复审初步结果。

（7）在总统指示下的反补贴复审。在据关税法第 762 节和第 351.220 节总统指示下的反补贴税复审中，部长要：

（ⅰ）在发起复审通知中，公布商品、复审时期的描述和可获得信息（如果准确，将支持实施反补贴税）的摘要；

（ⅱ）通知委员会发起复审和复审的初步结果；

（ⅲ）在复审初步结果中，包括在复审期间的可抵消补贴（如果有的话）和对受影响国家政府作出的影响估算可抵消补贴的在补贴项目方面官方变化的描述；和

（ⅳ）在复审最终结果中，包括在复审期间的可抵消补贴（如果有的话）和对受影响国家的政府在不迟于公布初步结果通知时作出的影响估算可抵消补贴在补贴项目方面的官方变化的描述。

［1997 年 5 月 19 日《联邦纪事》第 62 编第 27379 页，被 1998 年 3 月 20 日《联邦纪事》第 63 编第 13525 页修改］

第351.222节　废除命令；终止已中止的调查

（a）概述。"废除"是指结束已签发命令的反倾销或反补贴诉讼的术语。"终止"指因接受中止协议而中止调查从而结束诉讼程序的诉讼术语。一般来说，只有在商务部或委员会进行了据关税法第 751 节的一次或多次复审后，才能废除或终止。本节包含了关于对废除或复审要求的规则；和商务部在确定是否废除命令或终止已中止的调查时要遵循的程序。

（b）以没有倾销为依据而废除或终止。（1）（ⅰ）在确定是否废除反倾销税令或终止已中止的调查时，部长要考虑：

（A）在废除时命令或中止协议所包括的所有出口商和生产商，是否在至

少连续 3 年的时期内，以不低于公平价值销售涉案产品；和

（B）继续实施反倾销税令是否是抵消倾销所必需的。

（ii）如果部长以在本节第（b）(1)(i)(A) 和（B）段规定的标准为依据，确定反倾销税令或中止反倾销税调查不再有正当理由，部长要废除命令或终止调查。

（2）(i) 在确定是否部分废除反倾销税令时，部长要考虑：

（A）命令所包括的一个或多个出口商或生产商在至少连续 3 年的期间内，是否以不低于公平价值销售涉案产品；

（B）对部长以前已确定低于公平价值销售涉案产品的任何出口商或生产商，该出口商或生产商是否书面同意其在命令中的立即复原，只要任何出口商或生产商受命令约束，如果部长确定出口商或生产商在废除后以低于公平价值的价格销售涉案产品；和

（C）继续实施反倾销税令是否是抵消倾销所必需的。

（ii）如果部长以本节（b）(2)(i)(A) 至（C）段的标准为依据，确定对这些出口商或生产商的反倾销税令不再有正当理由，部长要对这些出口商或生产商废除命令。

（3）对非生产出口商的废除。在出口商不是涉案产品生产商的情况下，部长通常据本节第（b）(2) 段，仅就在形成废除依据的期间由供应出口商的这些公司制造或供应的涉案产品部分废除命令。

（c）以无可抵消补贴为依据废除或终止。(1)(i) 在确定是否废除反补贴税令或终止已中止的反补贴税调查时，部长要考虑：

（A）受影响国家的政府是否通过对涉案产品在至少连续 3 年的期间取消了部长已裁决补贴的所有项目而消除了对涉案产品的所有可抵消补贴；

（B）涉案产品的出口商和生产商是否继续从本节第（c）(1)(i)(A) 段所指的被取消的项目收到任何净可抵消补贴；和

（C）继续实施反补贴税令或中止反补贴税调查是否是抵消补贴所必需的。

（ii）如果部长以本节第（c）(1)(i)(A) 至（C）段规定的标准为依据，确定反补贴税令或中止反补贴税调查不再有正当理由，部长要废除命令或终止已中止的调查。

（2）(i) 在确定是否废除反补贴税令或终止已中止的反补贴税调查时，部长将考虑：

（A）在废除时命令或中止协议包括的所有出口商和生产商，是否在至少

连续 5 年的时期内，没有申请或收到对涉案产品的任何净可抵消补贴；和

（B）继续实施反补贴税令或中止反补贴税调查，是否是抵消补贴所必需的。

（ii）如果部长以本节（c）（2）（i）（A）和（B）段的标准为依据，确定反补贴税令或中止反补贴税调查不再有正当理由，部长要废除命令或终止已中止的调查。

（3）（i）在确定是否部分废除反补贴税令时，部长要考虑：

（A）命令所包括的一个或多个出口商或生产商，是否在至少连续 5 年内，没有申请或收到对涉案产品的任何净可抵消补贴；

（B）对部长以前已确定收到对涉案产品的任何净可抵消补贴的任何出口商或生产商，出口商或生产商是否书面同意其立即恢复，只要任何出口商或生产商受命令约束，如果部长确定出口商或生产商在废除后收到对涉案产品的任何净可抵消补贴；和

（C）继续实施反补贴税令是否是抵消补贴所必需的。

（ii）如果部长以本节第（c）（3）（i）（A）至（C）段的标准为依据，确定对这些出口商或生产商的反补贴税令不再有正当理由，部长应向这些出口商或生产商废除命令。

（4）对非生产出口商的废除。在出口商不是涉案产品的生产商的情况下，部长通常据本节第（c）（3）段，仅就在形成废除依据的期间由供应出口商的这些公司制造或供应的涉案产品部分废除命令。

（d）对未复审间隔年的处理。（1）一般规定。部长不据本节第（b）和（c）段废除命令或终止已中止的调查，除非部长已在这些段所指的连续 3 年和 5 年期间的第一和第三（或第五）年进行了据本分部分的复审。部长不需要对间隔年进行复审〔见本部分第（d）（2）段〕。然而，除了在据本节第（c）（1）段废除或中止的情况下（政府取消可抵消补贴项目），在废除命令或终止已中止的调查前，部长必须确信在三（或五）年的每一年间，废除或终止对其适用的涉案产品存在以商业数量向美国的出口。

（2）间隔年。"间隔年"指是废除或终止前提的连续年第一和最后一年之间的任何年。

（e）对废除或终止的要求。（1）反倾销诉讼。在公布反倾销令或中止调查第三个和后续每年该月，出口商或生产商可以书面要求部长就该人据本节第（b）段废除命令或终止已中止的调查，如果该人随要求提交：

（i）该人的证明，证明该人在第351.213（e）（1）节所述复审期间，该人以不低于正常价值的价格销售涉案产品，并且将来该人不低于正常价值销售商品。

（ii）该人的证明，证明在本节第（b）段所指的每一个连续年，该人以商业数量向美国销售涉案产品；和

（iii）如果适用，关于在本节第（b）（2）（iii）段所述命令或中止调查中恢复的协议。

（2）反补贴税诉讼。（i）在公布反补贴税令或中止反补贴税调查第三个和后续每年该月之间，受影响国家的政府可书面要求部长据本节第（c）（1）段废除命令和终止已中止的调查，如果政府随要求提交证明，证明在第351.213（e）（2）段所述复审期间它已满足了本节第（c）（1）（i）段关于废除反补贴项目的要求，并且它将不对涉案产品恢复这些项目和替代其他可抵消补贴项目；

（ii）在公布反补贴税令或中止反补贴税调查的第五个和后续每年的该月之间，受影响国家的政府可以书面要求部长据本节第（c）（2）段废除命令和终止已中止的调查，如果政府随要求提交：

（A）命令和中止协议所包括的所有出口商和生产商在至少连续5年的时期内，没有申请和收到对涉案产品的任何净可抵消补贴的证明［见本节第（c）（2）（i）段］；

（B）出口商和生产商的证明，证明其不对涉案产品申请或接受来自在涉及受影响国家的任何诉讼中部长已裁定补贴的任何项目或其他补贴项目的净可抵消补贴［见本节第（c）（2）（ii）段］；和

（C）来自每一个出口商或生产商的证明，证明在本节第（c）（2）段所指的每一个连续年，该人以商业数量向美国销售涉案产品；或者

（iii）在公布反补贴税令的第五个或后续每年该月之间，出口商或生产商可以书面要求部长就该人废除命令，如果该人随要求提交：

（A）该人在至少连续5年的时期内，没有就涉案产品申请或收到任何净可抵消补贴［见本节第（c）（3）（i）段］的证明，包括证明在与该人已提交废除要求有关的行政复审期间，该人收到零或微不足道的净可抵消补贴结论依据的计算；

（B）该人不就涉案产品申请或接受来自在受影响国家的任何诉讼中已被部长裁决补贴的任何项目或来自其他补贴项目的任何净可抵消补贴证明［见

本节第（c）（3）（ⅱ）段］；

（C）该人的证明，证明在本节第（c）（3）段所指的每一个连续年，该人以商业数量向美国销售涉案产品；和

（D）本节第（c）（3）（ⅲ）段所述协议（命令中的恢复）。

（f）程序。（1）收到据本节第（e）段对废除或终止的及时申请后，部长要视该申请包括对行政复审的要求，并发起和进行据第351.213节的复审。

（2）除了第351.221节关于进行行政复审的要求外，部长要：

（ⅰ）随据第351.221（b）（1）节的发起通知，公布《废除命令（部分）的要求》或《终止已中止的调查的要求》（以适用者为准）通知；

（ⅱ）进行据第351.307节的核查；

（ⅲ）在据第351.221（b）（4）节的复审初步结果中，包括部长关于是否有合理的依据相信已满足了废除或终止要求的决定；

（ⅳ）如果部长确定有合理的依据相信已满足了废除或终止要求，随据第351.221（b）（4）节的复审初步结果通知，公布《废除命令（部分）意图》或《终止已中止的调查的意图》（以适用者为准）通知；

（ⅴ）在据第351.221（b）（5）节的复审最终结果中，包括部长关于是否满足了废除或终止要求的决定；和

（ⅵ）如果部长确定已满足了废除或终止的要求，随据第351.221（b）（5）节的复审最终结果通知，公布《废除命令（部分）》或《终止已中止的调查》（以适用者为准）通知。

（3）如果部长全部或部分废除命令，部长要命令在复审期间后第一天对所涉商品不再中止清关，并指示海关解除任何押金或担保。

（g）基于情势变迁的废除或复审。（1）部长可以全部或部分废除命令，或终止已中止的调查，如果部长确定：

（ⅰ）占据与命令（或命令的一部分）或中止调查有关的国内同类产品几乎所有生产的生产商已表示在全部或部分命令或中止调查中缺乏利益［见关税法第782（h）节］；或者

（ⅱ）足以有理由废除或终止的其他情势变迁存在。

（2）如果在任何时间，部长从可获得信息确定足以有理由废除或终止的情势变迁存在，部长要进行第351.216节的情势变迁复审。

（3）除了第351.221节的要求外，部长要：

（ⅰ）随发起通知［见第351.221（b）（1）节］，公布《废除命令（部分）

的考虑》或《终止已中止的调查考虑》（以适用者为准）通知；

（ii）如果部长关于情势变迁（见本节第（g）（2）段）可能存在的结论不是以要求为依据的，部长在不迟于公布《废除命令（部分）的考虑》或《终止已中止的调查考虑》（以适用者为准）［见本节第（g）（3）（i）段］日，向商务部送达清单上列出的每一个利害关系方和部长有理由相信是国内利害关系方的任何其他人送达审改废除或取消的书面通知。

（iii）如果合适，进行据第351.307节的核查；

（iv）在据第351.221（b）（4）节的复审初步结论中，包括部长关于是否存在合理的依据相信情势变迁为废除或终止提供理由的决定；

（v）如果部长的初步决定是情势变迁为废除或终止提供了理由，随据第351.221（b）（4）节的复审初步结果通知，公布《废除命令（部分）的意图》或《终止已中止的调查的意图》（以适用者为准）通知；

（vi）在据第351.221（b）（5）节的复审最终结果中，包括对部长是否根据情势变迁决定废除或终止提供理由；和

（vii）如果部长确定情势变迁为废除或终止提供了依据，随据第351.221（b）（5）节的复审最终结果通知，公布《废除命令（部分）》或《终止已中止的调查》（以适用者为准）通知。

（4）如果部长据本节第（g）段全部或部分废除命令，部长要命令从废除通知生效日开始，对废除所包括的商品的中止清关结束，并指示海关解除任何押金或担保。

（h）基于损害重新考虑的废除或终止。如果委员会在据关税法第751（b）（2）节的情势变迁复审中确定废除命令或终止已中止的调查不可能导致实质损害继续或再度出现，部长要全部或部分废除命令或终止已中止的调查，并在《联邦纪事》公布《废除命令（部分）》或《终止已中止的调查》（以适用者为准）通知。

（i）基于定期废止复审的废除或终止—（1）部长据以废除命令或终止已中止调查的情势。在据第351.218节的定期废止复审中，部长要在以下时间废除命令或终止已中止的调查：

（i）据关税法第751（c）（3）（A）节，当国内利害关系方没有据351.218（d）（1）节提交有意参加定期废止复审的通知，或部长据第351.218（e）（1）（i）（C）节确定国内利害关系方已对发起通知提供了不充分的答复时，不迟于《联邦纪事》公布发起通知后90天；

（ii）据关税法751（d）（2）节，当部长确定废除或终止不可能导致可抵消补贴或倾销继续或再度出现时［见关税法第752（b）节和第752（c）节］时，适用的话，不迟于《联邦纪事》公布发起通知后240天（或330天，当全面复审被全面延长时）；或者

（iii）据关税法第751（d）（2）节，当国际贸易委员会据关税法第752（a）节作出废除或终止不可能导致实质损害继续或再度出现的裁定时，不迟于《联邦纪事》公布国际贸易委员会结束定期废止复审裁定日后7天。

（2）废除的生效日—（i）一般规定。除本节第（i）（2）（ii）段的规定外，当部长据关税法第751（c）（3）（A）节或第751（d）（2）节废除命令或终止已中止的调查［见本节第（i）（1）段］时，废除或终止从《联邦纪事》公布命令或中止调查的第5周年生效。本段也适用于对过渡命令的后续复审［见本节第（i）（2）（ii）段和关税法第751（c）（6）（A）（iii）节］。

（ii）过渡命令。当部长据关税法第751（c）（3）（A）节或第751（d）（2）节［见本节第（i）（1）段］废除［关税法第751（c）（6）（C）节定义的］过渡命令时，废除或终止从2000年1月1日生效。本段不适用于对过渡命令的后续复审［见关税法第751（c）（6）（A）（iii）节］。

（j）以委员会据关税法第753节的否定裁定为依据废除反补贴税令。被委员会通知以下内容后，部长要废除反补贴税令，并命令退还在据关税法第753（a）（4）节清关期间征收的所有估算反补贴税和利息：

（1）委员会已确定，如果废除所涉反补贴税令，美国产业不可能受到实质损害［见关税法第753（a）（1）节］；或者

（2）国内利害关系方没有提交对据关税法第753（a）节调查的及时要求［见关税法第753（a）（3）节］。

（k）以第4条／第7条复审为依据废除—（1）一般规定。在据第351.217（c）节的第4条／第7条的复审后，部长可因美国实施反措施或世界贸易组织成员国家撤销可抵消补贴而全部或部分废除反补贴税令［见关税法第751（g）（2）节］。

（2）附加要求。除第351.221节的要求外，如果部长因为第4条／第7条的结果而决定废除命令，部长要：

（i）进行据第351.307节的核查，如果合适；

（ii）在据第351.221（b）（5）节的复审最终结果中，包括部长关于是否应废除命令的最终决定；

（iii）如果部长的最终决定是废除命令：

（A）确定废除的生效日；

（B）随据第 351.221（b）（5）节的复审最终结果通知，公布《废除命令（部分）》，并包括废除的生效日；和

（C）命令废除生效日或以后废除所包括商品的任何中止清关结束，并指示海关解除任何押金或担保。

（l）据第 129 节的废除。部长可以据《乌拉圭回合协定法》（实施世界贸易组织争端解决）第 129 节废除命令。

（m）过渡规则。在时期据《乌拉圭回合协定法》第 291（a）（2）节受据在其被《乌拉圭回合协定法》修正之前的关税法规则复审约束的情况下，并且为确定是否满足了本节第（b）和（c）段的三或五年要求，下述规则适用：

（1）反倾销诉讼。部长将把不低于外国市场价值的销售视为不低于正常价值的销售。

（2）反补贴税诉讼。部长将把在其被《乌拉圭回合协定法》修正之前的关税法第 771（5）节定义的如无补贴，视为被《乌拉圭回合协定法》修正后的关税法第 771（5）节定义的如无可抵消补贴。

（n）对照。对在后续调查中对向部长提交的与据第 351.216 节的情势变迁复审和据第 351.218 节的定期废止复审有关的、导致废除命令（和终止已中止的调查）的企业专有信息的处理，见关税法第 777（b）（3）节。

［1997 年 5 月 19 日《联邦纪事》第 62 编第 27379 页，被 1998 年 3 月 20 日《联邦纪事》第 63 编第 13523 页和 1999 年 9 月 22 日《联邦纪事》第 64 编第 51240 页修改］

第351.223节 发起下游产品监督的程序

（a）概述。关税法第 780 节建立了一种监督"下游产品"进口的机制。一般来说，关税法第 780 节针对这样一种情况：对在另一种产品中被用作部件的产品签发反倾销和反补贴税令后，其他（或"下游"）产品对美国的出口增加。虽然商务部负责确定是否应监督下游产品贸易，但委员会负责进行实际监督。委员会必须将其监督结果报告商务部，并且商务部在确定是否自行对下游产品发起反倾销或反补贴税调查时，必须考虑该报告。本节包含了关于申请发起下游产品监督和关于此类申请决定的规则。

（b）申请的内容。指定下游产品供据关税法第780节监督的申请，必须在申请人可合理获得的最大限度内，包括以下信息：

（1）要求监督的人的姓名和地址，以及对它生产的、提交其申请依据的物品的描述；

（2）对所涉下游产品的详细描述；

（3）对组装到下游产品中部件产品的详细描述，包括与下游产品的价值有关部件部分的价值，以及部件部分因为其被组装到下游产品中而实质改变的程度；

（4）下游和部件产品生产国的名称和从其进口商品的任何中间国的名称；

（5）在相关国家部件部分和下游产品的所有已知生产商的名称和地址，以及对这些生产商之间的任何关系的描述；

（6）部件部分是否已受到监督，以帮助实施《1984年贸易和关税法》第804节意义上的双边协议；

（7）对与部件部分有关且在生产部件部分的同一外国生产的商品的已被中止的所有反倾销或反补贴税调查，或已被签发的反倾销或反补贴税令清单；

（8）对由部件部分的制造商或出口商制造或出口，且与部件部分在种类和用途上类似的商品的已被中止的所有反倾销或反补贴税调查，或已被签发的反倾销或反补贴税令清单；和

（9）怀疑实施反倾销或反补贴税已导致部件部分的出口转移到下游产品增加的生产和对美国的出口上的理由。

（c）确定申请的充分性。在据本节第（b）段提交申请后14天内，部长通过作出关税法第780（a）（2）节的裁定而对申请的充分性作出裁决。

（d）裁定的通知。部长要在《联邦纪事》公布据关税法第780（a）（2）节作出的每一个肯定或否定"监督"裁定通知，并且如果据关税法第780（a）（2）（A）节的裁定和据关税法第780（a）（2）（B）节任何一款作出的裁定是肯定的，要向委员会传递裁定和申请的副本。部长要向委员会和其直接参与监督的雇员提供部长发起所依据的信息。

第351.224节　披露计算和更正行政差错的程序

（a）概述。为透明原则，商务部长期以来有一惯例，向当事人提供计算反倾销或反补贴税的细节。该惯例被称为"披露"。本节包含了关于披露要求

的规则和更正细微差错的程序。

（b）披露。部长通常在初步裁定、最终裁定或复审最终结果（以适用者为准）公开宣布后5天内，或如无公开宣布，在公布日后5天内，向诉讼当事人披露与据关税法第703（b）节或第733（b）节作出的初步裁定、据关税法第705（a）节或第735（a）节的最终裁定、以及据关税法第736（c）节、第751节或第753节的复审最终结果有关的计算（如果有的话）。部长通常在不迟于复审初步结果公开宣布后10天，或者，如无公开宣布，在公布日后5天内，向诉讼当事人披露进行的与关税法第751节或第753节的复审初步结果有关的计算（如果有的话）。

（c）关于行政差错的评论—（1）一般规定。部长已向其披露进行的与初步裁定有关的计算的当事人，可以提交关于此类计算的重要行政差错的评论。部长向其披露进行的与最终裁定或复审最终结果有关的计算的诉讼当事人，可以提交关于在此类计算中的任何行政差错的评论。关于复审初步结果行政差错的评论，应包含在当事人的案情摘要中。

（2）提交评论的时间限制。诉讼当事人必须在以下日期中较早者5日内，提交对行政差错的评论：

（i）部长向该当事人发布披露文件的日期；或

（ii）部长与该当事人举行披露会议的日期。

（3）对评论的答复。对据本节第（c）（1）段提交的评论的答复，必须在向部长提交该评论后5天内提交。部长不考虑对提交的与初步裁定有关的评论的答复。

（4）延期。在公开宣布最终裁定或复审最终结果后3天内，或者，如无公开宣布，在公布后5天内，诉讼当事人可以要求延长就据第351.302（c）节的最终裁定或复审最终结果行政差错提交评论的时间限制。部长不对提交关于初步裁定重要行政差错的评论延长时间限制。

（d）评论和答复的内容。据本节第（c）（1）段提交的评论，必须通过参考官方记录中的适用证据解释所指控的行政差错，并且，必须提出当事人认为适当的更正。此外，关于初步裁定的评论，必须通过说明对单独加权平均倾销幅度或反补贴税率、所有其他税率或国家范围的补贴率（以适用者为准）的影响，证明指控的行政差错如何是重大的（见本节第（g）段）。对任何评论的答复，必须限定在该评论提出的问题。

（e）更正。部长要分析收到的任何评论，并且，如果适当，通过修改初步裁定更正任何重要行政差错，或者通过修改最终裁定或复审最终结果（以适用者为准）更正任何行政差错。当可行时，部长要公开宣布签发更正通知，并且，通常在公开宣布初步裁定、最终裁定或复审最终结果（以适用者为准）后30天内，或者，如无公开宣布，在公布后30天内，签发更正通知。此外，部长要在《联邦纪事》公布该更正通知。就要求行政复审（见第351.213节）或新出口商复审（见第351.214节）或发起定期废止复审（见第351.218节）而言，更正通知不改变命令或中止调查的周年月。

（f）"行政差错"的定义。在本节中，行政差错指加、减或其他算术函数、由于不正确的复制、复印或类似问题的誊抄工作中的差错，以及行政机关认为行政的任何其他类似非故意差错。

（g）"重大行政差错"的定义。在本节中，重大行政差错指对其更正，单独或与其他差异一起将导致以下后果的行政差错（见本节第（f）段）：

（1）将导致在原始（错误的）初步裁定中计算的加权平均倾销幅度或反补贴税率（以适用者为准）至少5个绝对百分点且不低于25%的变化；或者

（2）将导致在零（或微不足道）加权平均倾销幅度或反补贴税率（以适用者为准）和超过微不足道的加权平均倾销幅度或反补贴税率之间的差异，或者，反之亦然。

第351.225节　范围裁决

（a）概述。问题源于特定产品是否在反倾销或反补贴税令或中止调查的范围之内。能够出现该问题，是因为在商务部裁定中包括的涉案产品的产品描述，必须以通用术语写成。在其他时间，国内利害关系方可以指控进口产品或进口产品装配地点的变化构成关税法第781节的规避。当出现此类问题时，商务部签发"范围裁决"，就特定产品澄清命令或中止的调查的范围。本节包含了关于范围裁决，对范围裁决的要求，范围调查的程序和用于确定产品是否在命令或中止的调查范围内标准的规则。

（b）自行发起。如果部长从可获得的信息确定有理由调查以确定产品是否包括在反倾销或反补贴税令或中止的调查范围内时，部长应发起调查，并通知在商务部范围送达清单上的所有当事人它发起范围调查。

（c）据申请——（1）申请的内容和送达。任何利害关系方可以就特定产品是否在命令或中止的调查范围之内申请裁决。申请必须送达在本节第（n）段所述送达清单范围内的所有当事人，并且在利害关系方可合理获得的范围内，必须包含以下内容：

（i）对产品的详细说明，包括其技术特征和用途，及其目前的美国关税分类号码；

（ii）利害关系方关于产品是否在命令或中止的调查范围内立场的陈述，包括：

（A）对该结论理由的摘要；

（B）对任何适用法定权限的援引，以及

（C）支持该援引的任何事实信息，包括来自部长或委员会调查部分的节录，和有关的以前的范围裁决。

（2）申请措施的最后期限。在收到范围裁决申请后 45 天内，部长应据本节第（d）段签发最终裁决或据本节第（e）段发起范围调查。

（d）以申请为依据的裁决。如果部长仅以申请和本节第（k）(1)段所指的对商品的说明为依据，能够确定产品是否属于命令或中止的调查范围，部长要就产品是否包括在命令或中止的调查范围内签发最终裁决。部长要通知在商务部范围送达清单［见本节第（n）段］上的所有人该最终裁决。

（e）当有理由进一步调查时的裁决。如果部长确定仅以申请和本节第（k）(1)段所指的对商品的说明为依据，不能够确定产品是否属于命令或中止的调查范围，部长应通过邮件通知在商务部范围送达清单上的所有当事人发起范围调查。

（f）通知和程序。（1）据本节第（b）或（e）段签发的范围调查发起通知，包括：

（i）对是范围调查对象的产品的说明；和

（ii）对部长发起范围调查决定原因的解释；

（iii）提交评论的日程表，该日程表通常给予利害关系方 20 天时间提交与调查有关的评论和与调查有关的具有证明作用的事实信息，并给予 10 天时间提交对此类评论的任何辩驳。

（2）当合适时，部长可以签发问卷并核实收到的呈递。

（3）当部长确定范围调查提出了重大异议问题时，部长可以以当时可获得的信息为依据，就是否存在合理的依据相信或怀疑受范围调查的产品包括在命令或中止的调查内签发初步范围裁决。部长要通知商务部范围送达清单［见本节第（n）段］上的所有当事人初步范围裁决，并邀请评议。除非另有规定，在收到通知起 20 天内，利害关系方提交评论，并且之后有 10 天时间提交辩驳评论。

（4）部长应就范围调查对象的产品是否属于命令或中止的调查内签发最终裁决，包括对最终裁决所依据的事实和法律结论的解释。部长要通知在商务部范围送达清单［见本节第（n）段］上的所有当事人最终范围裁决。

（5）部长通常在发起据本节的调查后 120 天内，签发据本节（其他范围裁决）第（k）段的最终裁决。部长通常在发起范围调查后 300 天内，签发据本节第（g）、（h）、（i）或（j）段（据关税法第 781 节的规避裁决）的最终裁决。

（6）在部长提供发起范围调查通知时［见本节第（e）（1）段］时，如果据第 351.213 节的行政复审、据第 351.214 节的新出口商复审或据第 351.215 节的加速反倾销复审在进行中，部长可以与该复审一起进行范围调查。

（7）（i）在以据以下章节的裁定为依据签发据本节第（f）（4）段的最终裁决前，部长要书面通知委员会拟定的将产品包括在命令中：

（A）关税法第 781（a）节，关于在美国完成或组装的商品（不是细微的完成或组装）；

（B）关税法第 781（b）节，关于在其他外国完成或组装的商品；或

（C）关税法第 781（d）节，关于后期开发的产品，该产品包含了重大技术进步或对原先产品的重大改变。

（ii）如果部长应委员会的书面要求，据本节第（f）（7）（i）段通知委员会，部长要与委员会就提议所包括的进行磋商，并且，任何此类磋商要在该要求后 15 天内完成。经磋商后，如果委员会认为拟议在命令中纳入产品会出现重大损害问题，委员会可以就包括的产品是否与命令所依据的肯定损害裁定不一致而向部长提供书面意见。

（g）在美国完成或组装的产品。根据关税法第 781（a）节，部长可以将在命令有效期内的任何时间用于在美国完成或组装商品的、关税法第 781（a）（1）（B）节所指的进口零件或部件，包括在反倾销或反补贴税令范围之内。在作出该裁定时，部长认为关税法第 781（a）（2）节所指的任何单一因素不具有主导作用。在据关税法第 781（a）（1）（D）节确定从关联人那里购买的零件或部件的价值或据关税法第 781（a）（2）（E）节关联人进行加工的零件或部件的价值时，部长可据关税法第 773（f）（3）节以生产该零件或部件的成本为依据，确定该零件或部件的价值。

（h）在其他外国完成或组装的产品。根据关税法第 781（b）节，部长可将在命令有效期内的任何时间，在命令适用的国家以外的外国完成或组装的进口商品，包括在反倾销或反补贴税令范围之内。在作出该裁定时，部长认为关税法第 781（b）（2）节所指的任何单一因素不具有主导作用。在据关税法第 781（b）（1）（D）节确定从关联人那里购买的零件或部件的价值，或据关税法第 781（b）（2）（E）节确定关联人加工的零件或部件的价值时，部长可据关税法第 773（f）（3）节以生产该零件或部件的成本为依据，确定该零件或部件的价值。

（i）商品的细微改变。根据关税法第 781（c）节，部长可以将在形式或外观方面有细微改变的商品纳入反倾销或反补贴税令范围。

（j）后期开发商品。在确定后期开发商品是否属于反倾销或反补贴税令范围时，部长要适用关税法第 781（d）节。

（k）其他范围裁定。关于在本节第（g）至（j）段没有包括的那些范围裁定，在考虑特定产品是否包括在命令或中止的调查范围之内时，部长要考虑以下各项：

（1）在申请、原始调查和部长与委员会的裁定（包括以前的范围裁定）中包含的对商品的说明。

（2）当以上标准不具有决定性时，部长要进一步考虑：

（i）产品的物理特征；

（ii）最终用户的期望；

（iii）产品的最终用途；

（iv）销售产品的贸易渠道；和

（v）宣传和陈列产品的方式。

（l）中止清关。（1）当部长进行据本节第（b）和（e）段的范围调查，且所涉产品已中止清关时，在初步或最终范围裁决前，中止清关将以产品被裁决属于命令范围时适用的押金率而继续。

（2）如果部长据本节第（f）（3）段签发初步范围裁决，裁定所涉产品包括在命令范围之内，本节第（l）（1）段所述的任何中止清关将继续。如果清关没有被中止，部长要指示海关对在发起范围调查或以后为消费而进口或从仓库提取的产品的每一个未清关的条目中止清关，并以适用的比率缴纳估算税押金。如果部长签发了初步范围裁决，裁定所涉商品不包括在命令范围之内，部长要命令对商品的任何中止清关结束，并指示海关退还与该产品有关的任何押金或解除与该产品有关的任何担保。

（3）如果部长据本节第（d）或（f）（4）段签发了最终范围裁决，裁定所涉产品包括在命令范围之内，据本节第（1）（1）或（1）（2）段的任何中止的清关继续。如无中止清关，部长要指示海关中止对在发起范围调查日或以后为消费而进口或从仓库提取的产品的清关，并以适用的比率缴纳估算税押金。如果部长的最终范围裁决是所涉产品不包括在命令范围之内，部长要命令对涉案产品的任何中止的清关结束，并指示海关退还与该产品有关的任何押金或解除与该产品有关的任何担保。

（4）如果在据本子部分对命令或中止清关发起复审后90天内，部长签发了最终裁决，裁定产品包括在作为复审对象的命令或中止的调查范围之内，当合适时，部长要为复审之目的而将包括该产品的销售，并寻求关于该销售的信息。如果部长在发起复审后90天签发了最终裁决，部长可以可获得的非不利事实为依据，为复审之目的而考虑产品的销售。然而，尽管范围调查的未决性，如果部长认为合适，部长可以为据本子部分的复审之目的，要求关于作为范围调查对象的产品的信息。

（m）涉及相同产品的命令。除涉及关税法第781（a）节或第781（b）节（在美国或第三国组装零件或部件）的范围调查或范围裁决外，如果一个以上命令或中止的调查涉及同一涉案产品，并且如果部长认为合适，部长可以进行一个调查，并签发适用于所有此类命令或中止的调查的单一范围裁决。

（n）申请的送达；范围送达清单。第351.303（f）节的要求适用于本节，除了范围裁决申请必须送达商务部范围送达清单上的所有人。就本节而言，"范围送达清单"包括已参加诉讼的任何环节的所有人。如果在一个诉讼中的范围裁决申请导致适用于另一个诉讼的单一调查（见本节第（m）段），部长要通知其他诉讼的范围送达清单上的人范围裁决申请。

（o）公布范围裁决清单。部长要在季度基础上于《联邦纪事》公布最近3个月签发的范围裁决清单。该清单包括案件名称、援引号码和裁决的简要说明。

第三分部分　信息和辩论

第351.301节　提交事实信息的时间限制

（a）概述。商务部从利害关系方在诉讼过程中提交的呈递取得在反倾销或反补贴税诉讼中的大多数事实信息。本节规定了提交此类事实信息的时间限制，包括在问卷答复中的信息，在非市场经济国家案件中评估因素公开可获得的信息，关于市场有效性的指控，低于生产成本价格销售的指控，可抵消补贴指控和上游补贴指控。第351.302节规定了要求延长此类时间限制的程序。第351.303节包含关于提交、格式、翻译、送达和证明文件的规则。

（b）一般时间限制。除本节第（c）和（d）段和第351.302节的规定外，提交事实信息不应迟于以下日期：

（1）对反补贴税调查和反倾销调查中的最终裁定，安排的对任何人的核查开始前7天，但核查官员要求的来自某人的事实信息通常应不迟于对该人的核查结束后7天提交；

（2）对行政复审的最终结果，每年该月最后一天后140天，但核查官员要求的来自某人的事实信息通常应不迟于对该人的核查结束日后7天提交；

（3）对情势变迁复审、定期废止复审或第762节复审的最终结果，公布发起复审通知后140天，但核查官员要求的来自某人的事实信息通常应不迟于对该人的核查结束后7天提交；

（4）对新出口商复审最终结果，公布发起复审通知后100天，但核查官员要求的来自某人的事实信息通常应不迟于对该人的核查结束后7天提交；

（5）对加速行政复审、第8条违反复审、第4条/第7条复审或第753节复审的最终结果，部长规定的日期。

（c）对某些呈递的时间限制。（1）答辩、澄清或对事实信息的更正。任何利害关系方可以在本节规定的提交此类事实信息的最后期限前的任何时间，提交事实信息，以对任何其他利害关系方提交的事实信息进行答辩、澄清或更正。如果事实信息在少于提交此类事实信息的适用最后期限前、当日或以后（通常只有经商务部许可）提交，利害关系方可以在不迟于此类事实信息送达利害关系方后 10 天，提交事实信息，以答辩、澄清或更正该事实信息，或者，如果适当，据行政保护令向授权申请人提供。

（2）问卷答复和经要求的其他呈递。（i）尽管有本节第（b）段，在诉讼过程中，部长可以在诉讼的任何时间要求任何人提交事实信息。

（ii）在部长致利害关系方对问卷答复或其他事实信息的书面要求中，部长要规定以下内容：提交答复的时间限制；要提供的信息；利害关系方必须提供信息的形式和方式；以及不在规定的日期以要求的方式和形式提交要求的信息，可能导致据关税法第 776 节和第 351.308 节使用可获得事实。

（iii）从收到日起，利害关系方有至少 30 天时间答复全部原始问卷。答复问卷个别部分的时间限制，如果部长要求对该部分进行单独答复，可以少于为答复全部问卷分配的 30 天。收到日期是从发出原始问卷日开始 7 天。

（iv）利害关系方据关税法第 782（c）（1）节，在提交信息以答复部长签发的问卷方面的困难通知，要在收到原始问卷后 14 天内书面提交。

（v）被告利害关系方可以书面要求部长进行问卷展示（a questionnaire presentation）。如果部长通知受影响国家的政府且该政府没有异议，部长可以进行问卷展示。

（3）提交公开可获得的信息以评估据第 351.408（c）节的因素。尽管有本节第（b）段，利害关系方可以在以下时间内，提交公开可获得的信息，以评估据第 351.408（c）节的因素：

（i）对反倾销调查中的最终裁定，初步裁定公布后 40 天；

（ii）对行政复审、新出口商复审或情势变迁复审的最终结果，复审初步结果公布后 20 天；和

（iii）对加速反倾销复审的最终结果，部长规定的日期。

（d）对某些指控的时间限制—（1）市场有效性和确定基于价格的正常价值的依据。在反倾销调查或行政复审中，关于市场有效性的指控，包括第 351.404（c）（2）节的例外，应随所有支持事实信息，在原始问卷发放后 40 天内提交，除非部长改变了该时间限制。

（2）低于生产成本价格的销售。申请人或其他国内利害关系方提出的低于生产成本价格的销售指控，应在以下时间内提交：

（i）在反倾销调查中，

（A）在国家范围基础上，向任何人发放原始问卷日后 20 天，除非部长改变了该时间限制；或

（B）在特定公司基础上，被告利害关系方提交对问卷相关部分的答复后 20 天，除非部长认为相关的问卷答复不完整，在这种情况下，部长要确定时间限制；

（ii）在行政复审、新出口商复审或情势变迁复审中，在特定公司基础上，被告利害关系方提交对问卷相关部分的答复后 20 天，除非部长认为相关的问卷答复不完整，在这种情况下，部长要确定时间限制；或者

（iii）在加速反倾销复审中，在特定公司基础上，发起复审通知公布后 10 天。

（3）关联方以低于关联方生产成本价格采购主要投入。申请人或其他国内利害关系方提出的关联方以低于关联方生产成本价格采购主要投入的指控，应在被告利害关系方提交对问卷相关部分的答复后 20 天提交，除非部长认为相关的问卷答复不完整，在这种情况下，部长要确定时间限制。

（4）可抵消补贴；上游补贴—（i）一般规定。申请人或其他国内利害关系方提出的可抵消补贴指控，应不迟于以下日期：

（A）在反补贴税调查中，初步裁定的计划日期前 40 天；或

（B）在行政复审、新出口商复审或情势变迁复审中，向商务部提交对原始问卷的所有答复后 20 天，除非部长改变该时间限制。

（ii）调查中上游补贴指控的例外。在反补贴税调查中，申请人或其他国内利害关系方提交的上游补贴指控，应不迟于以下日期：

（A）初步裁定的计划日期前 10 天；或者

（B）最终裁定的计划日期前 15 天。

（5）目标倾销。在反倾销调查中，申请人或其他国内利害关系方据第 351.414（f）（3）节提出的目标倾销指控，应在不迟于初步裁定的计划日期前 30 天提出。

（6）不可诉和绿箱主张—（i）一般规定。特定补贴或补贴项目应被赋予关税法第 771（5B）、（C）或（D）节（"不可诉补贴"）或关税法第 771（5B）（F）节（"绿箱补贴"）的非可抵消地位的主张，必须由适格的政府随对该项目投资和/或管理负责的政府机关充分参与提出。此类主张，不迟于以下日期：

（i）在反补贴税调查中，初步裁定的计划日期前 40 天，或；

（ii）在行政复审、新出口商复审或情势变迁复审中，向商务部提交对原始问卷的所有答辩后 20 天，除非部长改变该时间限制。

（7）通知补贴的调查。如果部长确定不存在充分的证据证明指控的补贴或补贴项目已根据世界贸易组织《补贴与反补贴措施协定》第 8.3 条被通知，指控的补贴或补贴项目要被包括在反补贴税调查或行政、新出口商或情势变迁复审中。如果主张不可诉的政府机关向部长证实，指控的补贴或补贴项目已被通知，部长要终止通知补贴的调查。

［1997 年 5 月 19 日《联邦纪事》第 62 编第 27397 页，被 1998 年 11 月 25 日《联邦纪事》第 63 编第 65417 页修改；2008 年 12 月 10 日《联邦纪事》第 73 编第 74932 页］

第351.302节　时间限制的延长；不合时宜提交或未被要求材料的退回

（a）概述。本节规定了要求延长时间限制的程序。此外，本节说明了某些不合时宜提交的或未被要求的材料退回提交人，随附退回原因的解释。

（b）时间限制的延长。除法律明确禁止外，部长可因为正当理由而延长本部分确定的任何时间限制。

（c）要求延长特定的时间限制。在第 351.301 节规定的适用时间限制前，当事人可以据本节第（b）段要求延期。要求必须采取书面形式并说明要求的理由。给予当事人的延长，必须书面批准。

（d）退回不合时宜提交的或未被要求提交的材料。（1）除非部长据本节第（b）段延长时间限制，部长不考虑或保存在诉讼官方记录中的以下材料：

（i）部长退回提交人的不合时宜提交的事实信息、书面答辩或其他材料，除非第 351.104（a）（2）节另有规定；或者

（ii）未被要求的问卷答复，除非第 351.204（d）（2）节另有规定。

（2）部长退回此类信息、辩论或其他材料或未被要求的问卷答复，随附在可行范围内说明退回原因的书面通知。

第351.303节　文件的提交、格式、翻译、送达和证明

（a）概述。本节包含了关于文件提交、格式、送达、翻译和证明的程序规则，并适用于向商务部提交文件以供反倾销或反补贴税诉讼所有利益相关方参阅。

（b）提交地点；提交时间。当事人必须在工作日上午 8:00 至下午 5:00 之间（见第 351.103（b）节），写明地址并向商务部部长提交所有文件，收件人：哥伦比亚特区，华盛顿，西北区，14 号街和宪法大道，美国商务部，1870 室，中心记录室，进口管理局，邮政编码 20230。如果适用时间限制在非工作日结束，部长要接受在下一个工作日提交的文件。

（c）副本数量；据一天时间间隔规则提交企业专有和公开版本信息；双方括号中的信息—（1）一般规定，除本节第（c）（2）和（c）（3）段规定外，当事人必须向美国商务部提交每一份呈递的 6 份副本。

（2）一天时间间隔规则的使用—（i）提交企业专有版本。当事人必须在适用的时间限制内，向商务部提交任何文件的企业专有版本。企业专有版本指包含当事人对其主张据第 351.304 节企业专有处理的信息的文本版本。

（ii）提交最终企业专有版本；方括号更正。在据本节第（c）（2）（i）段提交企业专有版本后一个工作日结束时，当事人必须向商务部提交文件企业专有版本的 6 份副本。最终企业专有版本必须与以前提交的企业专有版本相同，但任何方括号更正例外。虽然当事人必须向商务部提交完整的最终企业专有版本的 6 份副本，该人可以仅向其他人送达包括方括号更正的那些页。

（iii）提交公开版本。在据本节第（c）（2）（ii）段提交最终企业专有版本的同时，当事人也必须向商务部提交该文件公开版本的 3 份副本（见第 351.304（c）节）。

（iv）双方括号中的信息。如果当事人向授权申请人送达了据第 351.304（b）（2）节在双方括号中排除信息的文件的企业专有版本，该人必须同时向商务部提交双括号中的信息被删除的那些页码的 1 份副本。

（3）计算机媒介和打印输出。部长可以要求以计算机媒介提交事实信息，除非部长修改了据关税法第 782（c）节的要求（见第 351.301（c）（2）（iv）节）。计算机媒体必须随附部长规定的任何计算机打印输出的副本份数。在计算机媒介上的所有信息，必须据行政保护令公开（见第 351.305 节）。

（d）副本的格式——（1）一般规定。除非部长改变了本节的要求，向商务部提交的文件，必须遵守本节（d）（2）段的说明和标识要求，否则，部长可以为诉讼官方记录而拒绝接收此类文件。

（2）规格和标识。当事人必须以标准信函纸提交文件，单面，隔行，双倍行距，并且，必须安全地将每一份副本装订为一份单一的文件，传递函作为该文件的第一页。提交人必须以以下格式，在每一份文件的第一页的右上角进行标识：

（i）在第一行，除申请外，标明商务部案件号码；

（ii）在第二行，标明文件页码总数，包括封面页、附录和任何未编号页；

（iii）在第三行，标明该文件是否供调查、范围调查、规避调查、下游产品监督申请或复审使用，并且，如果是后者，说明复审包括的日期、复审的类型和与复审类型对应的关税法的章节号；

（iv）在第四行，标明进行该诉讼的商务部职员；

（v）在第五行和以后各行，标明文件的任何部分是否包括企业专有信息，并且，如果是，列出相应的页码，并说明"文件可据行政保护令公开"或"文件不可据行政保护令公开"。在包含企业专有信息的每一页顶部标明"要求企业专有处理"。此外，在据第 351.303（c）（2）（i）节（一天间隔规则）提交的企业专有版本副本中包含企业专有信息的每一页的顶部，加入"对提交日后一个工作日，企业专有信息中的括号不是最终的"警告。在据第 351.303（c）（2）（ii）节（见第 351.303（c）（2）节和第 351.304（c）节）在下一个工作日提交的企业专有版本副本，不要插入该警告。

（vi）对第 351.304（c）节要求的企业专有文件的公开版本，按照本节第（d）（2）（i）至（v）段对企业专有文件的要求填写标识，但在第一页上明显标注"公开版本"。

（e）翻译成英文。以外国语言提交的文件，必须随附全部文件的英语译文，或者仅相关部分的英语译文（如果合适），除非部长对单个文件放弃该要求。在向商务部提交前，当事人必须取得商务部对仅提交文件的一部分英语译文的批准。

（f）送达其他人副本——（1）（i）一般规定。除第 351.202（c）节（提交申请）、第 351.207（f）（1）节（提交提议的中止协议）和本节第（f）（3）段的规定外，向商务部提交文件的人，必须同时通过个人送达和普通邮件向送达清单上的所有其他人送达文件副本。

（ii）送达公开版本或当事人自己的企业专有信息。尽管有本节第（f）（1）（i）和（f）（3）段，向送达清单上的人送达文件的公开版本或仅包含送达人自己的企业专有信息文件的企业专有版本，可以通过传真传送或其他电子传送方式进行，须经被送达人同意。

（2）送达证明。向商务部提交的每一份文件，必须包括一份送达证明，列出被送达的每一个人（包括代理）、被送达文件的类型、日期和送达每一个人的方式。部长可拒绝接受没有随附送达证明的任何文件。

（3）对某些文件的送达要求——（i）摘要。除本节第（f）（2）段包括的送达证明要求外，向商务部提交案件或辩驳摘要的人，必须同时将该摘要的一份副本送达在送达清单上的所有人和在诉讼环节中已提交案件或辩驳摘引的任何美国政府机构。如果据第351.103（c）节，某人已指定代理接收位于美国的送达，那么对该人的送达必须在提交的同日通过个人送达或在次日通过隔夜邮件或信使送达。如果该人已指定代理接收位于美国以外的送达，那么对该人的送达必须通过普通航空邮件。

（ii）对复审的要求。除本节第（f）（2）段包括的送达证明要求外，向商务部提交加速反倾销复审、行政复审、新出口商复审或情势变迁复审要求的利害关系方，必须在周年月末或提交复审要求10天内（以较晚者为准），通过个人送达或普通邮件，将要求的副本送达要求中规定的出口商或生产商和申请人。如果提交要求的利害关系方不能够找到特定出口商或生产商或申请人，部长可以接受对复审的要求，如果部长确信该方为送达副本进行了合理的尝试。

（g）证明。当事人必须随包含事实信息的每一份呈递，提交本节第（g）（1）段的证明，并且，此外，如果该人有法律顾问或其他代表，提交本节第（g）（2）段的证明：

（1）对正式负责提交事实信息的人 ❶

公司/政府证明

我（姓名，职务），当前受雇于（公司名称或政府），证明本人参与了亦或是作为监督人参与了随附材料的准备过程（随附材料名称、日期），随附材料完全符合有关规定［加入下面某一项：关于某产品（国家、案例号）的反倾销或反补贴税调查；或关于某产品（国家、案例号）反倾销或反补贴税命

---

❶ 对于多人证明，所有人员均应列于证明的第一句话；所有人员均应在证明上署名并注明日期。此外，单数名词和所有格形容词均应作出相应修改，如："我"改为"我们"；"据我所知"改为"据我们所知"。

令下的审查（行政或新发货商）（POR 日期）或关于某产品（国家）（案例编号）的到期审查或情势变迁复审或范围裁定或 AD/CVD 命令下的规避查询］。兹证明：据本人所知，随附材料信息准确完备。我知悉此次提交信息可能需要经美国商务部核实或确认（依情况而定）。我亦知悉美国法律（包括但不限于 18 U.S.C.1001) 规定对故意向美国政府作出重大虚假陈述的个人施行刑事裁定。此外，我亦知悉，即使此次提交可能会从 AD/CVD 程序记录中撤回，商务部也可保留此次提交内容，包括商业专有提交，以确保此次提交材料的准确性。我保证将此签名文件副本提交美国商务部，并从提交之日起，本人将保留原件五年。美国商务部官员可随时检查原件。

签名

日期

（2）对于法律顾问或其他代表❶

代表人证明

我（姓名），与（律师事务所或其他公司），代表（公司或政府或政党），证明我已详细阅读随附提交材料（材料名称、日期），随附材料完全符合有关规定［加入下面中的某一项：关于某产品（国家、案例号）的反倾销或反补贴税调查；或关于某产品（国家、案例号）反倾销或反补贴税命令下的审查（行政或新发货商）(POR 日期）或关于某产品（国家）（案例编号）的到期审查或情势变迁复审或范围裁定或 AD/CVD 命令下的规避查询］。作为本次提交材料的顾问、律师、准备人或审阅人，兹证明：据本人所知，随附材料信息准确完备。我知悉此次提交信息可能需要经美国商务部核实或确认（依情况而定）。我亦知悉美国法律（包括但不限于 18 U.S.C.1001) 规定对故意向美国政府作出重大虚假陈述的个人施行刑事裁定。此外，我亦知悉，即使此次提交可能会从 AD/CVD 程序记录中撤回，商务部也可保留此次提交内容，包括商业专有提交，以确保此次提交材料的准确性。我保证将此签名文件副本提交美国商务部，并从提交之日起，本人将保留原件五年。美国商务部官员可随时检查原件。

签名

日期

---

❶ 对于多位代表人证明，所有代表人及所属公司均应列于证明的第一句话，并且所有代表人均应在证明上署名并注明日期。此外，单数名词和所有格形容词均应作出相应修改，如："我"改为"我们"；"据我所知"改为"据我们所知"。

［1997 年 5 月 19 日《联邦纪事》第 62 编第 27379 页，被 2008 年 1 月 22 日《联邦纪事》第 73 编第 3643 页修改；2011 年 2 月 10 日《联邦纪事》第 76 编 7499 页］

第351.304节　确定对信息的企业专有处理

（a）对企业专有处理的主张。（1）向部长提交与诉讼有关的事实信息的任何人可以：

（i）要求部长将该呈递的任何部分视为企业专有信息，仅据行政保护令披露；

（ii）主张有明显和有说服力的需要，从据行政保护令的披露中撤回某些企业专有信息；

（iii）在调查中，确定免于据关税法第 777（c）（1）（A）节据行政保护令披露的客户名称。

（2）部长要求在诉讼环节中向部长提交的、部长获得的或产生的所有企业专有信息向授权申请人披露，但以下例外：

（i）在调查中提交的客户名称；

（ii）部长认为有明显和有说服力的需要从披露中撤回的信息；和

（iii）特权或机密信息。

（b）确定企业专有信息—（1）一般规定。提交信息的人，必须通过将信息置于单方括号中而确定它主张企业专有处理的信息。提交人必须随信息提供对方括号中的每一项信息需要企业专有处理的解释。提交对企业专有处理要求的人，也必须包括允许据行政保护令披露的协议，除非提交方主张有拒绝据行政保护令披露信息的明显和有说服力的需要。

（2）主张免于据行政保护令披露的信息。（i）如果提交人主张有明显和有说服力的需要而拒绝据行政保护令披露信息［见本节第（a）（1）（ii）段］，提交人必须通过将信息置于双方括号中确定该信息，并且必须包括对该主张原因的充分解释。

（ii）在调查中，提交人可以将企业专有客户名称置于双方括号中［见本节第（a）（1）（iii）段］。

（iii）提交人可以从向授权申请人送达的呈递的企业专有信息版本中排除在双方括号中的信息。对提交和送达要求，见第 351.303 节。

（c）公开版本。（1）提交包括对其主张企业专有处理信息呈递的人，必须提交该呈递的公开版本。公开版本必须在提交呈递企业专有版本最后期限后第一个工作日提交（见第351.303（b）节）。公开版本必须包含对方括号中信息的摘要，足以解释信息的实质意义。如果提交人主张该摘要无法提供，必须随附充分的支持该主张理由的解释。一般来说，如果按照实际数字10%范围内的指数或数字分组或展示，数字数据被认为进行了充分摘要。如果数字数据的单独部分数量很大，必须对该部分有代表性的至少1%进行摘要。提交人不应对其他人的企业专有信息进行公开摘要。

（2）如果提交人发现他没有正确地将信息进行方括号处理，提交人可以随公开版本提交呈递的完整、更正后的企业专有版本［见第351.303（b）节］。然而，在应据本节第（c）(2)段提交呈递公开版本日，在原始企业专有版本中对企业专有信息的方括号处理，或者，如果及时提交了更正版本，该更正的企业专有版本将成为终局。一旦方括号处理成为终局，部长不接受对呈递中的信息进行方括号处理的任何更正，并且，部长将视未被进行方括号处理的信息是公开信息。

（d）不符合要求的呈递—（1）一般规定。部长要随附书面解释，退回不符合关税法第777（b）节和本节要求的呈递。提交人可以在收到部长解释后两个工作日后，采取以下任何措施：

（i）改正问题并重新提交信息；

（ii）如果部长否决了对企业专有处理的要求，同意将所涉信息视为公开信息；

（iii）如果部长批准了企业专有处理，但否决了据行政保护令披露信息的明显和有说服力的需要的主张，同意据行政保护令披露所涉信息；或者

（iv）提交关于被退回信息主题事项的其他材料。如果提交人没有采取这些措施中的任何措施，部长不考虑退回呈递。

（2）时机。部长通常在提交信息后30天内，确定信息的性质。如果信息的企业专有性质有争议，部长将视该呈递的相关部分为企业专有信息，直到部长对该事项作出决定。

［1998年5月4日《联邦纪事》第63编第24401页］

第351.305节　披露企业专有信息

（a）行政保护令。部长要在提交申请或调查自行发起后两个工作日内，或发起诉讼的任何其他环节后 5 个工作日，记录行政保护令。（a）行政保护令。部长将在提交申请或调查自行发起后 2 个工作日内，或提起诉讼之日后的 5 个工作日内记录行政保护令。其他环节包括：据第 351.214 节和第 351.303 节发起的新发货商审查请求，或据第 351.225 节和第 351.303 节发起的范围裁定申请；或据第 351.216 节和第 351.303 节发起的情势变迁审查；或自行发起的情势变迁审查或在启动诉讼程序的任何其他部分之后。行政保护令要求授权申请人：

（1）建立并遵守程序，以保证授权申请人公司的雇员不向除提交人、授权申请人或关税法第 777（b）节确定的商务部适当官员以外的任何人披露企业专有信息；

（2）通知部长在其行政保护令申请中授权申请人确认的事实方面的任何变化；

（3）据行政保护令条款，在规定的时间销毁企业专有信息；

（4）立即报告部长对行政保护令的任何明显违反；和

（5）任何未经授权的披露，可能使授权申请人，授权申请人是其合伙人、合作人或雇员的公司，或授权申请人公司的任何合伙人、合作人或雇员，受到本章第 354 节（《联邦条例汇编》第 19 编第 354 节）规定的制裁。

（b）申请据行政保护令接触。（1）一般来说，诉讼当事人不超过两个独立代表可以接触据行政保护令的企业专有信息。如果该当事人有一个以上独立授权申请人公司，当事人必须指定一个主要公司。

（2）诉讼当事人的代表，可以通过向部长提交 ITA-367 表格的现有版本，申请解除据行政保护令的企业专有信息。ITA-367 表格必须确定申请人和所涉诉讼环节，说明申请人接触企业专有信息资格的依据，并说明申请人受行政保护令约束的协议。必须使用申请人自己的文字处理系统起草 ITA-367 表格，并必须随附申请符合 ITA-367 表格的证明和任何差异将以符合 ITA-367 表格的方式解释的承诺。申请人必须申请接受所涉诉讼环节记录的所有企业专有信息，但可以放弃送达他不希望接受来自诉讼其他当事人的企业专有信息。申请人必须以与将申请送达商务部相同的方式和相同的时间，将行政保护令申请送达其他当事人。

（3）为尽量减小延长申请造成的混乱，申请应在第一个问卷答复提交前提交。然而，当有正当理由时，申请可以等到案情摘要日提交，但在第一个问卷答复后提交申请的任何申请人，必须对与附加生产有关的成本和已在记录中的企业专有信息的送达负责。当事人有5个工作日的时间向在第一次问卷信息呈递之后提交申请和此类信息已在记录中后接受此类信息的授权申请人，送达已在记录中的其企业专有信息。

（c）据行政保护令批准接触；行政保护令送达清单。部长要通过将申请人的名称包括在行政保护令送达清单中而批准合格申请人的接触。接触通常在收到申请后5天批准，除非存在关于接受接触的申请人资格的问题。在这种情况下，部长要在收到申请后30天内决定是否批准申请人接触。部长要通过可获得的最快方式，在送达清单签发或修改日向诉讼当事人提供行政保护令送达清单。

（d）进口商额外备案请求。如果申请人以作为进口商为理由自称利益相关一方，则申请人应连同ITA-367表格提交书面证明，以证明适用调查期间或审查期内所涉商品为进口商所运商品。对于范围查询，申请人必须提供其进口商品的文件证明，或者已采取措施对进口商品开展范围查询。

［1998年5月4日《联邦纪事》第63编第24402页，被2008年1月22日《联邦纪事》第73编第3643页修改］

第351.306节　使用企业专有信息

（a）由部长披露。部长可以向以下人披露企业专有信息：

（1）授权申请人；

（2）直接参加提交信息的诉讼的商务部或国际贸易委员会雇员；

（3）直接参加涉及反倾销或反补贴税诉讼欺诈调查的海关雇员；

（4）《美国法典》第19编第3571（i）节规定的美国贸易代表；

（5）提交人明确授权书面向其披露的任何人；和

（6）据《联邦条例汇编》第19编第354节的被指控方或被指控方律师。

（b）被授权申请人。授权申请人可以在行政保护令条款授权的时间内，保留企业专有信息。授权申请人可以为提交信息的诉讼环节之目的而使用企业专有信息。如果诉讼环节中提交的企业专有信息与诉讼不同环节的问题有关，授权申请人可以按照行政保护令的授权，将此类信息记录于后续环节。

（c）确定提交企业专有信息的当事人。（1）如果当事人提交包含其他企业专有信息的文件，该提交方必须紧接着企业专有信息的每一项，确定最初提交该项的人（例如，申请人，被告甲，被告乙）。未被确定的企业专有信息，将被视为提交人的信息。如果该呈递包含了关于唯一一个人的企业专有信息，应在第一页上作出此类说明，并在第一页上确定最初提交企业专有信息的人。

（2）如果诉讼当事人未被授权申请人代表，提交包含未被代表的当事人的企业专有信息，必须向未被代表的当事人送达仅包含其企业专有信息的文件版本。该文件不得包含其他当事人的企业专有信息。

（d）向未被授权接受企业专有信息的当事人披露。包括授权申请人在内的任何人，不得向本节第（a）（2）段所述的其他授权申请人或商务部官员以外的任何其他人披露另一人的企业专有信息。不是授权申请人和被送达企业专有信息的任何人，必须在可能的范围内不阅读该信息，立即将其退回发送人，并且必须通知商务部。对未经授权披露的指控，将使作出指控的未经授权的披露的人，受到《联邦条例汇编》第19编第354节的调查和可能的制裁。

［1998年5月4日《联邦纪事》第63编第24403页］

第351.307节　信息核查

（a）概述。在调查中作出最终裁定或复审最终结果前，部长可以对相关的事实信息进行核查。本节澄清了何时进行核查、核查报告的内容和核查程序。

（b）一般规定。（1）遵守本节第（b）（4）段，部长要核查他所依赖的以下事实信息：

（i）在继续以前中止的反补贴税调查（关税法第704（g）节）、反补贴税调查，继续以前中止的反倾销调查（关税法第705（a）节）或反倾销调查中的最终裁定；

（ii）加速反倾销复审最终结果；

（iii）据关税法第751（d）节的废除；

（iv）行政复审、新出口商复审或情势变迁复审最终结果，如果部长确定存在核查的正当理由；和

（v）行政复审最终结果，如果：

（A）国内利害关系方不迟于发起复审通知公布后 100 天，提交核查的书面要求；和

（B）在先前两个最近的行政复审中，部长没有开展据本段的核查。

（2）部长可以核查在本节第（b）(1) 段没有明确规定的诉讼或诉讼环节中依赖的事实信息。

（3）如果部长确定，因为调查或行政复审中包括的出口商或生产商数量过多，无法对每一个人的事实信息进行核查，部长可以选择样本进行核查。

（4）部长可以对当事人进行核查，如果该人同意核查并且部长通知受影响国家的政府且该政府没有异议。如果该人或政府反对核查，部长不进行核查，并可以不考虑该人提交的任何或所有事实信息，转而使用关税法第 776 节和第 351.308 节的可获得事实。

（c）核查报告。在作出调查的最终裁定或签发复审最终结果前，部长将公布据本节核查的方法、程序和结果。

（d）核查程序。部长要通知受影响国家的政府，为核查提交的事实信息的准确性和完整性，商务部雇员要对下列人进行访问。当可行时，通知要确定不是美国政府官员的核查小组中的任何成员。作为核查的一部分，商务部雇员将要求接触所有文件、记录和部长认为与下列人提交的事实信息有关的人员：

（1）生产商、出口商或进口商；

（2）当适用时，与本节第（d）(1) 段所列有关的人；

（3）非关联购买者；或者

（4）在反补贴税诉讼中作为核查一部分的受影响国家的政府。

第351.308节　以可获得事实为依据的裁定

（a）概述。当记录中没有必要的信息，利害关系方或任何其他人拒绝或没有及时以要求的方式提供信息，或严重妨碍诉讼，或部长不能够核实提交的信息时，部长可以可获得事实为依据作出裁定。如果部长认为一利害关系方"因没有尽其所能遵守对信息的要求而没有合作"，在挑选可获得事实时，部长可以使用对该方的利益不利的推论。本节规定了部长不利推论所依据的一些信息来源，并解释了部长就证实信息所采取的措施。

（b）一般规定。部长可按照关税法第 776（a）节，以可获得事实为依据作出据关税法和本节的裁定。

（c）不利推论。就关税法第 776（b）节而言，不利推论可依赖：

（1）二手信息，例如，来自以下方面的信息：

（i）申请人；

（ii）反补贴税调查或反倾销调查中的最终裁定；

（iii）任何以前的行政复审、新出口商复审、加速反倾销复审、第 753 节复审或第 762 节复审；或

（2）记录中的任何其他信息。

（d）对二手信息的证实。据关税法第 776（c）节，当部长依赖二手信息时，部长要在可行的范围内，从可合理支配的独立资料对信息进行证实。独立资料包括但不限于，公开的价格清单、官方进口统计和海关数据以及在当前调查或复审中从利害关系方取得的信息。证实指部长审查将被使用的二手信息是否具有实证价值。在既定案件中，证实可能不可行的事实，并不阻止部长使用适当的不利推论和使用所涉二手信息。

（e）某些信息的使用。在作出据关税法和本部分的裁定时，部长不可拒绝考虑利害关系方提交的且是裁定所必需、但没有满足部长确定的所有适用要求的信息，如果满足了关税法第 782（e）节规定的条件。

（f）在定期废止复审中使用可获得事实。当部长决定签发定期废止复审最终结果时，部长通常依赖：

（1）从商务部以前的裁定中计算的适用反补贴税率或倾销幅度；和

（2）当事人对据第 351.218（d）（3）节提交的答辩书中包括的信息，符合适用的关税法第 752（b）节或第 752（c）节。

［1997 年 5 月 19 日《联邦纪事》第 62 编第 27379 页，被 1998 年 3 月 20 日《联邦纪事》第 63 编第 13524 页修改］

第351.309节　书面辩论

（a）概述。书面辩论可以在反倾销或反补贴税诉讼过程中提交。本节规定了提交案情和辩驳摘要的时间限制，并就这些文件应包括哪些内容提供了指导。

（b）书面辩论—（1）一般规定。在作出反补贴税调查或反倾销调查的最

终裁定，或行政复审、新出口商复审、加速反倾销复审、关税法第 753 节复审或关税法第 762 节复审的最终结果时，部长要考虑在本节的时间限制内提交的案情或辩驳摘要中的书面辩论。

（2）应要求的书面辩论。尽管有本节第（b）(1）段，但部长可以在诉讼的任何时间，要求任何人或美国政府机构提交关于任何问题的书面辩论。

（c）案情摘要。（1）任何利害关系方或美国政府机构可以在以下时间内提交"案情摘要"：

（i）对反补贴税调查或反倾销调查的最终裁定，或全面定期废止复审的最终结果，适用的初步裁定或复审结果公布后 50 天，除非部长改变了该时间限制；

（ii）对行政复审、新出口商复审、情势变迁复审或第 762 节复审的最终结果，复审初步结果公布后 30 天，除非部长改变了时间限制；或者

（iii）对加速定期废止复审、反倾销复审、第 8 条违反复审、第 4 条 / 第 7 条复审或第 753 节复审的最终结果，部长规定的日期。

（2）案情摘要必须包含与最终裁定或最终结果有关的所有辩论，包括在初步裁定或初步结果公布前提交的任何辩论。作为案情摘要的一部分，鼓励当事人提交不超过 5 页的辩论概要和引用的法律、条例和案件表。

（d）驳斥摘要。（1）任何利害关系方或美国政府机构，可以在提交案情摘要的时间限制后 5 天内，提交"驳斥摘要"，除非部长改变了该时间限制。

（2）驳斥摘要可以仅对在案情摘要中提出的辩论进行答复，并应确定它答复的辩论。作为驳斥摘要的一部分，鼓励当事人提交不超过 5 页的答复概要和引用的法律、条例和案件表。

（e）对答复充分性和加速定期废止复审适宜性的评论。（i）当部长确定被告利害关系方对发起通知提供了不充分答复［见第 351.218（e）(1)(ii）节］，并已据第 351.218（e）(1)(ii)(C）节通知国际贸易委员会时，对据第 351.218（d）(3）节的发起通知提交了完整实质答复的利害关系方（和产业用户与消费者组织），可就以对发起通知答复的充分性为依据，据关税法 751（c）(3)(B）节和第 351.218（e）(1)(ii)(B）节或第 351.218（e）(1)(ii)(C）节的加速定期废止复审是否合适提交评论。这些评论不可包括任何新的事实信息或证据（例如，对发起通知实质答复的补充），并限定在 5 页。

（ii）提交评论的时间限制。对答复充分性和加速定期废止复审适宜性的评论，必须在不迟于《联邦纪事》公布发起通知后 70 天提交。

［1997年5月19日《联邦纪事》第62编第27379页，被1998年3月20日《联邦纪事》第63编第13524页修改；2005年10月28日《联邦纪事》第70编62064页］

第351.310节　听证

（a）概述。本节规定了要求听证的程序，说明部长可以合并听证会，并说明了部长何时可以举行秘密听证会。

（b）预先听证会议。部长可以与利害关系方的代表举行电话预先听证会议，以便于举行听证会。

（c）对听证的要求。任何利害关系方可在初步裁定或复审初步结果公布后30天内，除非部长改变了该时间限制，或者在部长不签发初步裁定的诉讼中，不迟于部长规定的日期，要求部长就在案情或辩驳摘要中提出的辩论举行公开听证。在可行的范围内，要求听证的当事人必须确定在听证会上要提出的辩论。在听证会上，利害关系方可以仅就在该当事人的案情摘要中包括的辩论提出肯定陈述，并可以仅就在该当事人的辩驳摘要中包括的辩论进行辩驳陈述。

（d）听证会的一般规则。（1）如果利害关系方据本节第（c）段提交了要求，部长要在部长的初步裁定或行政复审初步结果通知（或部长在加速反倾销复审中规定的）所述日期举行公开听证会，除非部长改变了该日期。听证会通常在提交辩驳摘要的计划日期后两天举行。

（2）听证会不受《美国法典》第5编第551—559节和第702节（《行政程序法》）约束。证人证言（如果有的话），可以不经宣誓或受其他利害关系方或证人的交叉质询。在听证中，主席可以询问任何人或证人，并可要求当事人提交附加书面辩论。

（e）合并听证会。在部长的自由裁量权内，部长可以在两个或多个案件中合并听证会。

（f）秘密听证会。在听证会过程中，为讨论有限制的问题，利害关系方可在不迟于提交案情摘要日，要求举行秘密听证会。提出要求的当事人，必须确定要被讨论的主题，书面要求的时间长度，就每一个主题证明需要秘密会议。如果部长批准了对秘密会议的要求，只有授权申请人和条例授权的其他人才可以参加秘密会议（见第351.305节）。

（g）听证会抄本。部长要把一字不差的听证会抄本置于诉讼的公开和官方记录中，并在听证会上宣布利害关系方如何取得抄本副本。

第351.311节　在调查或复审中发现的可抵消补贴做法

（a）概述。在反补贴税调查或复审中，商务部官员可能发现或收到明显提供可抵消补贴的做法通知。本节说明了部长何时审查此类做法。

（b）诉讼中所包括的。如果在反补贴税调查或反补贴税行政复审中，部长发现明显向涉案产品提供可抵消补贴的做法和该做法在诉讼中并没有被指控或审查，或者，如果据关税法第775节，部长收到了美国贸易代表的补贴或补贴项目违反了补贴协定第8条的通知，部长要审查该做法、补贴或补贴项目，如果部长确定在最终裁定或复审最终结果的计划日期前仍然有足够的时间。

（c）延迟审查。如果部长确定在最终裁定或复审最终结果前，没有足够的时间审查在本节（b）段描述的做法、补贴或补贴项目，部长要：

（1）在调查中，允许申请人无损害撤回申请，并且就新发现的做法、补贴或补贴项目重新提出指控；或者

（2）在调查或复审中，推迟考虑新发现的做法、补贴或补贴项目，直到后续行政复审（如果有的话）。

（d）通知。部长要通知诉讼当事人部长发现的任何做法，或部长收到美国贸易代表通知的任何补贴或补贴项目，及它是否要被包括在正在进行的诉讼中。

第351.312节　产业用户和消费者组织

（a）概述。《乌拉圭回合协定法》为消费者组织和产业用户提供了对与特定倾销、补贴或损害裁定有关的事项评议的机会。本节说明了提交相关信息和辩论的情形。

（b）提交相关信息和辩论的机会。在据关税法第七编和本部分的反倾销或反补贴税诉讼中，关税法第777（h）节所述涉案产品的产业用户或有代表性的消费者组织，可以据第351.218节第（d）（3）（ii）、（d）（3）（vi）和（d）

（4）段，第351.301节第（b）、（c)(1）和（c)(3）段，以及第351.309节第（c）、（d）和（e）段，向商务部提交关于倾销或可抵消补贴的相关事实信息和书面辩论。

（c）企业专有信息。本节第（b）段所述的人，可以要求据第351.304节对信息进行企业专有处理，但不被许可据第351.305节接触其他人提交的企业专有信息。

［1997年5月19日《联邦纪事》第62编第27379页，被1998年3月20日《联邦纪事》第63编第13524页修改］

第四分部分　出口价格、推定出口价格、公平价值和正常价值的计算

第351.401节　总则

（a）概述。在一般情况下，反倾销分析涉及比较美国的出口价格或推定出口价格和外国的正常价值。本节确定了适用于计算出口价格、推定出口价格和正常价值的一般规则（见关税法第772节、第773节和第773A节）。

（b）一般调整。在对出口价格、推定出口价格或正常价值作出调整时，部长遵守以下原则：

（1）拥有相关信息的利害关系方有责任使部长确信特定调整的数量和性质；和

（2）部长不进行双重调整。

（c）价格调整净价格的使用。在计算出口价格、推定出口价格和正常价值时（当正常价值以价格为依据时），部长要使用可合理归因于涉案产品或外国同类产品（以适用者为准）的第351.102（b）节定义的任何价格调整的净价格。

（d）延迟付款或预付款费用。当成本是确定出口价格、出口价格或正常价值调整数量的依据时，部长不把出口商或生产商的任何延迟付款或预付款费用计算在内。

（e）运送费用调整—（1）原始运输地。在调整运送费用以确定关税法第772（c）（2）（A）节的出口价格或推定出口价格，或关税法第773（a）（6）（B）（ii）节的正常价值时，部长通常将生产工厂视为"原始运输地"。然而，当部长决定出口价格、推定出口价格或正常价值以非关联转售商的销售为依据时，部长要视转售商运输商品的原始地点为"原始运输地"。

（2）仓储费用。部长要视在涉案产品或外国同类产品离开原始运输地后发生的仓储费用为运送费用。

（f）在反倾销诉讼中对关联生产商的处理—（1）一般规定。在据本部分的反倾销诉讼中，部长要视两个或更多关联生产商为一个单一实体，如果这些生产商拥有类似或相同产品的生产设施，为调整制造优先权，不需要对设施进行实质重组，并且，部长确定存在操纵价格或生产的重大可能性。

（2）操纵的重大可能性。在确定操纵价格或生产的重大可能性时，部长可以考虑的因素包括：

（i）共同拥有的水平；

（ii）一公司管理雇员或董事成员在关联公司董事会中占席位的程度；和

（iii）运作是否交织，例如，通过共享销售信息，参与生产和定价决策，共享生产设施或雇员，或关联生产商之间的重大交易。

（g）费用分摊和价格调整—（1）一般规定。当报告特定交易不可行时，部长可以考虑分摊费用的价格调整，只要部长确信所用的分摊方法不造成错误或扭曲。

（2）报告分摊费用和价格调整。寻求在分摊基础上报告费用和价格调整的任何当事人，必须使部长确信分摊是在可行基础上准确计算的，并且，必须解释所用分摊方法没有造成错误或扭曲的原因。

（3）可行性。在确定报告特定交易的可行性或分摊是否在可行基础上计算时，部长要考虑所述当事人在其正常贸易过程中保存的记录，以及国家和所涉产业的通常会计政策和当事人在调查或复审期间的销售数量等因素。

（4）涉及不受调查约束商品的费用和价格调整。部长不仅仅因为分摊方法包括关于不构成涉案产品或外国同类产品（以适用者为准）的商品销售发生的费用或进行的调整而拒绝该分摊方法。

（h）对转包（"转包"运作）的处理。当转包人或转包商没有取得涉案产品或外国同类产品的所有权，且不控制相关销售时，部长不把转包人或转包商视为制造商或生产商。

（i）销售日。在确定涉案产品或外国同类产品的销售日时，部长要使用正常贸易过程中出口商或生产商记录的发票日。然而，部长可以使用发票日以外的日期，如果部长确信不同的日期更好地反映出口商或生产商确立销售实质条款的日期。

第351.402节 出口价格或推定出口价格的计算；退回反倾销或反补贴税

（a）概述。为确定出口价格、推定出口价格和正常价值，部长必须对在美国和外国市场上对非关联买家的价格（通常称为"起点价格"）进行调整。本条例澄清了部长如何对关税法第772节要求的对在美国的起点价格进行某些调整。

（b）对推定出口价格的附加调整。在确定关税法第772（d）节的出口价格时，部长要对涉及对非关联买家的销售的、在美国的商业活动有关的费用进行调整，而不考虑支付地点。部长不对仅涉及对美国关联进口商销售的任何费用进行调整，虽然部长可以据关税法第773（a）（6）（C）（iii）节对此类费用进行正常价值调整。

（c）关于进口后增值产品的特殊规则——（1）由关联人进口的商品。在使用关税法第772（e）节时，由与出口商或生产商有关联的人进口的商品和增加的价值，包括该关联人的代理人进口的商品和增加的价值。

（2）估算增值。部长通常确定关联人在美国的增值可能实质超过涉案产品的价值，如果部长确定增加的价值占在美国向第一个非关联买家销售商品收取的价格的至少65%。部长通常以在美国销售商品向第一个非关联买家收取的价格和关联人为涉案产品支付的价格之间的差异，确定增加的价值。部长通常以涉案产品的价格和增加的价值的平均值为依据，作出该确定。

（3）确定倾销幅度。就据关税法第772（e）节第（1）和（2）段确定倾销幅度而言，部长可以使用根据销售给非关联人的相同或其他涉案产品计算的加权平均倾销幅度。

（d）确定利润的特殊规则。本段规定了在确定关税法第772（f）节的推定出口价格时计算利润的规则。

（1）总费用和实际总利润的依据。在计算总费用和实际总利润时，部长通常使用在美国销售的所有涉案产品和在出口国销售的所有外国同类产品的费用和利润的合计，这些销售包括因低于生产成本而被忽略的销售［见关税法第773（b）节（低于生产成本的销售）］。

（2）使用财务报告。就据关税法第772（d）（3）节确定利润而言，部长可以依赖任何适当的财务报告，包括公开的、经审计的财务报告，或相当的财务报告，和在正常贸易过程中准备的内部财务报告。

（3）对生产成本的自愿报告。仅为确定从推定出口价格中扣除利润的数额之目的，部长不要求报告生产成本。部长对利润的计算，以生产成本为依据，如果该成本在部长确定的日期被自愿报告，且生产成本是可核实的。

（e）对关联人之间付款的处理。当出口商或生产商的关联方产生了被从据关税法第 772（d）节的推定出口价格中扣除的任何费用，并且出口商、生产商或其他关联人偿付了此类费用，部长通常以对该关联人的实际成本为依据进行调整。如果部长确信出口商或生产商不可获得关于该关联人实际成本的信息，部长可以在任何其他合理的基础上确定调整的数量，包括偿付给关联人的数量，如果部长确信该数量反映了在所述生产上通常支付的数量。

（f）偿付反倾销税或反补贴税—（1）一般规定。（i）在计算出口价格（或推定出口价格）时，部长要扣除以下任何反倾销税或反补贴税的数额，出口商或生产商：

（A）代表进口商直接支付的；或

（B）偿付给进口商的。

（ii）部长不扣除支付或偿付的任何反倾销税或反补贴税的数量，如果在发起所涉反倾销调查前，生产商向进口商保证关于以下涉案产品的反倾销税或反补贴税不适用：

（A）在适用于所涉商品的部长命令公布日以前销售的；和

（B）在部长的最终反倾销裁定公布日以前出口的。

（iii）通常，根据本节第（f）（1）（i）段，在计算出口价格（或推定出口价格）中，部长仅对偿付数量进行一次扣除。

（2）证明。在清关前，进口商必须向适当的地区海关关长提交以下格式的证明：

兹证明，我（已）（没有）达成由制造商、生产商或出口商向我支付或退还对从（国家）的下述（商品）进口估算的反倾销税或反补贴税的全部或任何部分的任何协议或谅解：（列出入境号码）它在（《联邦纪事》公布中止清关反倾销通知日）或以后购买，或在（同日）前购买，但在（低于公平价值销售的最终裁定日）或以后出口。

（3）推定。如果进口商没有提交本节第（f）（2）段要求的证明，部长可以推定出口商或生产商支付或偿付了反倾销税或反补贴税。

第351.403节　用于计算正常价值的销售；关联方之间的交易

（a）概述。本节澄清了在确定正常价值时，部长何时可以使用销售报价。此外，本节澄清了部长使用对或通过关联方的销售作为正常价值依据的权限。[见关税法第773（a）（5）节（间接销售或销售报价）]。

（b）销售和销售报价。在计算正常价值中，只有不存在销售，并且只有部长确定可合理地接受报价，部长通常考虑销售报价。

（c）对关联方的销售。如果出口商或生产商向关联方销售外国同类产品，只有部长确信该价格与出口商或生产商向与销售者没有关联的人销售外国同类产品的价格可比，可以该销售为依据计算正常价值。

（d）通过关联方进行的销售。如果出口商或生产商通过关联方销售外国同类产品，部长可以该关联方的销售为依据计算正常价值。然而，部长通常不以关联方的销售为依据计算正常价值，如果出口商或生产商对关联方外国同类产品的销售占该出口商或生产商在所涉市场上外国同类产品销售总价值（或数量）的份额不到5％，或者如果对关联方的销售，按照本节第（c）段的定义，是可比的。

第351.404节　挑选用作正常价值依据的市场

（a）概述。在大多数情况下，虽然国内市场上外国同类产品的销售是确定正常价值的最合适依据，但关税法第773节也允许对第三国的销售或推定价值作为正常价值。本节澄清了确定正常价值依据的规则。

（b）有效市场的确定—（1）一般规定。如果部长确信在该国的外国同类产品销售在数量上足以形成正常价值的依据，部长视出口国或第三国市场构成有效市场。

（2）足够数量。"足够数量"通常指出口商或生产商在一国销售的外国同类产品的合计数量（或者，如果数量不适当，价值）占其涉案产品对美国销售的合计数量（或价值）的5％或以上。

（c）在有效市场上计算基于价格的正常价值—（1）一般规定。遵守本节第（c）（2）段的规定：

（i）如果出口国构成有效市场，部长要以在出口国市场的价格为依据计

算正常价值（见关税法第773（a）（1）（B）（i）节（用于确定正常价值的价格））；或者

（ii）如果出口国不构成有效市场，但第三国构成有效市场，部长可以对第三国的价格为依据计算正常价值［见关税法第773（a）（1）（B）（ii）节（在确定正常价值时使用第三国价格）］。

（2）例外。部长可以拒绝据本节第（c）（1）段计算在特定市场的正常价值，如果部长确信：

（i）在出口国或第三国的情况下，存在特殊的市场情形，不允许与出口价格或推定出口价格进行正确比较［见关税法第773（a）（1）（B）（ii）（Ⅲ）节或第773（a）（1）（C）（iii）节］；或者

（ii）在第三国的情况下，价格不具有代表性［见关税法第773（a）（1）（B）（ii）（I）节］。

（d）关于市场有效性的指控和确定基于价格的正常价值的依据。在反倾销调查或复审中，关于市场有效性或本节第（c）（2）段例外的指控，必须按照第351.301（d）（1）节，随所有证明事实信息提交。

（e）第三国的选择。就以第三国价格计算正常价值而言，当一个以上第三国价格满足了关税法第773（a）（1）（B）（ii）节和本节的标准时，部长一般以下列标准为依据选择第三国：

（1）出口到特定第三国的外国同类产品，比出口到其他第三国的外国同类产品，与出口到美国的涉案产品更相似；

（2）对特定第三国销售的数量，大于对其他第三国销售的数量；

（3）部长认为适当的其他因素。

（f）第三国销售和推定价值。如果可获得足够的信息和信息是可核实的，部长通常以对第三国的销售而不是推定价值为依据计算正常价值［见关税法第773（a）（4）节（推定价值的使用）］。

第351.405节　以推定价值为依据计算正常价值

（a）概述。在某些情况下，部长可以通过以制造成本、销售、一般和管理费用与利润为依据推定价值来确定正常价值。在以下情况下，部长可以推定价值作为正常价值的依据：国内市场和第三国市场都无效；低于生产成本的销售被忽略；在正常贸易过程外的销售，或其价格不具有代表性的销售被

忽略；用于建立虚假市场的销售被忽略；不能获得可比商品的同期销售；或在其他情况下，部长确定国内市场或第三国价格不合适（见关税法第773（e）节和第773（f）节）。本节澄清了与推定价值有关的某些术语的含义。

（b）利润和销售、一般和管理费用。在为利润和销售、一般和管理费用确定增加的数额以推定价值时，以下规则适用：

（1）在关税法第773（e）（2）（A）节中，"外国"指商品的生产国或部长据第351.404（e）节选择的适当第三国。

（2）在关税法第773（e）（2）（B）节中，"外国"指商品的生产国。

第351.406节　销售低于成本时计算正常价值

（a）概述。在确定正常价值时，部长可以忽略以低于该产品生产成本的价格进行的外国同类产品销售。然而，只有它们在一段延长的时间期间内，以实质数量，且在合理时间内不能收回成本的价格进行时，此类销售才可以被忽略（见关税法第773（b）节）。本节澄清了关税法使用的"延长的时间期间"的含义。

（b）延长的时间期间。关税法第773（b）（1）（A）节的"延长的时间期间"通常与为确定正常价值而考虑的销售的期间一致。

第351.407节　计算推定价值和生产成本

（a）概述。本节规定了计算推定价值和生产成本的某些共同规则（见关税法第773（f）节）。

（b）据主要投入规则确定价值。就关税法第773（f）（3）节而言，部长通常以下列各项中较高者为依据，确定采购自关联人的主要投入的价值：

（1）出口商或生产商为主要投入向关联人支付的价格；

（2）在所涉市场上通常反映在主要投入销售中的数额；或

（3）关联人制造主要投入的成本。

（c）成本分摊。在确定产品中成本分摊的适当方法时，部长可以考虑生产数量、相关的销售价值，以及其他数量和与制造并销售涉案产品和外国同类产品有关的其他定量和定性因素。

（d）启动成本。（1）在据关税法第773（f）（1）（C）（ii）节确定启动运作时：

（ⅰ）"新生产设施"包括实质完成的重组和现有的设备。实质完成的重组包括几乎所有生产机械的重建或相当的现存机械的重建。

（ⅱ）"新产品"指需要实质增加投资的产品，包括虽然以现有品牌销售，但需要完全修改或重新设计的产品。例行的型号年度变化不被视为新产品。

（ⅲ）对现有产品的简单改进或对现有设施的正在进行的改善，不被视为启动运作。

（ⅳ）现有生产线生产能力的扩大，不是启动运作，除非扩大构成主要业务，它需要建设新设施，并因为与扩大的设施商业生产的初始阶段有关的技术因素而导致产量降低。

（2）在确定关税法第 773（f）（1）（C）节第（ⅱ）和（ⅲ）段的启动期间结束时：

（ⅰ）达到最高生产水平不是确定启动期间结束的标准，因为启动期间可能在公司实现最佳设备利用前结束。

（ⅱ）不得延长启动期间，以包括在产品整个生命周期中可能发生的改进和成本降低。

（3）在确定生产商何时达到关税法第 773（f）（1）（C）（ⅱ）节的商业生产水平时：

（ⅰ）部长要考虑所涉商品的实际生产经历，以加工单位为依据衡量生产。

（ⅱ）在必要的范围内，除关税法第 773（f）（1）（C）（ⅱ）节规定的因素外，部长要审查其他因素，包括反映同一生产商或其他生产商在生产相同或类似产品方面经验的历史数据。生产商未来数量或成本的投资计划，被赋予很小的权重。

（4）在为关税法第 773（f）（1）（C）（ⅲ）节的启动运作进行调整时：

（ⅰ）部长要在逐个案件基础上，确定启动周期的持续时间。

（ⅱ）实际成本和为启动成本计算的生产成本之间的差额，将在适当的产品或机械寿命期内在启动期间以后的一段合理时间内摊销。

（ⅲ）部长考虑诸如设备和厂房折旧、劳动力成本、保险、租借和租赁费用、材料成本和工厂间接成本等因素。部长不把销售费用，如广告费用，或其他一般和管理或非生产费用（例如，一般研究和开发成本），视为启动成本。

第351.408节 计算来自非市场经济国家商品的正常价值

（a）概述。在确定来自非市场经济国家的倾销时，部长通常通过评估在非市场经济国家的非市场经济生产商的生产要素计算正常价值［见关税法第773（c）节］。本节澄清了何时和如何对非市场经济使用本特殊方法。

（b）经济可比性。在确定一国是否处于与关税法第773（c）（2）（B）节或第773（c）（4）（A）节非市场经济可比的经济发展水平时，部长主要把人均国内生产总值作为衡量经济可比性的尺度。

（c）对生产因素的评估。就评估关税法第773（c）（1）节的生产、一般费用、利润和集装箱、覆盖物成本和其他费用（通称"因素"）而言，以下规则适用：

（1）用于评估因素的信息。部长通常使用公开可获得的信息评估因素。然而，当因素购自市场经济供应者且以市场经济货币支付时，部长通常采纳支付给市场经济供应者的价格。在因素的一部分来自市场经济供应者而其余部分来自非市场经济供应者的情况下，部长通常使用向市场经济供应者支付的价格评估因素。

（2）在单一国家中评估。除了本节第（d）（3）段规定的劳动，部长通常在单一替代国中评估所有因素。

（3）劳动。对劳动，部长使用反映在市场经济国家工资和国民收入之间观察到的关系的基于回归的工资率。每一年，部长要计算在非市场经济诉讼中适用的工资率。该计算以目前的数据为依据，并向公众公开。

（4）制造间接费用、一般费用和利润。对制造间接费用、一般费用和利润，部长通常使用从替代国相同或可比商品的生产商处收集的非专有信息。

第351.409节 数量差异

（a）概述。因为商品的销售数量可能影响价格，在将出口价格或推定出口价格与正常价值比较时，在部长确信价格差异（或缺少差异）来自数量差异时，部长要对数量差异进行合理考虑［见关税法第773（a）（6）（C）（i）节］。

（b）在计算正常价值时的数量折扣销售。只有在以下情况下，部长通常以数量折扣销售为依据计算正常价值：

（1）在审查的期间或更具代表性的期间，出口商或生产商对相关国家外国同类产品销售的20%或更多，给予了至少相同数量的数量折扣；或者

（2）出口商或生产商使部长确信，折扣反映了归因于不同数量生产而产生的特别节省。

（c）在计算加权平均正常价值时的数量折扣销售。如果出口商或生产商没有满足本节第（b）段的条件，部长要以包括折扣销售在内的加权平均价格为依据计算正常价值。

（d）价格清单。在确定折扣是否被批准时，存在或缺少反映此类折扣的公开价格清单，不具有决定意义。通常，只有在所涉贸易或市场中，出口商或生产商证实它已遵守了其价格清单，部长赋予价格清单权重。

（e）与贸易水平调整的关系。如果同时主张对数量差异和贸易水平产品进行调整，部长不对数量差异进行调整，除非部长确信，对数量差异的价格可比性的影响已被确定，并且被从对贸易水平差异的价格可比性的影响中单独确认。

第351.410节　销售情形的差异

（a）概述。在计算正常价值时，部长可以进行调整，以考虑在美国和外国市场销售情形的差异［见关税法第773（a）（6）（C）（iii）节］。本节澄清了法律中使用的关于销售情形调整的某些术语，并说明了只在一个市场上支付佣金时的调整。

（b）一般规定。除本节第（e）段所述关于仅在一个市场上支付佣金的考虑，部长仅对直接销售费用和承继费用据关税法第773（a）（6）（C）（iii）节进行销售情形调整。

（c）直接销售费用。"直接销售费用"是源于所涉特定销售且与之有直接关系的费用，如佣金、信贷、保证和担保费用。

（d）承继费用。承继费用是销售者代表购买者承继的销售费用，如广告费用。

（e）在一个市场支付的佣金。部长通常对其他销售费用进行合理考虑，如果部长对所涉市场中的一个佣金进行了合理考虑，并且在所涉其他市场上没有支付佣金。部长要把此类考虑的数量限定在一个市场上发生的其他销售

费用的数额或其他市场上允许的佣金数额上，以较少者为准。

（f）合理费用。在对销售情形的任何差异决定什么是合理费用时，部长通常考虑生产商或出口商此类差异的成本，但如果合适，也可考虑此类差异对商品市场价值的影响。

第351.411节　物理特征的差异

（a）概述。在比较美国销售与外国市场销售时，部长可以确定在美国销售的商品与在外国市场销售的商品没有相同的物理特征，并且，该差异对价格有影响。在计算正常价值时，部长可以对此类差异进行合理考虑〔见关税法第773（a）（6）（C）（ii）节〕。

（b）合理费用。在为物理特征的差异确定什么是合理费用时，部长仅考虑与物理特征差异有关的可变成本差异。当合适时，部长也可考虑市场价值的差异。当被比较的商品有相同的物理特征时，部长不考虑生产成本差异。

第351.412节　贸易水平；贸易水平差异的调整；推定出口价格抵消

（a）概述。在将美国销售与外国市场销售进行比较时，部长可以确定在两个市场上的销售不是在相同的贸易水平上进行的，并且该差异对价格可比性有影响。部长被授权调整正常价值，以解释此类差异（见关税法第773（a）（7）节）。

（b）贸易水平差异的调整。部长将根据贸易水平的差异对正常价值进行调整，如果：

（1）部长根据出口价格或推定出口价格（以适用者为准）的贸易水平计算不同贸易水平上的正常价值；并且

（2）部长确定贸易水平的差异对价格可比性有影响。

（c）确定贸易水平和贸易水平的差异—（1）确定贸易水平的依据。部长将以下列各项为依据确定贸易水平：

（i）在出口价格的情况下，起点价格；

（ii）在推定出口价格的情况下，据关税法第772（d）节调整后的起点价格；

（iii）在正常价值的情况下，起点价格或推定价值。

（2）贸易水平的差异。如果在不同的营销阶段（或其等效情况下）进行销售，部长则可以确定销售是在不同的贸易水平上进行的。销售活动的实质差异是确定存在营销阶段差异的必要而非充分条件。销售活动的某些重合，并不妨碍认定两个销售处于不同营销阶段。

（d）对价格可比性的影响—（1）一般规定。只有使部长确信，在以下贸易水平上，在确定正常价值的市场上的销售之间存在一贯的价格差异模式，部长才确定贸易水平的差异对价格可比性有影响：

（i）在出口价格或推定出口价格的贸易水平上（以适用者为准）；和

（ii）在确定正常价值的贸易水平上。

（2）相关销售。当可能时，部长要以生产商或出口商的外国同类产品销售为依据作出本节第（d）（1）段的裁定。当这不可能时，部长可以使用不同或更宽产品线的销售，其他公司的销售或任何其他合理的依据。

（e）调整的数量。部长通常通过以下方法计算贸易水平调整的数量：

（1）在据关税法第 773（a）（6）节和本分部分对这些价格进行任何适当的调整后，在第（d）段确定的两个贸易水平上，计算销售价格的加权平均；

（2）计算在这些加权平均价格之间百分比差异的平均值；并且

（3）当正常价值与出口价格或推定出口价格（以适用者为准）在不同的贸易水平上时，在据关税法第 773（a）（6）节和本分部分对正常价值作出适当的任何其他调整后，将百分比差异应用到正常价值上。

（f）推定出口价格抵消—（1）一般规定。只有出现以下情况下，部长才批准推定出口价格抵消：

（i）正常价值与推定出口价格比较；

（ii）正常价值的贸易水平要高于推定出口价格的贸易水平；和

（iii）尽管事实是某人尽其所能合作，但可获得的数据并不能为据本节第（d）段确定贸易水平的差异是否影响了价格可比性提供适当的依据。

（2）抵消的数量。推定出口价格抵消的数量，是包括在正常价值中的间接销售费用的数量，不高于在确定推定出口价格时扣除的间接销售费用的数量。在作出推定出口价格抵消时，"间接销售费用"指直接销售费用或承继费用（见第 351.410 节）以外的，卖方不管特定销售是否进行而发生的，但可合理地全部或部分归因于该销售的销售费用。

（3）数据允许确定对价格可比性的影响。当可获得的数据允许部长据本节第（d）段确定贸易水平的差异是否影响了价格可比性时，部长将不批准推定出口价格抵消。在这种情况下，如果部长确定价格可比性受到了影响，则部长要作出贸易水平调整，如果部长确定价格可比性没有受到影响，部长不批准贸易水平调整或出口价格调整。

第351.413节　忽略不重要的调整

通常，关税法第777A（a）（2）节中的"不重要的调整"是对出口价格、推定出口价格或正常价值（视案情需要的单笔调整）低于0.33％从价，或低于1％从价影响的任何组调整。组调整是据第351.410节对销售情形差异进行的调整，据第351.411节对商品物理特征差异进行的调整和据第351.412节对贸易水平差异进行的调整。

第351.414节　正常价值与出口价格（推定出口价格）的比较

（a）概述。部长通常将平均价格作为正常价值的依据，并且，在调查中，平均价格作为出口价格或推定出口价格的依据。本节解释了在将出口价格或推定出口价格与正常价值进行比较时，部长何时和如何计算平均价格〔见关税法第777A（d）节〕。

（b）对比较方法的说明——（1）平均与平均方法。"平均与平均"方法涉及正常价值的加权平均值与可比商品出口价格（和推定出口价格）的加权平均值进行比较。

（2）逐笔交易方法。"逐笔交易"方法涉及单笔交易的正常价值与可比商品单笔交易的出口价格（或推定出口价格）进行比较。

（3）平均与单笔交易方法。"平均与单笔交易"方法涉及正常价值的加权平均值与可比商品单笔交易的出口价格（或推定出口价格）进行比较。

（c）优先顺序。（1）在调查中，部长通常使用平均与平均方法。只有在异常情况下，例如，存在很少的涉案产品销售和在每一个市场上销售的商品相同或非常相似或是定制的，部长才使用逐笔交易方法。

（2）在复审中，部长通常使用平均与单笔交易方法。

（d）平均与平均方法的使用——（1）一般规定。在使用平均与平均方法时，部长要确定涉案产品对美国的销售具有可比性，并将该销售包括在"平均组"中。部长要计算在平均组中包括的销售的出口价格和推定出口价格的加权平均值，并将该加权平均值与该销售正常价值的加权平均值进行比较。

（2）确定平均组。平均组由所有物理特征相同或实质上相同且在相同贸易水平上向美国销售的涉案产品组成。在确定包括在平均组中的销售时，当合适时，部长要考虑商品销售的美国区域和部长认为相关的其他因素。

（3）计算加权平均值的时间期间。当使用平均与平均方法时，部长要为整个调查或复审（视案情需要）期间计算加权平均值。然而，当正常价值、出口价格或推定出口价格在调查或复审期间存在很大差异时，部长可以计算其认为适当的较短期间的加权平均值。

（e）平均与单笔交易方法的使用—（1）一般规定。在复审中使用平均与单笔交易方法时，当正常价值以外国同类产品销售的加权平均值为依据时，部长要把该价格的平均数限制在同月发生的销售上。

（2）同月。通常，部长选择以下中最早者为同月：

（i）所涉特定美国销售的月份；

（ii）如果在该月没有外国同类产品销售，则为美国销售月份前三个月内销售外国同类产品的最近一个月；

（iii）如果在这些月中的任何月都没有外国同类产品销售，则为出售外国同类产品的美国销售月后两个月中的较早者。

（f）目标倾销—（1）一般规定。尽管有本节第（c）(1) 段，部长在反倾销调查中，可以使用本节第（c）段所述的平均与单笔交易方法，如果：

（i）通过使用（除了其他以外）标准和适当的统计技术确定，在购买者、地区或时间期间之间存在重大差异的可比商品出口价格（或推定出口价格）的模式形式方面存在目标倾销；并且

（ii）部长确定使用平均与平均方法或逐笔交易方法不能考虑此类差异，并且对该裁定的依据作出解释。

（2）对目标倾销平均与交易方法的限制。当满足据本节第（f）(1) 段确定目标倾销的标准时，部长通常将平均与单笔交易方法的使用限定在构成本节第（f）(1)(i) 段目标倾销的销售上。

（3）关于目标倾销的指控。部长通常只审查在第 351.301（d）(5) 节规定的时间内提交的指控内所述的目标倾销。指控必须包括所有的证明事实信息，和关于平均与平均方法或逐笔交易方法不能考虑任何指控的价格差异原因的

解释。

（g）对信息的要求。在调查中，部长要求与确定据本节第（d）（2）段的平均组有关和与分析据本节第（f）段的可能的目标倾销有关的信息。如果对此类信息要求的答复足以有理由使用关税法第776节和第351.308节意义上的可获得事实，部长要对所涉生产商或出口商的所有销售使用平均与单笔交易方法。

第351.415节　货币转换

（a）一般规定。在反倾销诉讼中，部长要使用涉案产品销售日的汇率，把外国货币转换成美元。

（b）例外。如果部长确定期货市场上的货币交易与所涉出口销售有直接关系，部长要使用期货销售协议中规定的有关该外国货币的汇率转换外国货币。

（c）汇率波动。部长不考虑汇率波动。

（d）外国货币价值的持续变动。在反倾销调查中，如果存在持续波动，增加了外国货币相对于美元的价值，部长要给予出口商60天时间允许其调整价格，以反映该持续变动。

第五分部分　可抵消补贴的确定和衡量

来源：1998 年 11 月 25 日《联邦纪事》第 63 编第 65407 页，除非另有说明。

［本书从略］

第六分部分 关于受配额税率约束的奶酪的补贴裁定

第351.601节 年度清单和补贴季度更新

部长要以可获得的事实为依据，作出修正后的《1979年贸易协定法》第702（a）节（《美国法典》第19编第1202节注释）要求的裁定，并在《联邦纪事》公布该节所述年度清单和季度更新。

第351.602节 应申请的裁定

（a）对裁定的申请。（1）有理由相信据第351.601节公布的最新年度清单有变化或增加的任何人，包括农业部长，可以书面要求部长据《1979年贸易协定法》第702（a）（3）节确定是否存在任何变化或增加。该人必须向中心记录室提交申请（见第351.103节）。申请必须声明，在最新年度清单或季度更新中所例任何补贴在类型或数量方面发生变化，或增加的补贴没有报告在该清单中或外国政府提供的更新中，并且在请求人可合理获得的范围内，必须包括以下信息：

（i）该人的姓名和地址；

（ii）指控从变化或增加的补贴中受益的受配额税率约束的奶酪产品；

（iii）受配额税率约束的奶酪产品的原产国；和

（iv）指控的补贴或变化的补贴和与指控变化或增加的补贴有关的事实信息（特别是书面证据），包括据以提供的权限、据以支付的方式和对产品的生产商或出口商补贴的价值。

（2）第351.303（c）和（d）节的要求适用于本节。

（b）裁定。不迟于收到可接受的请求后30天，部长要：

（1）与农业部长磋商，以可获得事实为依据，确定包括在最新年度清单或季度更新中的任何补贴在类型或数量方面是否发生变化，或外国政府是否正在提供没有包括在该清单或更新中的附加补贴。

（2）将裁定通知农业部长和提出该请求的人；并且

（3）立即在《联邦纪事》上公布任何变化或增加的通知。

第351.603节　对补贴进口价格承诺的申诉

收到据《贸易协定法》第 702（b）节向农业部长提交的关于进口补贴价格承诺的申诉后，部长要据《1979 年贸易协定法》第 702（a）(3）节确定所指控的补贴是否包括在或应增加到最新年度清单或季度更新中。

第351.604节　披露信息

本部分第三分部分适用于提交的与本分部分有关的事实信息。

第七分部分　适用日期

第351.701节　适用日期

本第 351 部分包含的规则，适用于以 1997 年 7 月 1 日或以后提交的要求为依据发起的所有行政复审，适用于以 1997 年 6 月 18 日以后提交的申请或要求为依据发起的所有调查和诉讼的其他环节，以及商务部于 1997 年 6 月 18 日以后自行发起的诉讼环节。在这些条例没有被《乌拉圭回合协定法》废除或被 1995 年 5 月 11 日公布的过渡最终条例［《联邦纪事》第 60 编第 25130 页（1995）］取代的范围内，第 351 节对其不适用的诉讼环节，继续受在提交申请或要求日对这些环节有效的条例管辖。对以 1995 年 1 月 1 日后提交的申请或要求为依据发起，但第 351 部分适用的诉讼环节，第 351 部分作为商务部对被《乌拉圭回合协定法》修正的关税法要求的重述。

第351.702节　反补贴税条例的适用日期

（a）尽管有第 351.701 节，本部分第五分部分的条例适用于：

（1）以 1998 年 12 月 28 日后提交的申请为依据发起的所有反补贴税调查；

（2）以 1999 年 1 月 1 日或以后提交的申请为依据发起的所有反补贴税行政复审；和

（3）商务部在 1998 年 12 月 28 日后自行发起的反补贴税诉讼的所有环节。

（b）本部分第五分部分对其不适用的反补贴税诉讼环节，继续由商务部以前的方法（特别是 1989 年的条例）指导，但在以前的方法被《乌拉圭回合协定法》废止的范围内除外，在这种情况下，部长要把本部分第五分部分视为被《乌拉圭回合协定法》修改的商务部对关税法要求的解释的重述。

［1998 年 11 月 25 日《联邦纪事》第 63 编第 65417 页］

第 351 部分附件 I　各方在反补贴调查中的最后期限

天[1]	事件	条例
0 天	发起	
31 天[2]	通知答复问卷的困难	351.301（c）（2）（iv）（收到原始问卷后 14 天）
37 天	申请行政保护令	351.305（b）（3）
40 天	申请人要求延期	351.205（e）（初步裁定前 25 天或更多天）
45 天	紧急情况指控	351.206（c）（2）（i）（初步裁定前 20 天）
47 天	问卷答复	351.301（c）（2）（iii）（收到原始问卷日后 30 天）
55 天	上游补贴指控	351.301（d）（4）（ii）（A）（初步裁定前 10 天）
65 天（可延期）	初步裁定	351.205（b）（1）
72 天	提交提议的中止协议	351.208（f）（1）（B）（初步裁定后 7 天）
75 天[3]	提交事实信息	351.301（b）（1）（核查开始前 7 天）
75 天	提交行政差错评议	351.224（c）（2）（披露文件公布后 5 天）
77 天[4]	要求对同时进行的反倾销案件对反补贴税案件调整	351.201（i）（公布初步裁定后 5 天）
102 天	要求听证	351.310（c）（公布初步裁定后 30 天）
119 天	紧急情况指控	351.206（e）（最终裁定前 21 天或更多天）
122 天	要求秘密听证会	351.310（f）（不迟于案情摘要日）
122 天	提交摘要	351.309（c）（1）（i）（公布初步裁定日后 50 天）
125 天	指控上游补贴	351.301（d）（4）（ii）（B）（最终裁定前 15 天）

续表

天 [1]	事件	条例
127 天	提交辩驳摘要	351.309（d）（提交案情摘要最后期限后 5 天）
129 天	听证	351.310（d）（1）（提交辩驳摘要后 2 天）
140 天（可延期）	最终裁定	351.210（b）（1）（初步裁定后 75 天）
150 天	提交行政差错评议	351.224（c）（2）（披露文件公布后 5 天）
155 天	提交对行政差错评议的答复	351.224（c）（3）（提交评议后 5 天）
192 天	签发命令	351.221（b）

注：1.说明从发起日开始的天数。这里显示的多数最后期限是估计数。在诉讼任何特定环节中的实际最后期限，取决于更早时间的日期或部长确定的日期。

2.假定商务部在发起后 10 天内发出问卷，并且送达日为 7 天。

3.假定在初步裁定和核查之间有 17 天。

4.假定初步裁定在签发（也就是签字）后 7 天公布。

第 351 部分附件 II　各方在反补贴行政复审中的最后期限

天 [1]	事件	条例
0 天	要求复审	351.213（b）（周年月最后一天）
30 天	公布发起通知	351.221（c）（1）（i）（周年月后月份的末尾）
66 天 [2]	通知答复问卷的困难	351.301（c）（2）（ii）（收到原始问卷后 14 天）
75 天	申请行政保护令	351.305（b）（3）
90 天 [3]	问卷答复	351.301（c）（2）（iii）（收到原始问卷日后至少 30 天）
120 天	撤销对复审的要求	351.213（d）（1）（发起公布日后 90 天）
130 天	要求核查	351.307（b）（1）（v）（发起公布日后 100 天）

续表

天[1]	事件	条例
140 天	提交事实信息	351.301（b）（2）
245 天（可延期）	复审初步结果	351.213（h）（1）
282 天[4]	要求听证和 / 或秘密听证	351.310（c）；351.310（f）（初步结果公布日后 30 天）
282 天	提交摘要	351.309（c）（1）（ii）（初步结果公布日后 30 天）
287 天	提交辩驳摘要	351.309（d）（1）（提交案情摘要最后期限后 5 天）
289 天	听证	351.310（d）（1）（提交辩驳摘要后 2 天）
372 天（可延期）	复审最终结果	351.213（h）（1）（初步结果公布日后 120 天）
382 天	提交行政差错评议	351.224（c）（2）（披露文件公布后 5 天）
387 天	对行政差错评议的答复	351.224（c）（3）（提交评议后 5 天）

注：1.说明从周年月结束开始的天数。这里显示的多数最后期限是估计数。在诉讼任何特定环节中的实际最后期限，取决于更早时间的日期或部长确定的日期。

2.假定商务部在周年月最后一天后 45 天内发出问卷，并给予 7 天作为问卷送达期。

3.假定商务部在 45 天发出问卷，并应在 45 天后答复。

4.假定初步结果在签发（也就是签字后）7 天公布。

第 351 部分附件 III　各方在反倾销调查中的最后期限

天[1]	事件	条例
0 天	发起	
37 天	申请行政保护令	351.305（b）（3）
50 天	国家范围成本指控	351.301（d）（2）（i）（A）（传送原始问卷日后 20 天）
51 天[2]	通知答复问卷的困难	351.301（c）（2）（iv）（收到原始问卷日后 14 天内）

续表

天 [1]	事件	条例
51 天	A 卷答复	无
67 天	B、C、D、E 卷答复	351.301（c）(2)(iii)（收到原始问卷后至少 30 天）
70 天	可行性论据	351.301（d）(1)（传送原始问卷日后 40 天）
87 天	特定公司成本指控	351.301（d）(2)(i)(B)
87 天	主要投入成本指控	351.301（d）(3)
115 天	申请人对延期的要求	351.205（e）（初步裁定前 25 天或更多天）
120 天	紧急情况指控	351.206（c）(2)(i)（初步裁定前 20 天）
140 天（可延期）	初步裁定	351.205（b）(1)
150 天	提交行政差错评议	351.224（c）(2)（披露文件公布后 5 天）
155 天	提交提议的中止协议	351.208（f）(1)(A)（初步裁定后 15 天）
161 天 [3]	提交事实信息	351.301（b）(1)（核查开始日前 7 天）
177 天 [4]	要求听证	351.310（c）（初步裁定公布日后 30 天）
187 天	提交评估因素的公开可获得信息（非市场经济）	351.301（c）(3)(i)（初步裁定公布日后 40 天）
194 天	紧急情况指控	351.206（e）（最终裁定前 21 天）
197 天（可改变）	要求秘密听证	351.310（f）（不迟于案情摘要提交日）
197 天（可改变）	提交摘要	351.309（c）(1)(i)（初步裁定公布日后 50 天）
202 天	提交辩驳摘要	351.309（d）（提交案情摘要最后期限后 5 天）

续表

天[1]	事件	条例
204 天	听证	351.310（d）（1）（提交辩驳摘要后 2 天）
215 天	要求推迟最终裁定	351.210（e）
215 天（可延期）	最终裁定	351.210（b）（1）（初步裁定后 75 天）
225 天	提交行政差错评议	351.224（c）（2）（披露文件公布后 5 天）
230 天	对行政差错评议的答复	351.224（c）（3）（提交评议后 5 天）
267 天	签发命令	351.211（b）

注：1.说明从发起日开始的天数。这里显示的多数最后期限是估计数。在诉讼任何特定环节中的实际最后期限，取决于更早时间的日期或部长确定的日期。

2.假定商务部在国际贸易委员会投票后 5 天发出问卷，送达期为 7 天。

3.假定在初步裁定和核查之间有 28 天。

4.假定初步裁定在签发（也就是签字）后 7 天公布。

第 351 部分附件 Ⅳ　各方在反倾销行政复审中的最后期限

天[1]	事件	条例
0 天	要求复审	351.213（b）（周年月最后一天）
30 天	公布发起	351.221（c）（1）（i）（周年月后月份的末尾）
37 天	申请行政保护令	351.305（b）（3）
60 天	要求审查吸收（反倾销）税	351.213（j）（公布发起后 30 天）
66 天[2]	通知答复问卷遇到的困难	351.301（c）（2）（iv）（收到原始问卷日后 14 天）
66 天	A 卷答复	无
85 天	可行性论据	351.301（d）（1）（传送原始问卷日后 40 天）
90 天[3]	B、C、D、E 卷答复	351.301（c）（2）（iii）（收到原始问卷日后至少 30 天）

续表

天[1]	事件	条例
110 天	特定公司成本指控	351.301（d）（2）（i）（B）（提交相关部分后 20 天）
110 天	主要投入成本指控	351.301（d）（3）（提交相关部分后 20 天）
120 天	撤回复审要求	351.213（d）（1）（发起公布日后 90 天）
130 天	要求核查	351.307（b）（1）（v）（公布发起日后 100 天）
140 天	提交事实信息	351.301（b）（2）
245 天（可延长）	复审初步结果	351.213（h）（1）
272 天[4]	提交评估（非市场经济）因素的公开可获得信息	351.301（c）（3）（ii）（初步结果公布日后 20 天）
282 天（可延期）	要求听证和/或秘密听证	351.310（c）；351.310（f）（初步结果公布日后 30 天）
282 天	提交摘要	351.309（c）（1）（ii）（初步结果公布日后 30 天）
287 天	提交辩驳摘要	351.309（d）（1）（提交案情摘要最后期限后 5 天）
289 天	听证；秘密听证会议	351310（d）（1）（提交辩驳摘要后 2 天）
372 天（可延期）	复审最终结果	351.213（h）（1）（复审初步结果公布日后 120 天）
382 天	细微差错评议	351.224（c）（2）（披露文件公布后 5 天）
387 天	对细微差错评议的答复	351.224（c）（3）（提交评议后 5 天）

注：1.说明从周年月结束开始的天数。这里显示的多数最后期限是估计数。在诉讼任何特定环节中的实际最后期限，取决于更早时间的日期或部长确定的日期。

2.假定商务部在周年月最后一天后 45 天内发出问卷，送达期为 7 天。

3.假定商务部在 45 天发出问卷，并且应在 45 天后答复。

4.假定初步结果在签发（也就是签字）后 7 天公布。

第 351 部分附件 V　旧、新条例对照表

旧	新	说明
第 353 部分　反倾销税 第一分部分　范围和定义		
353.1	351.101	规则的范围
353.2	351.102	定义
353.3	351.104	诉讼记录
353.4	351.105	公开、专有、特权和机密的
353.5	废除	1984 年贸易和关税法修正
353.6	351.106	微不足道加权平均倾销幅度
第二分部分　反倾销税程序		
353.11	351.201	自行发起
353.12	351.202	申请要求
353.13	351.203	确定申请充分性
353.14	351.204（e）	从反倾销税令中排除
353.15	351.205	初步裁定
353.16	351.206	紧急情况
353.17	351.207	终止调查
353.18	351.208	中止调查
353.19	351.209	违反中止协议
353.20	351.210	最终裁定
353.21	351.211	反倾销税令
353.21（c）	351.204（e）	从反倾销税令中排除
1353.22（a）-（d）	351.213，351.221	据关税法第 751（c）节的行政复审
353.22（e）	351.212（c）	税款自动评估
353.22（f）	351.216，351.221（c）（3）	情势变迁复审

续表

旧	新	说明
353.22（g）	351.215，351.221（c）（2）	加速行政复审
353.23	351.212（d）	临时措施押金上限
353.24	351.212（e）	多付和少付款利息
353.25	351.222	废除命令；终止已中止的调查
353.26	351.402（f）	税款偿付
353.27	351.223	下游产品监督
353.28	351.224	行政差错的更正
353.29	351.225	范围裁决
第三分部分　信息和辩论		
353.31（a）–（c）	351.301	提交事实信息的时间限制
353.31（a）（3）	351.301（d），351.104（a）（2）	退回不合时宜提交的材料
353.31（b）（3）	351.302（c）	要求延长时间
353.31（d）–（i）	351.303	提交、格式、翻译、送达和证明
353.32	351.304	对信息企业专有处理的要求
353.33	351.104，351.304（a）（2）	免于披露信息
353.34	351.305，351.306	据保护令披露信息
353.35	废除	单方面会议
353.36	351.307	核查
353.37	351.308	基于可获得事实的裁定
353.38（a）–（e）	351.309	书面辩论
353.38（f）	351.310	听证
第四分部分　计算出口价格、推定出口价格、公平价值和正常价值		
353.41	351.402	计算出口价格

续表

旧	新	说明
353.42（a）	351.102	公平价值（定义）
353.42（b）	351.104（c）	审查的交易和人
353.43	351.403（b）	用于计算正常价值的销售
353.44	废除	以不同价格的销售
353.45	351.403	关联方之间的交易
353.46	351.404	挑选用作正常价值依据的国内市场
353.47	废除	中间国
353.48	351.404	国内市场销售不充分时正常价值的依据
353.49	351.404	对第三国的销售
353.50	351.405，351.407	以推定价值为依据计算正常价值
353.51	351.406，351.407	低于生产成本的销售
353.52	351.408	非市场经济国家
353.53	废除	跨国公司
353.54	351.401（b）	调整主张
353.55	351.409	数量差异
353.56	351.410	销售情形差异
353.57	351.411	物理特征差异
353.58	351.412	贸易水平
353.59（a）	351.413	不重要的调整
353.59（b）	351.414	平均使用
353.60	351.415	货币转换

续表

旧	新	说明
第355部分 反补贴税 第一分部分 范围和定义		
355.1	351.001	条例范围
355.2	351.002	定义
355.3	351.004	诉讼记录
355.4	351.005	公开、专有、特权和保密
355.5	351.003（a）	补贴图书馆
355.6	废除	1984年贸易和关税法修正
355.7	351.006	微不足道净补贴
第二分部分 反补贴税程序		
355.11	351.101	自行发起
355.12	351.102	申请要求
355.13	351.103	确定申请充分性
355.14	351.104（e）	从反倾销税令中排除
355.15	351.105	初步裁定
355.16	351.106	紧急情况
355.17	351.107	终止调查
355.18	351.108	中止调查
355.19	351.109	违反协议
355.20	351.110	最终裁定
355.21	351.111	反补贴税令
355.21（c）	351.104（e）	从反补贴税令中排除
355.22（a）-（c）	351.113，351.121	据关税法第751（a）节的行政复审
355.22（d）	废除	计算单独税率

续表

旧	新	说明
355.22（e）	351.113（h）	可能的废除或修改中止协议
355.22（f）	废除	单个生产商或出口商复审
355.22（g）	351.112（c）	税款自动估算
355.22（h）	351.116，351.121（c）（3）	情势变迁复审
355.22（i）	351.120，351.221（c）（7）	在总统指示下的复审
355.23	351.112（d）	临时措施押金上限
355.24	351.112（e）	多付和少付款利息
355.25	351.112	废除命令；终止已中止的调查
355.27	351.123	下游产品监督
355.28	351.124	行政差错的更正
355.29	351.125	范围裁定
第三分部分　信息和辩论		
355.31（a）–（c）	351.301	提交事实信息的时间限制
355.31（a）（3）	351.302（d），351.104（a）（2）	退回不合时宜提交的材料
355.31（b）（3）	351.302（c）	要求延长时间
355.31（d）–（i）	351.303	提交、格式、翻译、送达和证明
355.32	351.304	对信息企业专有处理的要求
355.33	351.104，351.304（a）（2）	免于披露信息
355.34	351.305，351.306	据保护令披露信息
355.35	废除	单方面会议
355.36	351.307	核查
355.37	351.308	基于可获得事实的裁定

续表

旧	新	说明
355.38（a）-（e）	351.309	书面辩论
355.38（f）	351.310	听证
355.39	351.311	在调查或复审中发现的补贴做法
第四分部分　　配额奶酪补贴协定		
355.41	废除	补贴的定义
355.42	351.601	年度清单和季度更新
355.43	351.602	应要求的裁定
355.44	351.603	价格承诺申诉
355.45	351.604	披露信息

第 351 部分附件 VI　反补贴调查时间表

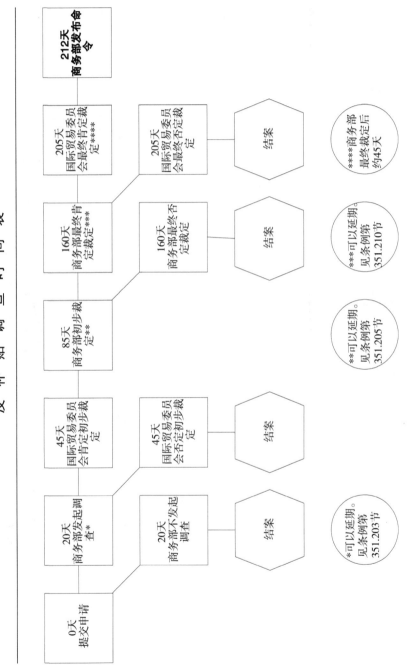

第 351 部分附件 VII 反倾销调查时间表

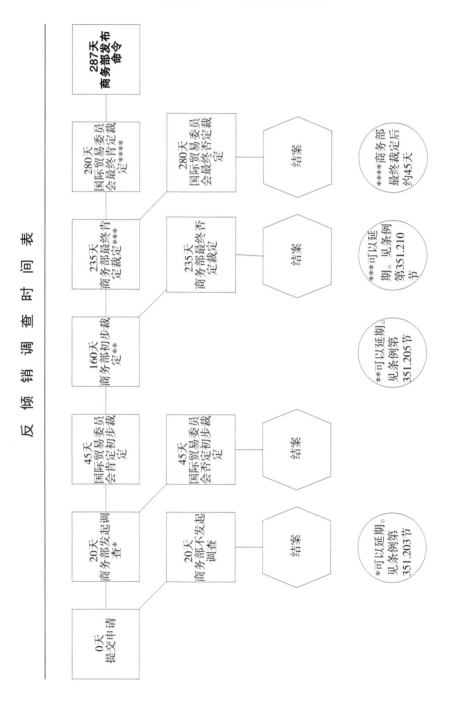

反 倾 销 调 查 时 间 表

第 351 部分附件 VIII-A　90 天定期废止复审时间表

天[1]	事件	条例
0	发起	351.218（c）
15	国内利害关系方提交参加通知意向书	351.218（d）（1）（i）（不迟于发起通知公布日后 15 天）
20	通知国际贸易委员会没有国内利害关系方对发起通知进行答复	351.218（d）（1）（iii）（B）（2）（通常不迟于发起通知公布日后 20 天）
30	所有利害关系方和产业用户和消费者对发起通知提交实质答复	351.218（d）（3）（i）（不迟于发起通知公布日后 30 天）
35	提交答辩书	351.218（d）（4）（不迟于向商务部提交实质答复后 5 天）
40	通知国际贸易委员会没有国内利害关系方对发起通知进行答复（以来自国内利害关系方的不充分答复为依据）	351.218（e）（1）（i）（C）（2）（通常不迟于发起通知公布日后 40 天）
90	当没有国内利害关系方对发起通知进行答复时，废除命令或终止已中止调查的最终裁定	351.218（d）（1）（iii）（B）（3） 和 351.222（i）（1）（i）（不迟于发起通知公布日后 90 天）

注：1. 指《联邦纪事》公布发起通知日后开始的天数。

［1998 年 3 月 20 日《联邦纪事》第 63 编第 13524 页］

第 351 部分附件 VIII-B　加速定期废止复审时间表

天[1]	事件	条例
0	发起	351.218（c）
15	国内利害关系方提交参加通知意向书	351.218（d）（1）（i）（不迟于发起通知公布日后 15 天）
30	被告利害关系方提交放弃陈述	351.218（d）（2）（i）（不迟于发起通知公布日后 30 天）
30	所有利害关系方和产业用户和消费者对发起通知提交实质答复	351.218（d）（3）（i） 和 351.218（d）（3）（vi）（不迟于发起通知公布日后 30 天）
35	提交答辩书	351.218（d）（4）（不迟于向商务部提交实质答复后 5 天）

续表

天¹	事件	条例
50	通知国际贸易委员会国内利害关系方对发起通知提供了不充分答复	351.218（e）（1）（ii）（C）（1）（通常不迟于发起通知公布日后 50 天）
70	对答复的充分性和加速定期废止复审适当性的评论	351.309（e）（ii）（不迟于发起通知公布日后 70 天）
120	当被告利害关系方对发起通知提供了不充分的答复时，加速定期废止复审的最终结果	351.218（e）（1）（ii）（B） 和 351.218（e）（1）（ii）（C）（2）（不迟于发起通知公布日后 120 天）

注：1. 指《联邦纪事》公布发起通知日后开始的天数。

［1998 年 3 月 20 日《联邦纪事》第 63 编第 13525 页］

第 351 部分附件 VIII-C　全面定期废止复审时间表

天¹	事件	条例
0	发起	351.218（c）
15	国内利害关系方提交参加通知意向书	351.218（d）（1）（i）（不迟于发起通知公布日后 15 天）
30	被告利害关系方提交放弃陈述	351.218（d）（2）（i）（不迟于发起通知公布日后 30 天）
30	所有利害关系方和产业用户和消费者对发起通知提交实质答复	351.218（d）（3）（i） 和 351.218（d）（3）（vi）（不迟于发起通知公布日后 30 天）
35	提交答辩书	351.218（d）（4）（不迟于向商务部提交实质答复后 5 天）
110	全面定期废止复审初步结果	351.218（f）（1）（通常不迟于发起通知公布日后 110 天）
120	当需要时，全面定期废止复审中的核查	351.218（f）（2）（ii）（发起通知公布日后大约 120 天）
160	在全面定期废止复审中提交案情摘要	351.309（c）（1）（i）（全面定期废止复审初步结果公布日后 50 天）
165	在全面定期废止复审中提交辩驳摘要	351.309（d）（1）（提交案情摘要的时间限制后 5 天）

续表

天[1]	事件	条例
167	如果被要求，全面定期废止复审中的听证	351.301（d）(i)（2）（提交辩驳摘要的时间限制后2天）
240	全面定期废止复审最终结果	351.218（f）（3）(i)（不迟于发起通知公布日后240天）
330	如果充分延期，全面定期废止复审的最终结果	351.218（f）（3）(ii)（如果全面定期废止复审异常复杂，签发最终结果的期间可以延长，不超过90天）

注：1.指《联邦纪事》公布发起通知日后开始的天数。

［1998年3月20日《联邦纪事》第63编第13525页］

第354部分 对违反反倾销或反补贴税行政保护令实施制裁的程序

授权:《美国法典》第 5 编第 301 节,《美国法典》第 19 编第 1677 节。

来源:1988 年 11 月 28 日《联邦纪事》第 53 编第 47920 页,除非另有说明。

编辑说明:1998 年 5 月 4 日《联邦纪事》第 63 编第 24403 页显示了第 354 节的术语变化。

第354.1节 范围

本部分规定了对违反据《联邦条例汇编》第 19 编第 351.306 节或《美国法典》第 19 编第 1677f(c)节授权的后续条例签发的行政保护令实施制裁的程序。

［1988 年 11 月 28 日《联邦纪事》第 53 编第 47920 页,被 1998 年 5 月 4 日《联邦纪事》第 63 编第 24403 页修改］

第354.2节 定义

就本分部分而言:

行政保护令(APO)指修改后的《1930 年关税法》第 777(c)(1)节所述的行政保护令;APO 制裁委员会指行政保护令制裁委员会。

企业专有信息指部长已决定披露据《联邦条例汇编》第 19 编第 351.105 节或后续条例判定为有限的信息。

被指控方指被常务副部长指控违反了保护令的人。

首席律师指进口局首席律师或其指定的人。

送达日指将文件交付邮寄或亲自递交日。

日指日历日,但在周末或假日的最后期限,应被顺延到下一个工作日。

商务部指美国商务部。

常务副部长指主管国际贸易的常务副部长或其指定的人。

主任指高级 APO 专家或受国际贸易局副部长助理管辖的部门主任或其指定的人。

从轻制裁指同一类型但比提议的制裁范围更有限的制裁；所以，一年禁止代理国际贸易局审理的案件，是提议的七年禁止的从轻制裁。

当事人指商务部和被指控方或在据本部分的诉讼中受影响的当事人。

主持官员指在行政诉讼中举行听证或对任何提议作出裁决或作出据本部分的任何裁定的被授权人，该人可以是行政法法官、听证委员，或不受主管国际贸易的部长助理、主管国际贸易的常务副部长、进口局首席律师或 APO 制裁委员会成员监督或管理的任何其他人。

专有信息指部长已决定对其披露据《联邦条例汇编》第19编第351部分是有限的信息，包括企业或贸易秘密；生产成本；分销成本；销售条款；单笔销售、可能销售的价格或报价；客户、分销者或供应者名称；某人收到并使用的总净补贴的准确数量；从其处取得专有信息的特定人名称；和将其向公众披露将会对提交人的竞争地位造成实质损害的任何其他企业信息。

部长指商务部长或其指定的人。

诉讼环节指据修改后的《1930年关税法》第516A节是可复审的反倾销或反补贴税诉讼的一部分。

高级 APO 专家指受政策和分析主任领导的、领导行政保护令室和负责指导进口局处理企业专有信息的商务部雇员。

副部长指主管国际贸易的副部长或其指定的人。

［1998年5月4日《联邦纪事》第63编第24403页］

第354.3节　制裁

（a）据本部分被确定违反了行政保护令的人，可以受以下任何或所有制裁：

（1）从《联邦纪事》公布已裁定存在违反通知公布日起指定的一段时间内，禁止该人代表其他人在国际贸易局出庭；

（2）从《联邦纪事》公布已裁定存在违反通知公布日起指定的一段时间内，拒绝该人接触企业专有信息；

（3）其他适当的制裁，包括从记录中删除违反方或违反方代表的当事人或代表这些人提交的任何信息或论据；终止进行的任何诉讼；或废除有效的任何命令；

（4）要求该人退回部长以前提供的资料和在企业专有信息中包含的所有其他资料，例如，基于据行政保护令收到的任何此类信息的摘要、注释和图表；

（5）签发私人申斥信。

（b）（1）被裁定已违反了行政保护令的人是其合伙人、合作人或雇员的公司；该人的任何合伙人、合作人、雇主或雇员；该人所代表的任何人，从《联邦纪事》公布已裁定存在违反通知公布日起指定的一段时间期间，禁止在国际贸易局出庭，或者受本节第（a）段规定的适当制裁。

（2）据本节第（b）（1）段被提议受制裁的每一个人，有本部分单独列出的所有行政权利，并且无向受本节第（a）段制裁的人提供的权利，包括指控信的权利、陈述的权利和听证的权利，但受主审官员据第354.12（b）节的联合或合并约束。

［1988年11月28日《联邦纪事》第53编第47920页，被1998年5月4日《联邦纪事》第64编第24404页修改］

第354.4节　中止规则

应常务副部长、指控或影响方或APO制裁委员会的要求，主审官员在确定没有当事人受到不适当的损害时，可以修改或放弃本部分的任何规则，并且，结束诉讼要被送达并通知所有当事人。

第354.5节　违反的报告和调查

（a）拥有表明行政保护令的条款已被违反的商务部雇员，要向高级APO专家或首席律师提供该信息。

（b）收到商务部雇员或任何其他人提供的某人可能已违反了行政保护令条款的信息后，主任应就是否存在违反行政保护令和谁对该违反负责（如果有的话）进行调查。主任不对违反他负责的诉讼的指控进行调查。就本部分而言，主任要受常务副部长监督，受首席律师指导。只有信息在指控的违反发生后或按照主任的确定，通过实施合理和正常的关注能够在被发现 30 天内提交，主任才进行调查。

（c）（1）不迟于收到关于违反的信息后 90 天，经首席律师审查后，进行调查的主任要向常务副部长提交调查报告，如果：

（i）被指控违反了行政保护令的人亲自通知部长并报告了关于事件的细节；和

（ii）指控的违反并没有导致对企业专有信息的任何实质披露。应主任的要求，并且如果所有特殊情况存在，主管国际贸易的常务副部长可以给予主任总计 90 天额外时间，以进行调查和提交报告。

（2）在所有其他案件中，不迟于收到关于违反的信息后 180 天，经首席律师审查，主任要向主管国际贸易的常务副部长提交调查报告。应主任的要求，并且如果所有特殊情况存在，主管国际贸易的常务副部长可以给予总计 180 天额外时间，以进行调查并提交报告。

（d）构成违反行政保护令行为的以下例子，应作为对每一个人遵守行政保护令的指南。这些例子，并不代表全部清单。然而，已实施了指导所述行为的证据，并不必然被常务副部长视为某人已违反了第 354.6 节意义上的行政保护令的合理依据。

（1）向《1930 年关税法》第 777（b）节确定的提交方、授权申请人或适当的商务部官员披露企业专有信息，包括向任何其他美国政府机构的雇员或国会成员披露。

（2）没有遵守行政保护令规定的保障企业专有信息的条款和条件。

（3）丢失企业专有信息。

（4）在诉讼结束时，没有按照行政保护令的规定，通过烧毁或粉碎文件或从电子存储、计算机磁盘或磁带存储中删除取得的数据等方式退回或销毁包含企业专有信息的原始文件的所有副本和所有函件、备忘录和呈递。

（5）没有从公开版本的摘要或向商务部提交的其他函件中删除企业专有信息。

（6）在公开听证会上披露企业专有信息。

（7）在同一诉讼的另一个环节中或其他诉讼中使用在诉讼的一个环节中提交的企业专有信息，但《1930 年关税法》或行政保护令批准的例外。

［1998 年 11 月 28 日《联邦纪事》第 53 编第 47920 页，被 1998 年 5 月 4 日《联邦纪事》第 63 编第 24404 页修改］

第354.6节　诉讼的发起

（a）一般规定。在调查并由主任据第354.5（c）节报告并与首席律师磋商后，主管国际贸易的常务副部长要确定是否有合理的依据认为某人已违反了行政保护令。如果主管国际贸易的常务副部长确定存在合理的依据，主管国际贸易的常务副部长也确定，对于违反，第（b）段的制裁或第（c）段的警告是否合适。

（b）制裁。在据本节第（a）段确定制裁是否合适时，主管国际贸易的常务副部长要考虑违反的性质，导致的损害和案件的其他情况。如果主管国际贸易的常务副部长确定制裁是合适的，主管国际贸易的常务副部长要通过签发第354.7节的指控信而发起据本部分的诉讼。主管国际贸易的常务副部长不迟于收到调查报告后60天确定是否发起诉讼。

（c）警告。如果主管国际贸易的常务副部长据本节第（a）段确定警告是合适的，常务副部长要向被认为已违反了行政保护令的人签发警告信。如果出现以下情况，制裁是不合适的，而警告是合适的：

（1）该人进行了适当的注意；

（2）部长以前没有指控该人违反行政保护令；

（3）违反没有披露企业专有信息或部长能够确定该违反没有对信息提交人造成损害；和

（4）该人在调查中充分配合。

［1998年5月4日《联邦纪事》第63编第24404页］

第354.7节　指控信

（a）信的内容。常务副部长通过向每一个被指控方和受影响的当事人签发指控信而发起诉讼，该信包括：

（1）行政保护令已被违反及其依据的指控的陈述；

（2）提议制裁的陈述；

（3）被指控或受影响方有资格审查指控依据的文件或其他有形证据和要求接触或复制该文件方法的陈述。

（4）被指控或受影响方有资格参加主审官员的听证会，如果在送达指控信和要求听证会的程序（包括如果有进一步的问题，联系人的姓名、地址和电话号码）日起 30 天内提出要求；

（5）如果没有要求听证会，被指控或受影响方有资格向常务副部长提交书面证据和对提交证据方法的解释和它必须收到日期的陈述；和

（6）为陈述之目的，被指控或受影响方有在该方付费的情况下聘用律师的权利。

（b）和解和修改指控信。主管国际贸易的常务副部长和被指控或受影响方可以在送达指控信后的任何时间，通过相互协议解决据本部分的指控；主审官员或行政保护令制裁委员会的批准不是必需的。被指控或受影响方可以要求听证会，但在和解谈判前不指定主审官员。就第 354.18 节而言，和解协议可以包括制裁。主管国际贸易的常务副部长可以修改、补充或撤销指控信：

（1）如果没有要求听证，或者如果没有据第 354.13 节提交支持信息，撤回并不阻碍就同一指控违反提出进一步诉讼。

（2）如果要求听证但没有指定主审官员，撤回指控信不妨碍主管国际贸易的常务副部长之后就同一指控的违反寻求制裁。

（3）在指定主审官员后的任何时间，如果主审官员确定满足司法利益，主管国际贸易的常务副部长可以修改、补充或撤销指控信。如果主审官员作出此类决定，主审官员也要确定撤销是否阻止主管国际贸易的常务副部长在以后日期就同一指控的违反寻求制裁。

（c）向美国居民送达指控信。（1）向美国居民送达指控信要通过以下方式进行：

（i）通过挂号信向被指控或受影响方的最新已知地址邮寄副本；

（ii）将副本交付被指控或受影响方或该方指定或据法律接收送达的职员、管理员或总代理或被授权的任何其他代理；或

（iii）将副本交付在该方的最近已知住处居住的有适当年龄和判断力的人。

（2）以本节第（c）(ii) 或（iii）段所述方式送达，应有进行此类送达的人签名的送达证明，说明送达的方式和被交付指控信的人的身份。

（d）向非居民送达指控信。如果适用法律或政府间协定或谅解使本节第（c）段规定的送达方法不合适或无效，向不是美国居民的人送达指控信，可以通过该人居住国允许的且满足美国法律就行政诉讼通知的正当程序要求的任何方式进行。

［1988 年 11 月 28 日《联邦纪事》第 53 编第 47920 页，被 1998 年 5 月 4

日《联邦纪事》第 63 编第 24405 页修改〕

第354.8节　过渡制裁

（a）如果常务副部长在据第354.7节签发指控信后，在作出最终决定前，确定为保护商务部或其他机构的利益（包括保护企业专有信息），常务副部长可以申请主审官员施加必要的过渡措施。

（b）主审官员可以在作出以下裁定后对一人实施过渡制裁：

（1）存在可能的原因，相信存在违反行政保护令，并且商务部在取得据本部分的制裁方面可能优先；

（2）如果不实施过渡制裁，商务部或其他人可能受到不可挽回的损害；和

（3）过渡制裁是保护商务部或其他人权利的合理手段，但在最大范围内，保留被提议实施过渡制裁的人的权利。

（c）可以被实施的过渡制裁，包括为保护商务部或其他人的权利所必需的任何制裁，包括但不限于：

（1）拒绝某人进一步接触企业专有信息；

（2）禁止某人在国际贸易局代表其他人；

（3）禁止某人在国际贸易局出庭；和

（4）要求某人退回商务部以前提供的资料和包含企业专有信息的所有其他资料，例如，基于据行政保护令收到的任何此类信息的摘要、注释或图表。

（d）常务副部长应通知被寻求过渡制裁的人对过渡制裁的要求，并向该人提供向主审官员提交的、支持要求的资料。通知要包括对本节程序的援引。

（e）被提议过渡制裁的人，有权利通过向主审官员提交资料而反对要求。主审官员可以酌情允许口头陈述并允许进一步呈递。

（f）主审官员应在口头陈述结论或最终书面陈述日后5天内，通知当事人关于过渡制裁的决定及其依据。

（g）如果过渡制裁被实施，据本部分的调查和任何诉讼要在加速基础上进行。

（h）实施过渡制裁的命令，可以在任何时间被主审官员废除，并且在签发最终命令后自动失效。

（i）主审官员可以新资料证据或提出的其他正当理由为依据，重新考虑

实施过渡制裁。如果上诉被主审官员确认为是防止对商务部、被实施过渡制裁的人或其他人的不适当损害所必需的，或者符合司法正义，常务副部长或被实施过渡制裁的人，可以向APO制裁委员会上诉关于过渡制裁的决定。当上诉未决时，被实施的过渡制裁仍然有效，除非主审官员有其他决定。

（j）常务副部长可以要求主审官员实施紧急过渡制裁以维持现状。紧急过渡制裁可以持续不超过48小时，不包括周末和假日。被提议紧急过渡制裁的人，不需要被给予预先通知或反对制裁要求的机会。主审官员如果确定不实施此类制裁，商务部或其他人可能受到不可挽回的损害和影响实现司法正义可实施紧急过渡制裁。主审官员要立即通知被实施紧急制裁的人该制裁及其期限。

（k）如果没有要求听证会，常务副部长要求副部长指定主审官员据本节作出裁定。

第354.9节　对听证的要求

（a）任何当事人可以在送达指控信日后30天内，通过向副部长提交书面要求而要求听证。然而，只有据以实现司法正义时，常务副部长才可以要求听证。

（b）收到对听证的及时要求后，并且除非要求听证的当事人要求副部长不指定主审官员，副部长要指定主审官员举行听证并作出初步决定。

［1988年11月28日《联邦纪事》第53编第47920页，被1998年5月4日《联邦纪事》第63编第24405页修改］

第354.10节　披露

（a）自愿披露。鼓励所有当事人就与未决诉讼的主题事项有关的非特权的任何事项，参加自愿披露程序。

（b）交叉询问和对自认或出示书证的要求。当事人可以向任何其他当事人送达质询、对自认的要求或对出示书证供检查和复制的要求，并且所涉当事人可以申请主审官员执行或披露该当事人的行政保护令。如果要求听证会并被安排，该当事人要在听证会的计划日前至少20天送达披露要求，除非主审官员规定了较短的时间期限。质询的副本、对自认的要求和对出示书证的要求及对其答复，要向所有当事人送达。被要求自认的事实或法律事项，要被视为承认，除非在要求指定的期间内（送达要求日后至少10天，或者在主审官员可能允许的更长时间内），被指示要求的当事人向要求方送达宣誓陈述，或者承认或者否认被要求承认的特定事项，或者详细说明该方为什么不能够真实承认或否认该事项的原因。

（c）证词。收到当事人的申请并说明正当理由后，主审官员可以命令通过证词和出示该人掌握的特定书证或材料，而提取当事人的证词或该当事人控制或掌握的证词。申请应说明证词的意图，并且应列出通过证词寻求被确定的事实。

（d）执行。主审官员可以要求当事人回答指定的问题，出示特定的书证或文件，或采取答复适当披露要求的任何其他措施。如果当事人不遵守该命令，主审官员可以作出任何裁定或在诉讼中作出他认为合理和合适的任何命令。主审官员可以全部或局部删除相关指控或辩护，或者就按照寻求披露的当事人的辩论，为诉讼目的，可以提取与被确定当事人没有或拒绝对其答辩的披露要求的有关特定事实。在签发披露命令时，主审官员要考虑保护企业专有信息的必要性，并且，在确定披露将导致未经授权分发此类信息的情况下，不命令披露信息。

（e）副部长的角色。如果没有要求举行听证会，寻求执行的当事人要求副部长指定主审官员据本节的请求作出裁决。

第354.11节　预先听证会议

（a）（1）如果要求举行行政听证会，主审官员要指示当事人参加预先听证会议予以考虑：

（i）简化问题；

（ii）取得事实和文件条款，以避免不必要的证据；

（iii）事项和解；

（iv）披露；和

（v）可能加速处理诉讼的其他事项。

（2）任何相关和重要的条款或自认要被包括在初步决定中。

（b）如果预先听证会议不可行，主审官员要指示当事人互相联系，或者通过电话或其他方式协商，以取得此类会议的目标。

第354.12节　听证

（a）听证安排。主审官员要在合理的时间、日期和地点安排听证会，听证会要在哥伦比亚特区华盛顿举行，除非主审官员以正当理由确定其他地点更有利于实现司法正义。在确定日期时，主审官员要适当考虑当事人充分准备听证的需要和加速解决问题的重要性。

（b）联合或合并。如果提议的制裁针对一个以上当事人或者如果指控违反一个以上行政保护令，主审官员可以命令联合或合并，如果这样做将加速处理案件，并且不对当事人的利益产生负面影响。

（c）听证程序。主审官员要以公平和不偏袒的方式举行听证会，如果为保护不适当披露企业专有信息所必需或可行，主审官员可以限制参加任何听证会或其部分。法院的证据规则不应适用，并且主审官员确定相关的、对于诉讼来说是实质的和非不适当重复的所有证据材料，可以被接收到证据中，并被给予适当的重要性。为保证诉讼秩序井然所必需或合适，主审官员可以作出关于认可证据、进行审查和交叉审查和类似事项的命令和裁定。主审官员要通过书记员或电子记录保证进行听证记录，并且，为保护企业专有信息所必需，要命令对此类记录的部分进行密封。

（d）当事人的权利。在听证会上，每一个当事人应有权：

（1）提出并审查证据并提交有形证据；

（2）对抗并交叉质询不利的证据；

（3）提出口头论据；并且

（4）遵守主审官员关于密封记录的命令，应要求接收诉讼抄本或记录。

（e）代表。每一个被指控或受影响方有权代表自己或聘请律师。首席律师代表商务部，除非总法律顾问有其他决定。主审官员可以禁止代表，如果该代表构成利益冲突或不符合司法正义，并且可以因为与诉讼有关的违反行为剥夺代表权。

（f）单方面联系。当事人及其代表不可以就指控或所涉任何事项与主审官员进行任何单方面联系，但第354.8节关于紧急过渡制裁的规定例外。

第354.13节　不举行听证的诉讼

如果当事人没有要求听证，常务副部长在送达指控信日后40天内，要提交在指控信中支持指控的信息包括在记录中，并向被指控或受影响方提供。每一个被指控或受影响方有权在送达常务副部长提供的信息日后 30 天内，对信息提交书面答辩和支持证据，除非常务副部长因正当理由改变了该时间期限。常务副部长可以允许当事人提交进一步的信息和论据。

第354.14节　初步决定

（a）初步决定。如果要求听证，主审官员或常务副部长要向 APO 制裁委员会提交初步决定，向当事人提供副本。主审官员或常务副部长通常在听证（如果举行）结束后 20 天内，或者送达最终书面呈递日后 15 天内，签发决定。初步决定仅以收录到记录中的证据和当事人的请求为依据。

（b）裁定和结论。初步决定要说明关于某人是否已违反了行政保护令的裁定和结论；裁定和结论的依据；和指控信中的提议的裁定或更少包括裁定是否应对被指控或受影响方实施。主审官员或常务副部长可以仅以确定证据优势支持违反行政保护令的裁定和对被指控或受影响方的制裁是有理由的为依据而实施制裁。在确定制裁是否适当和如果适当实施什么制裁时，主审官员或常务副部长要考虑违反的性质、造成的损害和案件的其他有关情况。

（c）决定的终局。如果 APO 制裁委员会在签发初步决定后 60 天内没有就该事项签发决定，初步决定成为商务部的最终决定。

第354.15节　最终决定

（a）APO 制裁委员会。应当事人的要求，初步决定要接受 APO 制裁委员会成员审查。委员会由主管国际贸易的副部长（作为委员会主席）、主管经济事务的副部长和总法律顾问组成。

（b）对初步决定的评论。在签发初步决定后 30 天内，当事人可以就初步决定向 APO 制裁委员会提交书面评论，在复审初步决定时，委员会要考虑该评论。当事人无权提交口头陈述，虽然委员会在其自由裁量权范围内可以允许口头论据。

（c）APO 制裁委员会的最终决定。在 60 天内但不迟于签发初步决定后 30 天，APP 制裁委员会可以签发全部通过初步决定的最终决定；全部或局部不同于初步决定的最终决定，包括实施从轻制裁；或将事项发回主审官员或常务副部长供进一步审查的最终决定。委员会能够实施的唯一制裁，是在指控信中包括的那些制裁或从轻制裁。

（d）最终决定的内容。如果 APO 制裁委员会的最终决定并没有将事项发回，并且不同于初步决定，要在它们不同于初步决定的范围内，说明不同于初步决定的裁定和结论（如果有的话）、这些裁定和结论的依据和要被实施的制裁。

［1988 年 11 月 28 日《联邦纪事》第 53 编第 47920 页，被 1998 年 5 月 4 日《联邦纪事》第 63 编第 24405 页修改］

第354.16节　重新考虑

任何当事人可以向 APO 制裁委员会提交重新考虑的请求。当事人必须详细说明该请求的依据，包括当事人主张 APO 制裁委员会没有注意到或错误应用的任何事实或法律事项。当事人可以在签发初步决定或初步决定成为最终决定后 30 天内提交请求，但如果请求以发现以前不知晓、且不能够在记录结束前通过适当的注意而合理发现的新的和重要的证据为依据，当事人应在发现新的和重要的证据后 15 天内提交请求。当事人应向所有其他当事人提供请求副本。反对方可以在送达请求日 30 天内提交答辩。答辩应被视为记录的一部分。当事人无权就重新考虑的请求提交口头陈述，但委员会可以酌情允许口头论据。如果重新考虑的请求被批准，委员会要审查记录，并维持、修改或推翻原始裁定，或在有理由时，将该事项发回主审官员或常务副部长供进一步考虑。

第354.17节　机密性

（a）涉及违反行政保护令指控的所有诉讼应保密，直到商务部据这些条例作出最终决定，不再重新考虑施加制裁。

（b）必要时，被指控方或被指控方的律师在这些诉讼中，据行政保护令，遵守《联邦条例汇编》第 19 编第 351.305（c）节或其后续条例的规则，可以被批准接触企业专有信息。

［1988 年 11 月 28 日《联邦纪事》第 53 编第 47920 页，被 1998 年 5 月 4 日《联邦纪事》第 63 编第 24405 页修改］

第354.18节　制裁的公开通知

如果存在据第354.15节实施制裁的最终决定，或者如果据第354.7（b）节指控信被和解，部长的决定通知或存在和解的通知要在《联邦纪事》公布。如果得出最终决定，此类公布，将不迟于签发最终决定或重新考虑的要求（如果提交了此类要求）后30天。此外，当主管国际贸易的常务副部长据第354.3（a）（1）节制裁被指控或受影响方时，主管国际贸易的常务副部长也要向适当律师协会或其他专业协会的道德委员会或其他自律机构和在事项中可能有利益的任何联邦机构提供此类信息。主管国际贸易的常务副部长要在任何协会或机构采取的任何纪律措施中合作。当主管国际贸易的常务副部长使被指控或受影响方受第354.3（a）（5）节的私人申斥信制裁时，部长不得公开违反者的身份，部长也不得以间接显示违反者的身份的方式公开违反的细节。

　　［1998年5月4日《联邦纪事》第63编第24405页］

第354.19节　定期废止

（a）如果从签发警告信、最终决定或被实施制裁的和解日后3年的期间，被指控或受影响方完全遵守了制裁的条款，并且，没有被发现违反了其他行政保护令，该方可以书面要求主管国际贸易的常务副部长废除指控信。对废除的要求必须包括：

（1）对在以前三年中采取的遵守制裁条款措施的说明；和

（2）证明以下内容的信：被指控或受影响方遵守了制裁的条款；在三年期间，被指控或受影响方没有收到其他行政保护令；和被指控或受影响方不是可能的违反行政保护令的其他调查的对象。

（b）在首席律师确认被指控或受影响方已遵守了本节第（a）段规定条款的情况下，主管国际贸易的常务副部长要在收到书面要求后30天内废除指控信。

　　［1998年5月4日《联邦纪事》第63编第24405页］

《1930年关税法》（通俗名称）节次与《美国法典》节次对照表

《1930 年关税法》(通俗名称) 节次	《美国法典》第 19 编节次
731	1673
732	1673a
733	1673b
734	1673c
735	1673d
736	1673e
737	1673f
738	1673g
751	1675
752	1675a
753	1675b
754	1675c
761	1676
762	1676a
771	1677
771A	1677–1
771B	1677–2
772	1677a
773	1677b

续表

《1930年关税法》（通俗名称）节次	《美国法典》第19编节次
773A	1677b-1
774	1677c
775	1677d
776	1677e
777	1677f
777A	1677f-1
778	1677g
779	1677h
780	1677l
781	1677j
782	1677m
783	1677n